Ulrich Wildermuth

rowohlts
monographien
herausgegeben
von
Kurt Kusenberg

Eine zeitgenössische Stimme zum Wirken Heideggers sei angeführt, eine Stimme, die Gewicht hat: Hannah Arendt. Aus ihrem Aufsatz im «Merkur»[1]* geben wir einige Stellen wieder.

«Heideggers Ruhm ist älter als die Veröffentlichung von *Sein und Zeit* im Jahre 1927, ja es ist fraglich, ob der ungewöhnliche Erfolg dieses Buches – nicht nur das Aufsehen, das es sofort erregt, sondern vor allem die außerordentlich nachhaltige Wirkung, mit der sich sehr wenige Veröffentlichungen des Jahrhunderts messen können – möglich gewesen wäre ohne den, wie man sagt, Lehrerfolg, der ihm vorangegangen war und den er, jedenfalls in der Meinung derer, die damals studierten, nur bestätigte.

Um diesen frühen Ruhm war es seltsam bestellt, seltsamer vielleicht noch als um den Kafkas in den frühen zwanziger Jahren oder den Braques und Picassos in dem davorliegenden Jahrzehnt, die ja auch dem, was man gemeinhin unter Öffentlichkeit versteht, unbekannt waren und dennoch eine außerordentliche Wirkung ausübten. Denn es lag in diesem Falle nichts vor, worauf der Ruhm sich hätte stützen können, nichts Schriftliches, es sei denn Kollegnachschriften, die von Hand zu Hand gingen; und die Kollegs handelten von Texten, die allgemein bekannt waren, sie enthielten keine Lehre, die man hätte wieder- und weitergeben können. Da war kaum mehr als ein Name, aber der Name reiste durch ganz Deutschland wie das Gerücht vom heimlichen König. Dies war etwas völlig anderes als die um einen ‹Meister› zentrierten und von ihm dirigierten ‹Kreise› (wie etwa der George-Kreis), die, der Öffentlichkeit wohl bekannt, sich von ihr durch die Aura eines Geheimnisses abgrenzen, um das angeblich nur die Mitglieder des Kreises wissen. Hier gab es weder Geheimnis noch Mitgliedschaft; diejenigen, zu denen das Gerücht gedrungen war, kannten sich zwar, weil sie alle Studenten waren, es gab gelegentlich Freundschaften unter ihnen, und später kam es dann auch hier und da zu Cliquenbildungen, aber es gab nie einen Kreis und es gab keine Esoterik.

Wen denn erreichte das Gerücht, und was sagte es? Es gab damals, nach dem Ersten Weltkrieg, an den deutschen Universitäten zwar keine Rebellion, aber ein weitverbreitetes Unbehagen an dem akademischen Lehr- und Lernbetrieb in allen Fakultäten, die mehr waren als bloße Berufsschulen, und bei all den Studenten, für die das Studium mehr bedeutete als die Vorbereitung auf den Beruf. Philosophie war kein Brotstudium, schon eher das Studium entschlossener Hungerleider, die gerade darum recht anspruchsvoll waren. Ihnen stand der Sinn keineswegs nach Welt- oder Lebensweisheit, und wem an der Lösung aller Rätsel gelegen war, dem stand eine reichliche Auswahl in den Angeboten der Weltanschauungen und Weltanschauungsparteien zur Verfügung; um da zu wählen, bedurfte es keines Philosophiestudiums. Was sie nun aber wollten, das wußten sie auch nicht. Die Universität bot ihnen gemeinhin entweder die Schulen – die Neu-Kantianer, die Neu-Hegelianer, die Neo-Platoniker usw. – oder die alte Schuldisziplin, in der Philosophie, säuberlich in Fächer aufgeteilt

* Die hochgestellten Ziffern verweisen auf die Anmerkungen S. 150 f.

so geht es Heidegger gerade darum, dieses in Frage zu stellen. Das ist kein beiläufiger Unterschied, sondern führt zu Heideggers Unterscheidung von Philosophieren und Denken, wie sie am Ende des Weges deutlich ausgesprochen ist (vgl. «Aletheia – die Sache des Denkens» [S. 142 f]). Die Versuchung, dieses Vorgehen mit Hilfe der Dialektik Hegels verständlich zu machen, muß gemieden werden. Bei Hegel findet der dialektische Gang seine Erfüllung in der Rückkehr des Absoluten zu sich selbst. Bei Heidegger gibt es diese Erfüllung und Vollendung nicht. Sein Denken der Geschichtlichkeit ist nicht im Sinne Hegels als Rückkehr aus der Entäußerung zu fassen.

Die folgende Darstellung ist keine Interpretation und Deutung dieses Denkens, sondern bloß der Versuch einer Hinführung. Erst die Auseinandersetzung jedes einzelnen mit dem Werk kann zeigen, ob diese Hinführung hilfreich war oder nicht vielmehr ein Hindernis.

tum zu stürzen, um Heidegger abzuurteilen. Wäre der Irrtum eine Folge seines Denkens, so müßte mit ihm dieses Denken am Ende sein; das Gegenteil ist der Fall, nach 1934 findet sein Denken die eigentliche Entfaltung. Sein langjähriges Wirken an der Hochschule war einzig und allein der Aufgabe gewidmet, die Erfahrung des Denkens zu vermitteln.

Wenn so die Neugier enttäuscht wird, wie sie auch durch Immanuel Kants Leben in seiner äußeren Eintönigkeit und Gleichförmigkeit enttäuscht wird, was bleibt dann noch zu sagen? Der Versuch muß gemacht werden, in der scheinbaren Eintönigkeit des Lebens die erregende Erfahrung des Denkens freizulegen.

Das kann nun allerdings nicht so geschehen, daß wir einige Resultate dieses leidenschaftlichen Ringens herausgreifen und Heideggers Schaffen auf sie reduzieren. Hegels Ausspruch, daß die Resultate ohne den Weg, der zu ihnen führte, leblos sind, trifft vorzüglich auf Heidegger zu. Bei Beginn des Vortrages *Der Satz der Identität* sagt er: *Wenn das Denken, von einer Sache angesprochen, dieser nachgeht, kann es ihm geschehen, daß es sich unterwegs wandelt. Darum ist es ratsam, im folgenden auf den Weg zu achten, weniger auf den Inhalt* (*Identität und Differenz*, S. 13). Wir wollen versuchen, einigen der von Heidegger eröffneten Denkwegen nachzugehen. Dabei müssen wir zweier Dinge eingedenk bleiben: Erstens, daß diese Wege nicht vorhanden waren und von Heidegger einfach beschritten wurden (uns Späteren fällt es besonders schwer, diese Wege als nicht vorhanden vorzustellen, weil wir durch sie Heidegger kennenlernten; die philosophische Landschaft hat sich durch Heidegger völlig geändert), und zweitens, daß die hier wie auf einer Karte skizzierten Wege nur andeutende Beispiele sind für das, was sie alle trägt; daß sich das Denken auf sie nicht eingrenzen läßt, sondern umgekehrt, daß diese Wege nur Fragmente des einheitlichen Denkens sind, welches sich in seiner Gesammeltheit in ein Geflecht des Suchens entfaltet, das bis heute keineswegs gefaßt ist, obwohl die Heidegger-Literatur ins Unübersehbare steigt.

Der Leser muß sich darüber klar sein, daß hier nur Fragmente vermittelt werden können. Die Darstellung hat ihre Aufgabe dann erfüllt, wenn durch sie einsichtig wird, daß Heideggers Schaffen sich nicht auf die gegebenen Beispiele reduziert, sondern wenn diese Beispiele als Beispiele verstanden werden, als Beispiele dessen, was selbst beispiellos ist. Die Schwierigkeit der Darstellung besteht unter anderem darin, daß sie sich auf die Beispiele beschränken muß und zugleich den Leser aus der Beschränkung hinausführen soll. Das soll derart versucht werden, daß die Beispiele zu dem Leitgedanken des Schaffens hinführen, dem sie alle entsprungen sind, oder anders formuliert, daß dieser Leitgedanke als Leitmotiv immer wiederkehrt. Aber nicht im Sinne der puren Repetition, sondern der Wiederholung, die in der Wiederaufnahme sich wandelt, im Fluß bleibt. Heideggers Denken beruhigt sich nicht, obgleich es immer um dasselbe kreist. Jedesmal, wenn wir meinen, endlich ans Ziel gelangt zu sein, uns daran festklammern zu können, werden wir in ein neues Fragen hineingeworfen, das jeglichen Halt erschüttert und das, was Ziel und Ende zu sein schien, zum Ausgangspunkt für ein neues Fragen werden läßt. Suchte René Descartes ein unerschütterbares Fundament für das Philosophieren,

EINLEITUNG

Bevor wir mit der Darstellung beginnen, sei es gestattet, etwas darüber zu sagen, wie diese Darstellung sich versteht. Gewöhnlich wird von einer monographischen Arbeit erwartet, daß außergewöhnliche Ereignisse aus dem Leben des Autors vorgebracht werden. Daran ist die Erwartung geknüpft, daß durch diese Ereignisse ein Schlüssel zum Verständnis des Schaffens der Person geliefert wird. Es ist eine weitverbreitete Vorstellung, daß das Werk durch das Leben zugänglich gemacht, ja geradezu erklärt werden kann – ob es sich um einen Dichter, Komponisten, Maler, Bildhauer oder Philosophen handelt.

Es sei nicht geleugnet, daß in seltenen Fällen tatsächlich aus der Kenntnis des Lebens manche Einsicht in das Entstehen des Schaffens gewonnen werden kann, wenn auch nie im Sinne einer Erklärung. (Wir sollten diesen Terminus ruhig dem Erfassen von Vorgängen aus dem Bereich der Natur vorbehalten, wie das schon Wilhelm Dilthey tat.) Im Falle Martin Heideggers wird aber diese Erwartung enttäuscht. Hier ist es nicht das Leben, durch das wir etwas über sein Werk erfahren können, sondern sein Werk ist sein Leben. Einen Zugang zu seinem Leben zu finden besagt also, seinem Schaffen nachzugehen, zu erfassen versuchen, welches der Leitgedanke dieses Schaffens ist, was sich in diesem Schaffen erschließt, wie es sich entfaltet, wie es ständig im Flusse ist. Das für ihn Fragwürdige muß auch uns angehen, es darf nicht einfach als ein beliebig Erfragbares erscheinen, sondern muß sich als das zeigen, worauf letztlich all unser Fragen und Suchen gründet – ohne daß wir dessen inne gewesen wären.

Statt der willkürlichen Momente, auf die wir oft in einem Leben treffen, finden wir hier eine einzigartige Konsequenz des Schaffens, die alles, was gewöhnlich vom Leben zu berichten ist, in den Dienst des Schaffens stellt. Das beginnt sehr früh, mit dem Geschenk der Arbeit Franz Brentanos «Über die mannigfache Bedeutung des Seienden bei Aristoteles», das der Schüler vom späteren Bischof Conrad Gröber erhält und das gleichsam so etwas wie ein Anstoß zum eigenen Suchen sein wird, über die Anregung des Dogmatik-Professors Carl Braig in seiner «Ontologie» (vgl. S. 21), der Auseinandersetzung mit Edmund Husserls «Logischen Untersuchungen», über die Habilitationsschrift *Die Kategorien- und Bedeutungslehre des Duns Scotus* (1916), die Aristoteles-Interpretationen der frühen zwanziger Jahre bis zu *Sein und Zeit* (1927) und *Zur Sache des Denkens* (1969). Der Bau der Hütte in Todtnauberg im Jahre 1922 steht auch im Dienste dieses Schaffens. Denn in der Stille des Hochschwarzwaldes ereignet sich konzentrierteste Arbeit, hier werden die Vorlesungen und Übungen vorbereitet und entstehen die Werke, deren Ausstrahlung über den ganzen Erdball geht.

Außer der Zeit in Marburg von 1923 bis 1928 lebt und arbeitet Heidegger in Freiburg oder Todtnauberg. Die wenigen Reisen, die er unternahm, standen auch im Dienste seines Schaffens und waren vor allem Vortragsreisen. Der politische Irrtum 1933 dauerte nur kurze Zeit, schon 1934 legte er sein Amt als gewählter Rektor nieder. Hannah Arendt vergleicht diesen Irrtum nicht zu unrecht mit Platons Irrtum. Es ist leicht, sich auf diesen Irr-

Inhalt

Einleitung 7
Zum Wirken 10
Zur Entfaltung des Denkens 21
Das doppelte Leitmotiv von Heideggers Denken: Die Frage nach dem Sein und die Frage nach der Wahrheit (Aletheia) 35
Die Frage nach dem Sein im Horizonte der Zeit («Sein und Zeit», 1927) 37
Zur Thematik und Gliederung des Werkes 37
Das Dasein als In-der-Welt-sein 42
Die Existenziale und die Zeitlichkeit 55
Die Wahrheitsfrage (zu § 44) 61
Die Wahrheitsfrage in «Vom Wesen der Wahrheit» (1930) 66
Kunst und Aletheia («Der Ursprung des Kunstwerkes», 1935) 79
Die Menschlichkeit des Menschen («Brief über den ‹Humanismus›», 1946) 98
Aletheia und das Wesen der Technik («Die Frage nach der Technik», 1953) 111
Dichten – Denken – Sprache («Das Wesen der Sprache», 1957) 125
Aletheia – Die Sache des Denkens («Das Ende der Philosophie und die Aufgabe des Denkens», 1964) 142

Anmerkungen 150
Zeittafel 152
Zeugnisse 156
Bibliographie 159
Namenregister 175
Über den Autor 177
Quellennachweis der Abbildungen 178

Für Marly

Dieser Band wurde eigens für «rowohlts monographien» geschrieben
Die Zeittafel, die Zeugnisse und die Bibliographie besorgte der Autor
Herausgeber: Kurt und Beate Kusenberg
Redaktion: Erika Ahlers
Schlußredaktion: K. A. Eberle
Umschlagentwurf: Werner Rebhuhn
Vorderseite: Heidegger beim Kolloquium zu seinem 70. Geburtstag
Universität Freiburg i. B. (Foto: Schnell, Tübingen)
Rückseite: Mit der Familie in Marburg, 1924 (Foto Martin Heidegger)

Veröffentlicht im Rowohlt Taschenbuch Verlag GmbH,
Reinbek bei Hamburg, Juni 1973

Satz Aldus (Linofilm-Super-Quick)
Gesamtherstellung Clausen & Bosse, Leck
Printed in Germany
680-ISBN 3 499 50200 3

1.–15. Tausend	Juni 1973
16.–20. Tausend	Januar 1975
21.–24. Tausend	September 1976
25.–29. Tausend	Juli 1978
30.–33. Tausend	Januar 1981

Martin Heidegger

in Selbstzeugnissen
und Bilddokumenten
dargestellt von
Walter Biemel

rororo bildmonographien

Rowohlt

Hannah Arendt

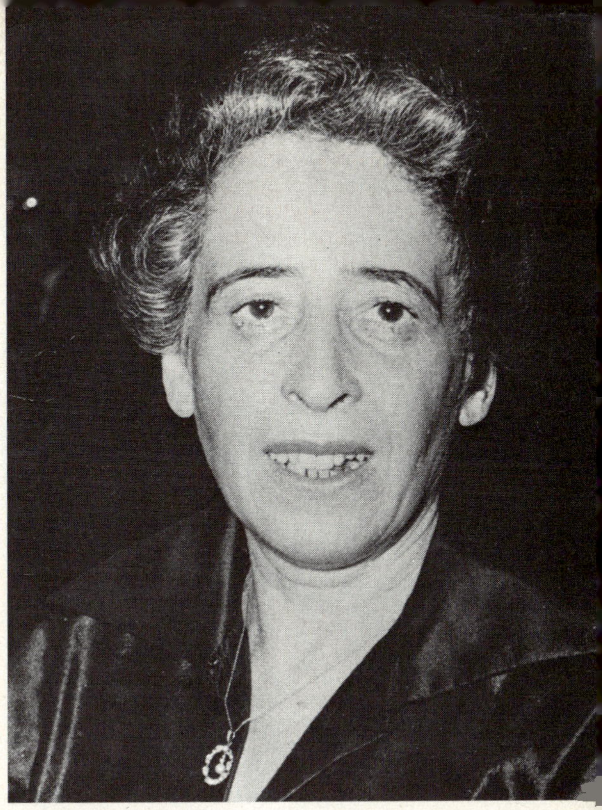

als Erkenntnistheorie, Ästhetik, Ethik, Logik und dergleichen, nicht so sehr vermittelt als durch bodenlose Langeweile erledigt wurde. Gegen diesen eher gemütlichen und in seiner Weise auch ganz soliden Betrieb gab es damals, noch vor dem Auftreten Heideggers, einige wenige Rebellen; es gab, chronologisch gesprochen, Husserl und seinen Ruf ‹Zu den Sachen selbst›: das hieß ‹Weg von den Theorien, weg von den Büchern› und Etablierung der Philosophie als einer strengen Wissenschaft, die sich neben anderen akademischen Disziplinen würde sehen lassen können. Das war natürlich ganz naiv und unrebellisch gemeint, aber es war etwas, worauf sich erst Scheler und etwas später Heidegger berufen konnten. Und dann gab es noch in Heidelberg, bewußt rebellisch und aus einer anderen als der philosophischen Tradition kommend, Karl Jaspers, der, wie man weiß, lange mit Heidegger befreundet war, gerade weil ihn das Rebellische in Heideggers Vorhaben als etwas ursprünglich Philosophisches inmitten des akademischen Geredes über Philosophie ansprach.

Was diese Wenigen miteinander gemein hatten, war – um es in Heideggers Worten zu sagen – daß sie *zwischen einem gelehrten Gegenstand und einer gedachten Sache* unterscheiden konnten (*Aus der Erfahrung des*

Die Mutter als junge Frau

Denkens, 1947) und daß ihnen der gelehrte Gegenstand ziemlich gleichgültig war. Das Gerücht erreichte damals diejenigen, welche mehr oder minder ausdrücklich um den Traditionsbruch und die ‹finsteren Zeiten›, die angebrochen waren, wußten; die daher die Gelehrsamkeit gerade in Sachen der Philosophie für ein müßiges Spiel hielten und nur darum bereit waren, sich der akademischen Disziplin zu fügen, weil es ihnen um die ‹gedachte Sache› oder, wie Heidegger heute sagen würde, um *die Sache des Denkens* ging (*Zur Sache des Denkens*, 1969). Das Gerücht, das sie nach Freiburg zu dem Privatdozenten und etwas später nach Marburg lockte, besagt, daß es einen gibt, der die Sachen, die Husserl proklamiert hatte, wirklich erreicht, der weiß, daß sie keine akademische Angelegenheit sind, sondern das Anliegen von denkenden Menschen, und zwar nicht erst seit gestern und heute, sondern seit eh und je, und der, gerade weil ihm der

«Da stand mein Geburtshaus»

Faden der Tradition gerissen ist, die Vergangenheit neu entdeckt. Technisch entscheidend war, daß nicht über Plato gesprochen und seine Ideenlehre dargestellt wurde, sondern daß ein Dialog durch ein ganzes Semester Schritt für Schritt verfolgt und abgefragt wurde, bis es keine tausendjährige Lehre mehr gab, sondern nur eine höchst gegenwärtige Problematik. Heute klingt das vermutlich ganz vertraut, weil so viele es jetzt so machen; vor Heidegger hat es niemand gemacht. Das Gerücht sagte es ganz einfach: Das Denken ist wieder lebendig geworden, die totgeglaubten Bildungsschätze der Vergangenheit werden zum Sprechen gebracht, wobei sich herausstellt, daß sie ganz andere Dinge vorbringen, als man mißtrauisch vermutet hat. Es gibt einen Lehrer; man kann vielleicht das Denken lernen.

Der heimliche König also im Reich des Denkens, das, durchaus von die-

Meßkirch: das alte Rathaus, Ende der neunziger Jahre

ser Welt, doch so in ihr verborgen ist, daß man nie genau wissen kann, ob es überhaupt existiert, dessen Bewohner aber dann doch zahlreicher sind als man glaubt. Denn wie könnte man sich sonst den einmaligen, oft unterirdischen Einfluß Heideggerschen Denkens und denkenden Lesens erklären, der so weit über den Kreis der Schüler und über das, was man gemeinhin unter Philosophie versteht, hinausgeht? . . .

. . . man folgte dem Gerücht, um das Denken zu lernen, und was man nun erfuhr, war, daß Denken als reine Tätigkeit, und das heißt weder vom Wissensdurst noch vom Erkenntnisdrang getrieben, zu einer Leidenschaft werden kann, die alle anderen Fähigkeiten und Gaben nicht so sehr beherrscht als ordnet und durchherrscht. Wir sind so an die alten Entgegensetzungen von Vernunft und Leidenschaft, von Geist und Leben gewöhnt, daß uns die Vorstellung von einem leidenschaftlichen Denken, in dem Denken und Lebendigsein eins werden, einigermaßen befremdet. Heidegger selbst hat einmal dies Einswerden – einer gut bezeugten Anekdote zufolge – in einem einzigen lapidaren Satz ausgedrückt, als er zu Beginn einer Aristoteles-Vorlesung statt der üblichen biographischen Einleitung sagte: ‹Aristoteles wurde geboren, arbeitete und

Schüler Martin, um 1899

starb›. Daß es so etwas gibt, ist zwar, wie wir im Nachhinein erkennen können, die Bedingung der Möglichkeit von Philosophie überhaupt. Aber es ist mehr als fraglich, daß wir dies ohne Heideggers denkende Existenz zumal in unserem Jahrhundert je erfahren hätten. Dies Denken, das als Leidenschaft aus dem einfachen Faktum des In-die-Welt-Geboren-seins aufsteigt und nun ‹dem Sinn nachdenkt, der in allem waltet, was ist› (*Gelassenheit*, 1959, S. 15), kann so wenig einen Endzweck – die Erkenntnisse oder das Wissen – haben wie das Leben selbst. Das Ende des Lebens ist der Tod, aber der Mensch lebt nicht um des Todes willen, sondern weil er ein lebendiges Wesen ist; und er denkt nicht um irgendwelcher Resultate willen, sondern weil er ein ‹denkendes, d. h. sinnendes Wesen› ist (ebenda S. 16).

Dies hat zur Folge, daß das Denken sich zu seinen eigenen Resultaten eigentümlich destruktiv bzw. kritisch verhält. Gewiß, die Philosophen haben seit den Philosophenschulen des Altertums eine fatale Neigung zum Systembau gezeigt, und wir haben heute oft Mühe, die erstellten Gebäude zu demontieren, um das eigentlich Gedachte zu entdecken. Aber diese Neigung stammt nicht aus dem Denken selbst, sondern aus ganz anderen und ihrerseits durchaus legitimen Bedürfnissen ... Jede von Heideggers Schriften liest sich, trotz der gelegentlichen Bezugnahme auf bereits Veröffentlichtes, als finge er von Anfang an und übernähme nur jeweils die von ihm geprägte Sprache, das Terminologische also, wobei aber die Begriffe nur ‹Wegmarken› sind, an denen sich ein neuer Gedankengang orientiert.»

Wer Heidegger bloß aus den veröffentlichten Schriften kennt, kann sich schwer vorstellen, was für eine einzigartige Weise des Unterrichtens er besaß. Selbst mit Anfängern gelang es ihm binnen kurzem, sie zum Denken zu bringen – nicht Meinungen sich anzueignen oder Gelesenes wiederzugeben, sondern in die Bewegung des Denkens zu gelangen. Die sokratische Rede und Gegenrede schien wie durch ein Wunder von neuem lebendig geworden zu sein.

Von Husserl wissen wir, daß er so sehr von seinen Gedanken besessen war, daß er im Grunde genommen monologisierte. Eine Anekdote berichtet, daß nach einem Oberseminar Husserl zu Heidegger sagte, diese Sitzung sei besonders erfolgreich gewesen. Auf die Frage: In welcher Hinsicht? erwiderte Husserl: Wegen der regen Beteiligung der Studenten. Die ganze Zeit über hatte aber bloß Husserl gesprochen. Solches Monologisieren gab es in Heideggers Seminaren nicht – ja, wir wurden eigens davor gewarnt. Ging es um einen Text, zu dem aus Veröffentlichungen Heideggers Äußerungen vorhanden waren, durfte nie eine derartige Deutung zitiert werden, Heidegger wollte nicht das hören, was er dazu gesagt hatte, sondern was wir aus dem Text herauszulesen imstande waren. Deshalb waren die Seminare nie Vorlesungen unter anderen Vorzeichen, sondern unmittelbare Arbeit am Text. Es kam vor, daß wir in einem Semester nur zwei oder drei Seiten eines Philosophen lasen und zu verstehen suchten. Aber mit diesen Seiten, die Heidegger sorgfältig ausgesucht hatte, gelang es ihm, uns so sehr in das Eigene des jeweiligen Philosophen zu versetzen, daß wir mehr von ihm erfahren hatten als durch jahrelanges Studium. Und nicht nur von dem einzelnen Philosophen, sondern zugleich von der Geschichte, in der er mitten darin stand. Ohne das geschichtliche Verständnis, ohne die geschichtliche Dimension war ein Verstehen ausgeschlossen – das erfuhren wir ganz unmittelbar in diesen Seminaren, die so voller Spannung waren, daß wir wie elektrisiert den kleinen Seminarraum im ersten Stock der Freiburger Universität verließen. Die Vorbereitung für die nächste Stunde erfüllte im Grunde genommen die ganze Woche, und alle anderen Seminare und Vorlesungen traten wie von selbst in den Hintergrund. War einem das Protokoll der Sitzung angetragen worden, das nachher in das kleine schwarze Wachstuchheft eingetragen wurde, erhöhte sich die erwartungsvolle Spannung vor der nächsten Sitzung noch, bei der Heidegger mit dem Verlesen des Protokolls und seiner Kritik daran begann.

Die Eltern: Friedrich Heidegger und Frau Johanna, geb. Kempf

Erstaunlich war, mit welcher Anteilnahme Heidegger den Werdegang jedes Seminarteilnehmers über Jahrzehnte hinaus verfolgte, wie seinem Gedächtnis keiner entging, wenn viele Jahre nachher die Rede auf den Betreffenden kam.

Heidegger bereitete die Seminarsitzungen mit größter Sorgfalt vor. Er überließ nichts der momentanen «Inspiration», dem «Einfall», sondern durchdachte behutsam den zu verfolgenden Gedankengang. So finden sich in seinen Manuskripten ausdrücklich die Planungen und Anmerkungen für die Seminare. Obwohl er die zu lesenden Texte gründlich kannte, wurde diese Vorbereitung von ihm jeweils ausgeführt, wie auch die Wahl der entsprechenden Textstellen immer ins Herz der Problemstellung führte.

Martin mit seinem Freund Blum, um 1906

Die Unterprima des Bertholds- und Friedrichs-Gymnasiums, Freiburg i. B. 1907/08. Ganz rechts: Martin Heidegger

Martin mit Freund Schnerle. Oberprima, Freiburg i. B. 1909

Franz Brentano (1838–1917)

Von Heidegger selbst besitzen wir einige Hinweise zu seinem Studium und seinem Werdegang. Sie sind unter dem Titel *Mein Weg in die Phänomenologie* im Band *Zur Sache des Denkens* veröffentlicht, ursprünglich als Beitrag für die Festgabe an Hermann Niemeyer verfaßt (1963).

Mein akademisches Studium begann im Winter 1909/10 in der Theologischen Fakultät der Universität Freiburg. Die Hauptarbeit für die Theologie ließ aber noch Raum genug für die ohnehin zum Studienplan gehörende Philosophie. So standen denn seit dem ersten Semester auf meinem Studierpult im Theologischen Konvikt die beiden Bände von Husserls «Logischen Untersuchungen». Sie gehörten der Universitätsbibliothek. Der Ausleihtermin konnte immer wieder verlängert werden. Das Werk wurde offenbar von den Studierenden wenig verlangt. Doch wie kam es in die ihm fremde Umgebung meines Studierpultes?

Aus manchen Hinweisen in philosophischen Zeitschriften hatte ich erfahren, daß Husserls Denkweise durch Franz Brentano bestimmt sei. Dessen Dissertation «Von der mannigfachen Bedeutung des Seienden nach Aristoteles» (1862) war jedoch seit 1907 Stab und Stecken meiner ersten unbeholfenen Versuche, in die Philosophie einzudringen. Unbestimmt genug bewegte mich die Überlegung: Wenn das Seiende in mannigfacher Bedeutung gesagt wird, welches ist dann die leitende Grundbedeutung? Was heißt Sein? Im letzten Jahr meiner Gymnasialzeit stieß ich auf die Schrift des damaligen Professors für Dogmatik an der Freiburger Universität Carl Braig: «Vom Sein. Abriß der Ontologie». Sie war im Jahre 1896 erschienen, zu der Zeit, als ihr Verfasser außerordentlicher Professor der Philosophie in der Freiburger Theologischen Fakultät war. Die größeren Abschnitte der Schrift bringen jeweils am Schluß längere Textstellen aus Aristoteles, Thomas v. A. und Suárez, außerdem die Etymologie der Wörter für die ontologischen Grundbegriffe.

Von Husserls «Logischen Untersuchungen» erwartete ich eine entscheidende Förderung in den durch Brentanos Dissertation angeregten Fragen. Doch meine Bemühung war vergeblich, weil, was ich erst sehr viel später erfahren sollte, ich nicht in der rechten Weise suchte. Gleichwohl blieb ich von Husserls Werk so betroffen, daß ich in den folgenden Jahren immer wieder darin las, ohne die zureichende Einsicht in das, was mich fesselte. Der Zauber, der von dem Werk ausging, erstreckte sich bis auf das Äußere des Satzspiegels und des Titelblattes.

... Nach vier Semestern gab ich das theologische Studium auf und widmete mich ganz der Philosophie. Eine theologische Vorlesung hörte ich auch noch in den Jahren nach 1911, diejenige über Dogmatik bei Carl Braig. Dazu bestimmte mich das Interesse an spekulativer Theologie, vor allem die eindringliche Art des Denkens, die der genannte Lehrer in jeder Vorlesungsstunde Gegenwart werden ließ. Durch ihn hörte ich zum ersten Mal auf wenigen Spaziergängen, bei denen ich ihn begleiten durfte, von der Bedeutung Schellings und Hegels für die spekulative Theologie im Unterschied zum Lehrsystem der Scholastik. So trat die Spannung zwischen Ontologie und spekulativer Theologie als das Baugefüge der Meta-

Heinrich Rickert

physik in den Gesichtskreis meines Suchens.

Zeitweilig entschwand allerdings dieser Bereich in den Hintergrund gegenüber dem, was Heinrich Rickert in seinen Seminarübungen behandelte: die beiden Schriften seines Schülers Emil Lask, der schon 1915 als einfacher Soldat an der galizischen Front fiel. Rickert widmete «dem lieben Freunde» sein im selben Jahr in dritter, völlig umgearbeiteter Auflage erschienenes Werk «Der Gegenstand der Erkenntnis. Einführung in die Transzendentalphilosophie». Die Widmung sollte zugleich die Fördernis des Lehrers durch den Schüler bezeugen. Die beiden Schriften von Emil Lask – «Die Logik der Philosophie und die Kategorienlehre. Eine Studie über den Herrschaftsbereich der logischen Form» (1911) und «Die Lehre vom Urteil» (1912) – bekundeten ihrerseits deutlich genug den Einfluß von Husserls «Logischen Untersuchungen».

Dieser Umstand nötigte mich von neuem, Husserls Werk durchzuarbeiten. Indes blieb auch der wiederholte Anlauf unbefriedigend, weil ich über eine Hauptschwierigkeit nicht hinwegkam. Sie betraf die einfache Frage, wie die Verfahrensweise des Denkens, die sich «Phänomenologie» nannte, nachzuvollziehen sei. Das Beunruhigende dieser Frage ergab sich aus der

Heidegger, Frühjahr 1912

Zwiespältigkeit, die das Werk Husserls dem ersten Anschein nach zeigte.

Der im Jahr 1900 erschienene erste Band des Werkes bringt die Widerlegung des Psychologismus in der Logik durch den Nachweis, daß sich die Lehre vom Denken und Erkennen nicht auf die Psychologie gründen läßt. Demgegenüber enthält aber der zweite, im Jahr darauf erschienene, um ein dreifaches umfangreichere Band die Beschreibung der für den Aufbau der Erkenntnis wesentlichen Akte des Bewußtseins. Also doch eine Psychologie. Wozu sonst der § 9 in der fünften Untersuchung über die «Bedeutung der Brentanoschen Abgrenzung der ‹psychischen Phänomene›»? Demnach fällt Husserl mit seiner phänomenologischen Beschreibung der Bewußtseinsphänomene in die zuvor gerade widerlegte Position des Psychologismus zurück. Wenn jedoch eine so grobe Verirrung Husserls Werk nicht unterstellt werden kann, was ist dann die phänomenologische Beschreibung der Bewußtseinsakte? Worin besteht das Eigene der Phänomenologie, wenn sie weder Logik noch Psychologie ist? Kommt hier eine ganz neuartige Disziplin zum Vorschein und gar eine solche von eigenem Rang und Vorrang?

Ich fand mich in diesen Fragen nicht zurecht, blieb rat- und weglos, ver-

mochte die Fragen auch kaum schon in der Deutlichkeit zu fassen, in der sie hier genannt sind.

Da brachte das Jahr 1913 eine Antwort. Im Verlag Max Niemeyer begann das von Husserl herausgegebene «Jahrbuch für Philosophie und phänomenologische Forschung» zu erscheinen. Der erste Band wird mit der Abhandlung Husserls eröffnet, deren Titel schon das Auszeichnende und die Tragweite der Phänomenologie kundtut: «Ideen zu einer reinen Phänomenologie und phänomenologischen Philosophie».

Die «reine Phänomenologie» ist die «Grundwissenschaft» der durch sie geprägten Philosophie. «Reine», dies besagt: «transzendentale Phänomenologie». Als «transzendental» aber ist angesetzt die Subjektivität des erkennenden, handelnden und wertsetzenden Subjekts. Beide Titel, «Subjektivität» und «transzendental» zeigen an, daß die «Phänomenologie» bewußt und entschieden in die Überlieferung der neuzeitlichen Philosophie einschwenkte, dies allerdings so, daß die «transzendentale Subjektivität» durch die Phänomenologie in eine ursprünglichere und universalere Bestimmtheit gelangte. Die Phänomenologie behielt die «Bewußtseinserlebnisse» als ihren thematischen Bereich bei, doch jetzt in der systematisch entworfenen und gesicherten Erforschung der Struktur der Erlebnisakte in einem mit der Erforschung der in den Akten erlebten Gegenständen hinsichtlich ihrer Gegenständlichkeit.

In diesem universalen Entwurf einer phänomenologischen Philosophie konnte nun auch den «Logischen Untersuchungen», die gleichsam philosophisch neutral geblieben waren, der systematische Ort zugewiesen werden. Sie erschienen in demselben Jahr 1913 in zweiter Auflage im selben Verlag. Die meisten Untersuchungen waren inzwischen freilich «tiefgreifenden Umarbeitungen» unterzogen worden. Die sechste Untersuchung, die «in phänomenologischer Beziehung wichtigste» (Vorwort zur zweiten Auflage), wurde allerdings zurückgehalten. Aber auch der von Husserl zum ersten Band der neugegründeten Zeitschrift «Logos» beigesteuerte Aufsatz «Philosophie als strenge Wissenschaft» (1910/11) erhielt erst durch die «Ideen zu einer reinen Phänomenologie» die zureichende Begründung seiner programmatischen Thesen.

Im selben Jahr 1913 erschien im Max Niemeyer Verlag die bedeutsame Untersuchung von Max Scheler: «Zur Phänomenologie der Sympathiegefühle und von Liebe und Haß. Mit einem Anhang über den Grund zur Annahme der Existenz des fremden Ich».

... Man begegnete damals oft der naheliegenden Feststellung, mit der «Phänomenologie» sei eine neue Richtung innerhalb der europäischen Philosophie aufgekommen. Wer hätte die Richtigkeit dieser Aussage leugnen wollen?

Aber ein so geartetes historisches Verrechnen traf nicht, was durch die «Phänomenologie», d. h. schon durch die «Logischen Untersuchungen» geschehen war. Es blieb unausgesprochen und läßt sich auch heute kaum recht sagen. Husserls eigene programmatische Erklärungen und methodologische Darlegungen verstärkten eher das Mißverständnis, durch die «Phänomenologie» sei ein Anfang der Philosophie beansprucht, der alles voraufgegangene Denken verleugne.

Nach der Promotion. Freiburg i. B. 1914

Max Scheler

Auch nach dem Erscheinen der «Ideen zu einer reinen Phänomenologie» hielt mich der nicht nachlassende Bann, der von den «Logischen Untersuchungen» ausging, gefangen. Er bewirkte erneut eine Beunruhigung, die ihren eigenen Grund nicht kannte, obzwar sie ahnen ließ, sie entstamme dem Unvermögen, durch das bloße Lesen der philosophischen Literatur in den Vollzug der Denkweise zu gelangen, die sich «Phänomenologie» nannte.

Langsam nur schwand die Ratlosigkeit, mühsam löste sich die Verwirrung, seitdem ich Husserl persönlich in seiner Werkstatt begegnen durfte.

Husserl kam im Jahre 1916 als Nachfolger Heinrich Rickerts, der Windelbands Lehrstuhl in Heidelberg übernommen hatte, nach Freiburg. Husserls Belehrung geschah in der Form einer schrittweisen Einübung des phänomenologischen «Sehens», das zugleich ein Absehen vom ungeübten Gebrauch philosophischer Kenntnisse verlangte, aber auch den Verzicht, die Autorität der großen Denker ins Gespräch zu bringen. Indes konnte ich mich von Aristoteles und den anderen griechischen Denkern um so weniger trennen, je deutlicher mir die wachsende Vertrautheit mit dem phänomenologischen Sehen die Auslegung der Aristotelischen Schriften befruchtete. Zwar konnte ich noch nicht sogleich übersehen,

Das Brautpaar: Martin Heidegger und Elfriede Petri, 1916

welche entscheidenden Folgen die erneute Zuwendung zu Aristoteles bringen sollte.

Als ich 1919 selbst lehrend-lernend in der Nähe Husserls das phänomenologische Sehen einübte und zugleich im Seminar ein gewandeltes Aristoteles-Verständnis erprobte, neigte sich mein Interesse aufs neue den «Logischen Untersuchungen» zu, vor allem der sechsten in der ersten Auflage. Der hier herausgearbeitete Unterschied zwischen sinnlicher und kategorialer Anschauung enthüllte sich mir in seiner Tragweite für die Bestimmung der «mannigfachen Bedeutung des Seienden».

Darum baten wir – Freunde und Schüler – immer wieder den Meister, die damals schwer zugängliche sechste Untersuchung neu drucken zu lassen. In bewährter Bereitschaft für die Sache der Phänomenologie ließ der Verlag Niemeyer das letzte Stück der «Logischen Untersuchungen» im Jahre 1922 wieder erscheinen. Husserl vermerkt im Vorwort: «Wie die Dinge liegen, habe ich dem Drängen der Freunde des vorliegenden Bandes nachgegeben und mich dafür entscheiden müssen, sein Schlußstück in der alten Gestalt wieder zugänglich zu machen». Mit der Wendung «die Freunde des vorliegenden Werkes» wollte Husserl zugleich sagen, daß er selbst seit der Veröffentlichung der «Ideen» sich nicht mehr recht mit den «Logischen Untersuchungen» befreunden konnte. Denn mehr denn je galt

Edmund Husserl

seine denkerische Leidenschaft und Anstrengung am neuen Ort seines akademischen Wirkens dem systematischen Ausbau des in den «Ideen» vorgelegten Entwurfs, deshalb konnte Husserl in dem erwähnten Vorwort zur sechsten Untersuchung schreiben: «Auch meine Freiburger Lehrtätigkeit förderte meine Interessenrichtung auf die leitenden Allgemeinheiten und das System.»

So hat denn Husserl großzügig, aber im Grunde ablehnend beobachtet, wie ich neben meinen Vorlesungen und Übungen in besonderen Arbeits-

Um 1920

gemeinschaften wöchentlich die «Logischen Untersuchungen» mit älteren Schülern durcharbeitete. Für mich selbst wurde vor allem die Vorbereitung dieser Arbeit fruchtbar. Dabei erfuhr ich – zuerst mehr durch ein Ahnen geführt, als von begründeter Einsicht geleitet – das eine: Was sich für die Phänomenologie der Bewußtseinsakte als das sich-selbst-Bekunden der Phänomene vollzieht, wird ursprünglicher noch von Aristoteles und im ganzen griechischen Denken und Dasein als Ἀλήθεια *gedacht, als die Unverborgenheit des Anwesenden, dessen Entbergung, sein sich-Zei-*

Familie Heidegger, Marburg 1924

Marburg: die Universität

gen. Was die phänomenologischen Untersuchungen als die tragende Haltung des Denkens neu gefunden haben, erweist sich als der Grundzug des griechischen Denkens, wenn nicht gar der Philosophie als solcher. Je entscheidender sich mir diese Einsicht klärte, um so bedrängender wurde die Frage: Woher bestimmt sich, was nach dem Prinzip der Phänomenologie als «die Sache selbst» erfahren werden muß? Ist es das Bewußtsein und seine Gegenständlichkeit, oder ist es das Sein des Seienden in seiner Unverborgenheit und Verbergung?

So wurde ich auf den Weg der Seinsfrage gebracht, erleuchtet durch die phänomenologische Haltung, erneut und anders als zuvor durch die Fragen beunruhigt, die von Brentanos Dissertation ausgingen. Aber der Weg des Fragens wurde länger, als ich vermutete. Was die ersten Freiburger und dann die Marburger Vorlesungen versuchten, zeigt den Weg nur mittelbar (Zur Sache des Denkens, S. 81 f).

Dieser Text wurde so ausführlich zitiert, weil er zu den wenigen gehört, in denen Heidegger über seinen eigenen Werdegang spricht. Gewiß, es geschah in Zusammenhang mit einer Würdigung der Verdienste Niemeyers für die Phänomenologie, aber zugleich betraf es die Bedeutung der

Mit Rudolf Bultmann beim Treffen der Alt-Marburger, 1961

Phänomenologie für Heideggers eigenes Arbeiten und Suchen.[2]

Heidegger hat seine Marburger Zeit (1923–28), auf das Ganze der Lehrtätigkeit hin gesehen, *die am meisten erregendste, gesammelte und ereignisreiche* genannt, wobei die Ferien, die jeweils in Todtnauberg auf der Hütte verbracht wurden, mit dazu gehören. Gerade aus dieser Zeit sind noch keine Vorlesungen veröffentlicht. Wohl haben wir *Sein und Zeit, Kant und das Problem der Metaphysik, Was ist Metaphysik?* und *Vom Wesen des Grundes.* Die Anfänge von *Sein und Zeit* gehen auf den Winter 1923/24 zurück. Daß in *Sein und Zeit* die bedeutsamsten denkerischen Bemühungen seit Beginn eingehen, ist wohl anzunehmen.[3]

Heidegger wurde nach Marburg berufen besonders auf Betreiben von Paul Natorp, der 1922 ein Manuskript Heideggers angefordert hatte für die Fakultät, ein Manuskript über seine Aristoteles-Interpretation. Bis zu Natorps Tod (1924) sahen sich beide beinahe wöchentlich, meistens am Mittwochnachmittag, und machten schweigsame Spaziergänge in den Wäldern der Umgebung. Denn sowohl Natorp wie auch Heidegger lebten nicht so sehr in der Diskussion als eher im geschriebenen, sorgfältig durchdachten Wort, im Gegensatz etwa zu Scheler, der in der Diskussion glänzte. Die vielfach verbreitete Meinung, Heidegger sei durch die protestantische Theologie, besonders durch Rudolf Bultmann, zu *Sein und Zeit* angeregt worden, ist unzutreffend. Eher kann gesagt werden, daß die Theologie von Heidegger neue Anregungen erhielt, eine Theologie, die mitten in der Krise steckte.[4] Erst recht waren es nicht die Theologen, die Heideggers Berufung betrieben.

In Marburg entspann sich eine Freundschaft zwischen Heidegger und Bultmann, sie besuchten gelegentlich gegenseitig ihre Übungen, hatten gemeinsame Schüler – eine Freundschaft, die bis heute andauert. Zur gleichen Zeit war als Philosoph Nicolai Hartmann in Marburg. Heidegger, Hartmann, P. Friedländer, der Archäologe Jacobsthal und der Kirchenhistoriker Hans von Soden hatten eine Graeca gegründet, in der Homer, die Tragiker, Pindar und Thukydides gelesen wurden. Hans Georg Gadamer weist zurecht darauf, daß es die Zeit war, als der Neukantianismus an Wirkungskraft verlor, die Marburger Schule sich auflöste.[5] Vielleicht müßte hinzugefügt werden, daß es die Zeit der zunehmenden Ausstrahlung der Phänomenologie war – die, wie gerade angedeutet, durch Heidegger eine neue Wendung erfuhr. Was unter phänomenologischen Übungen von Heidegger angeboten wurde, hatte wenig mit Husserls Konstitutions- und Reduktionsanalysen zu tun, aber sehr viel mit seiner Devise *Zu den Sachen selbst* – in der Weise, daß hier plötzlich Philosophen, die längst «überwunden» zu sein schienen, zu neuem Leben erwachten, ihr Denken so ursprünglich gegenwärtig gemacht wurde, daß es geradezu revolutionär wirkte.[6] Aus der Marburger Zeit sind besonders die Platon- und Aristoteles-Interpretationen hervorzuheben. Im Winter-Semester 1924/25 hielt Heidegger eine vierstündige Vorlesung über den Sophistes-Dialog und brachte als Einleitung dazu eine Interpretation des VI. Buches der «Nikomachischen Ethik», wobei im Mittelpunkt die Deutung des ’αληθεύειν (des Entbergens) stand. Aristoteles stellt hier ausdrücklich die verschiedenen Weisen des Entbergendseins in das Fragen, im Hinblick auf eine Kenn-

Aristoteles. Louvre, Paris

zeichnung der höchsten Weise, der vorzüglichsten Weise. Ein Verständnis dieses Buches eröffnet so zugleich den Zugang zum aristotelischen Denken insgesamt (vgl. auch *Sein und Zeit,* Fußnote S. 225).

DAS DOPPELTE LEITMOTIV VON HEIDEGGERS DENKEN: DIE FRAGE NACH DEM SEIN UND DIE FRAGE NACH DER WAHRHEIT (ALETHEIA)

Versuchen wir den Kern von Heideggers Fragen zu treffen, der sein Denken belebt, sein Suchen nicht zum Stillstand kommen läßt, so ist das Erstaunliche, daß dieser Kern in sich doppelt ist. Es ist das Fragen nach dem Sein und zugleich das Fragen nach der aletheia. Wir können hier zu Beginn nicht begreifen, wie diese Doppelung zu sehen ist. Es wird jedoch die Aufgabe dieser Monographie sein, ihr nachzugehen, ihrem Zusammenhang nachzuspüren, zuerst in *Sein und Zeit* (= S. 37f), dann in *Vom Wesen der Wahrheit* (= S. 66f), in *Der Ursprung des Kunstwerkes* (= S. 79f), im *Brief über den «Humanismus»* (= S. 98f), in *Die Frage nach der Technik* (= S. 111f), in *Das Wesen der Sprache* (= S. 125f) und *Das Ende der Philosophie und die Aufgabe des Denkens* (= S. 142f).

Zur vorläufigen Erläuterung der aletheia sei eine Anmerkung vorangeschickt. Aletheia wird von Heidegger mit Unverborgenheit übersetzt. Es ist ein Grundwort des griechischen Seinsverständnisses. Aller Umgang mit Seiendem ist nur möglich, sofern es der Verborgenheit entnommen, unverborgen geworden ist. Das Unverborgensein wird dem Seienden keineswegs erst durch das Urteil zuteil, vielmehr ist jedes Aussagen über Seiendes nur möglich, sofern es zuvor schon unverborgen ist. Das Unverborgensein ist ein Zug des Seienden selbst. Deswegen kann Aristoteles zum Beispiel unverborgen ʼαληθές und seiend ὄν gleichsetzen. Das Seiende ist gedacht als das Anwesende, im Sinne des Beständigen. Dazu gehört, daß es eine bestimmte Gestalt besitzt, feste Grenzen hat. Das vorzüglich Anwesende in diesem Sinne ist die physis.

Der Mensch ist derjenige, der das Seiende in seinem Unverborgensein zu vernehmen vermag und das heißt zugleich, sich auf seine Einhaftigkeit zu sammeln – λέγειν. λέγειν besagt lesen, im Sinne des Zusammenlesens. Der logos offenbart diese Einhaftigkeit. Nicht der Mensch steht in der griechischen Erfahrung im Mittelpunkt, sondern das Seiende selbst in seiner Unverborgenheit, auf die der Mensch sich kraft des logos einlassen kann, auf die er einzugehen vermag. Zugleich – darauf kommen wir im folgenden zurück – ist nach Heidegger die aletheia, die die griechische Erfahrung trägt, nicht eigens gedacht. Sie ist so etwas wie ein Gesichtskreis, der uns Seiendes zugänglich macht und das um so besser vermag, je weniger er als Gesichtskreis eigens in Erscheinung tritt. Das Thematisch-werden der aletheia im Sinne des Zurückfragens nach ihr ist so für die griechische Haltung gar nicht erforderlich. Andererseits konnte dann wiederum die aletheia einen Wesenswandel erfahren, der seinen deutlichsten Ausdruck darin findet, daß die «Wahrheit» vom menschlichen Vernehmen abhängig gemacht wird.

Wie Heidegger selbst sagt, hat andererseits die Frage nach dem Sein sein Denken in Gang gebracht, angeregt von der Arbeit Brentanos (vgl. S. 21) und der «Ontologie» seines Lehrers Braig. Wie das Fragen nach der aletheia und das Fragen nach dem Sein zusammengehört, bzw. wie Heidegger dahin gelangt, diese Zusammengehörigkeit zu denken, gilt es im

In dem Haus vorn (Mitte) entstand «Sein und Zeit»

folgenden zu suchen. Und es gilt, verständlich zu machen, weshalb Heideggers Fragen auf die griechische Erfahrung zurückgeht und den Gang der Metaphysik als solchen zum Thema werden läßt.

DIE FRAGE NACH DEM SEIN IM HORIZONTE DER ZEIT («SEIN UND ZEIT», 1927)

Die Ausführungen zu Heideggers epochemachendem Werk *Sein und Zeit* beschränken sich auf vier Punkte: 1. Zur Thematik und Gliederung, 2. Das Dasein als In-der-Welt-sein, 3. Die Existenziale und die Zeitlichkeit, 4. Die Wahrheitsfrage (§ 44).

Es ist nicht leicht, nachträglich die Wirkung des Erscheinens von *Sein und Zeit* zu rekonstruieren. Ein so ungewohntes Werk, eine so eigenständige Sprache mußte es den Zeitgenossen zunächst fremd erscheinen lassen. Eine Reihe alter, liebgewordener Fragen der «klassischen» Erkenntnistheorie wurde einfach vom Tisch gefegt; aber auch die Phänomenologie, die immerhin schon ein Vierteljahrhundert alt war und zunehmenden Anklang fand, wurde plötzlich neu bestimmt, so neu, daß Husserl, dem das Werk gewidmet war, es im Grunde nicht verstand.

Husserl hatte Heidegger sehr geschätzt, in ihm den bedeutendsten Schüler und Fortsetzer gesehen – nun war er plötzlich enttäuscht. Das war keine Phänomenologie in seinem Sinne. Heidegger sah in Husserl einen Erneuerer der Philosophie des 20. Jahrhunderts und hielt immer wieder Seminare über die «Logischen Untersuchungen», besonders die VI. Untersuchung. Aber er war kein Nachfolger, sondern mit ihm geschah ein Umbruch des Philosophierens, auf den Husserl nicht gefaßt war.

Obwohl *Sein und Zeit* nicht eigens verstanden wurde (Heidegger hat wegen der vielen Mißverständnisse selbst eine Kritik geschrieben unter einem Pseudonym, sie dann allerdings nicht veröffentlicht), begann das Werk zunehmend zu wirken, besonders auf die neue Generation, es wurde zum aufregendsten Text unserer Zeit, und seine Wirkung blieb, wie Otto Pöggeler treffend bemerkt, «keineswegs auf die engeren Kreise der Philosophierenden beschränkt»[7].

Mit einem Schlag war die zeitgenössische Problematik vom Neukantianismus bis zur Wertphilosophie schal geworden und zugleich erschien die Metaphysik von Platon bis Nietzsche in einem neuen Licht. Die übliche Trennung von systematischer und historischer Fragestellung wurde hinfällig, denn im geschichtlichen Kontext allein kann die systematische Fragestellung begriffen werden, sie ist immer geschichtlich.

Zur Thematik und Gliederung des Werkes

Es ist nicht schwer, das Werk zu lesen, Heidegger hat eine deutliche Sprache, wenn man bereit ist, auf sie zu hören. Schwieriger ist es allerdings, wenn das Werk im Sinne seiner Grundintention gefaßt werden soll, nämlich die Thematik des Zusammenhangs von *Sein und Zeit* als Zentralfrage. Dazu ist nötig, sich überhaupt über die Seinsproblematik ins Klare zu kommen, um verstehen zu können, wieso die Zeit als Horizont für die Frage nach dem Sein genannt werden kann. Zwar gab es eine Reihe von Untersuchungen über die Zeit (es sei hier nur auf Bergson und Husserl verwiesen), aber die Seinsfrage selbst war trotz aller Ontologien nicht in ihrer

Platon. Vatikan, Rom

Schärfe gesehen oder gar gestellt. Heidegger selbst hat die Ausführungen über *Sein und Zeit* (Punkt drei des ersten Teils; vgl. S. 39*) zurückgehalten, das Werk blieb ein Torso. Die fehlenden Teile waren die entscheidenden. Am schwierigsten ist die verstehende Deutung, die vom Ende der Entfaltung des Denkens Heideggers ausgeht, so daß mit der Lektüre zugleich eine Aufhebung des Werkes gefordert wird bzw. seine Verwandlung und damit zugleich die Einsicht in die Notwendigkeit seiner bestimmten Gestalt. Sie ist bis heute nicht geleistet – es sei denn von Heidegger selbst.

* Die Seitenangaben zu den Zitaten beziehen sich in diesem Kapitel auf *Sein und Zeit* (Halle 1927).

Sie kann hier – wo eine bloße Hinführung versucht wird – nicht in Angriff genommen werden; als Aufgabe jedoch sei sie genannt. Denn so lange wir dazu nicht imstande sind, können wir nicht sagen, Heidegger verstanden zu haben.

Gleich die Ankündigung der Fragestellung mußte erstaunen – die Frage nach dem Sinn von Sein. Dabei weist Heidegger darauf hin, daß diese Frage keineswegs neu ist – das Zitat aus Platons «Sophistes» («Denn offenbar seid ihr doch schon lange mit dem vertraut, was ihr eigentlich meint, wenn ihr den Ausdruck ‹seiend› gebraucht, wir jedoch glaubten es einst zwar zu verstehen, jetzt aber sind wir in Verlegenheit gekommen») soll uns in Erinnerung rufen, daß diese Frage so alt ist wie die Metaphysik selbst. Will Heidegger uns also an die Tradition binden? Keineswegs, er fordert die Tradition heraus, er fordert uns zum Durchdenken der Tradition heraus.

Ein Zitat versetzt uns unmittelbar in die Situation, um die es geht: *Wenn die Frage nach dem Sein ausdrücklich gestellt und in voller Durchsichtigkeit ihrer selbst vollzogen werden soll, dann verlangt eine Ausarbeitung dieser Frage nach den bisherigen Erläuterungen die Explikation der Weise des Hinsehens auf Sein, des Verstehens und begrifflichen Fassens des Sinnes, die Bereitung der Möglichkeit der rechten Wahl des exemplarischen Seienden, die Herausarbeitung der genuinen Zugangsart zu diesem Seienden. Hinsehen auf, Verstehen und Begreifen von, Wählen, Zugang zu sind konstitutive Verhaltungen des Fragens und so selbst Seinsmodi eines bestimmten Seienden, des Seienden, das wir, die Fragenden, je selbst sind. Ausarbeitung der Seinsfrage besagt demnach: Durchsichtigmachen eines Seienden – des fragenden – in seinem Sein. Dieses Seiende, das wir selbst je sind und das unter anderem die Seinsmöglichkeit des Fragens hat, fassen wir terminologisch als Dasein. Die ausdrückliche und durchsichtige Fragestellung nach dem Sinn von Sein verlangt eine vorgängige angemessene Explikation eines Seienden (Dasein) hinsichtlich seines Seins* (S. 7).

Aus dieser Textstelle erfahren wir, warum die Erörterung der Seinsfrage mit einer Analyse des Fragenden beginnt, und das heißt: des Daseins. Wir können die Frage nicht sachgemäß entfalten, wenn wir nicht zuvor wissen, welcher Art das Sein des Fragenden ist. Nicht anthropologische, psychologische oder soziologische Überlegungen leiten die Analytik des Daseins, sondern einzig und allein die Forderung, zu wissen, welchen Wesens derjenige ist, der die Frage nach dem Sein zu stellen vermag; es ist ein Wesen, das schon durch ein bestimmtes Seinsverständnis ausgezeichnet ist. Mit der Erörterung dieser Frage befinden wir uns keineswegs bloß im Vorfeld der Seins-Thematik; vielmehr erfordert sie die Klärung der bestimmten Seinsart dieses Seienden (Dasein) im Unterschied zu anderem Seienden (Vorhandenem, Zuhandenem). Der Fragende ist dadurch ausgezeichnet, daß er nicht einfach ist, sondern *daß es diesem Seienden in seinem Sein um dieses selbst geht* (S. 12).

Heideggers Frage nach dem Sinn von Sein wird präsentiert als Fundamentalontologie. Die Fundamentalontologie will nicht einen besonders umfassenden Seinsbegriff ausarbeiten, sondern eine Analyse der Seinsweise, und das heißt der grundlegenden Strukturen des Fragenden geben, die Existenzialien genannt werden. Das Sein des Fragenden unterscheidet sich von allem übrigen Seienden dadurch, daß er ein Verhältnis zu sich selbst entwickelt. Dies Zu-sich-selbst-stehen-Können, sich in seinen Seinsmöglichkeiten zu verstehen, ja diese ergreifen zu müssen, ist ein Grundzug desjenigen Seienden, das durch Existenz ausgezeichnet ist. Existenz ist ein Terminus, der ausschließlich vom Menschen gebraucht wird. Seine Strukturbestimmungen, die Existenziale, sind deutlich zu unterscheiden von den Grundbestimmungen des nicht-menschlichen Seienden, die Heidegger *kategoriale Bestimmungen* nennt. Das ist eine fundamentale Unterscheidung. Das nicht-menschliche Seiende ist, aber es existiert nicht, es hat keine Möglichkeit, sich zu sich selbst zu verhalten.

Welches ist nun die Doppelaufgabe in der Ausarbeitung der Seinsfrage? Erstens die durchzuführende Analytik des Daseins und zweitens die Destruktion der Geschichte der Ontologie.

Zum ersten Punkt: Wir selbst sind es, die als Dasein existieren. Zu unserem Sein gehört, daß wir uns immer in einem bestimmten Seinsverständnis bewegen. Es scheint also, als ob es besonders leicht wäre, etwas über das Dasein auszusagen. Das ist eine Täuschung. Vielmehr erliegen wir der Versuchung, uns von dem Seienden her zu verstehen, das wir gerade nicht sind, zu dem wir uns ständig in gewisser Weise verhalten, als unsere «Welt». Das Nicht-Daseinsmäßige verführt uns, indem es uns als Verstehensmodell dient, uns selbst auch nach seinem Muster zu begreifen. Der Mensch weiß besser Bescheid über das, womit er umgeht, als über sich selbst.

Es ist nötig, daß wir des Daseins selbst so ansichtig werden, wie es zunächst und zumeist ist – also in seiner Alltäglichkeit. Darin steckt die phänomenologische Forderung, daß wir nicht von irgendeinem idealen Entwurf ausgehen sollen, sondern den Menschen in der Seinsweise fassen, in der er gewöhnlich ist. Aber nicht, um uns in einer Abschilderung dieser Verhaltensweise zu verlieren, sondern um das herauszustellen, was diesem Verhalten zugrunde liegt, also die «wesenhaften Strukturen» oder «Existenzialien».

Heidegger zeichnet hier einen zirkelartigen Weg vor: die Analytik des Daseins ist vorläufig, sie soll im Dienste der Ausarbeitung der Seinsfrage stehen. Ist diese Ausarbeitung geleistet, dann ist von ihr her wieder auf die Analytik des Daseins zurückzukommen und diese zu wiederholen. Das geschieht im zweiten Abschnitt, wobei die Existenzialien im Zusammenhang mit der Zeitlichkeit neu gefaßt werden (vgl. Absatz 3). Das ist kein Zufall, sondern gründet vielmehr darin, daß der Verstehenshorizont für das Sein des Daseins nach Heidegger die Zeitlichkeit ist, was erforderlich macht, die Zeitproblematik als solche neu zu durchdenken. Das wiederum soll es ermöglichen, die Temporalität des Seins selbst zu begreifen – was im veröffentlichten Teil von *Sein und Zeit* nicht mehr geschieht.

Was versteht Heidegger unter der *Destruktion der Geschichte der Ontologie*? Zunächst erfahren wir, daß das Dasein selbst geschichtlich ist und es nur deshalb für es so etwas wie Weltgeschichte geben kann.

Das Dasein ist in seiner jeweiligen Weise zu sein und sonach auch mit dem ihm zugehörigen Seinsverständnis in eine überkommene Daseinsauslegung hinein- und in ihr aufgewachsen. Aus dieser her versteht es sich zunächst und in gewissem Umkreis ständig. Dieses Verständnis erschließt die Möglichkeit seines Seins und regelt sie. Seine eigene Vergangenheit – und das besagt immer die seiner «Generation» folgt dem Dasein nicht nach, sondern geht ihm je schon vorweg (S. 20).

Das scheint aber der formulierten Thematik genau zu widersprechen. Das Geschichtlichsein des Daseins verführt dazu – beim durchschnittlichen Dasein –, der Tradition zu verfallen; so wie nämlich das Dasein die Tendenz hat, sich nach dem Modell des Nichtdaseinshaften zu verstehen, so hat es beim Verständnis der Geschichte die Tendenz, der Tradition zu verfallen, sich durch diese Tradition leiten, sich von ihr seine Entschlüsse und Entscheidungen abnehmen zu lassen, ohne die Tradition in ihrem spezifischen geschichtlich Sein durchsichtig zu machen.

Was durch die Tradition verdeckt ist, soll wieder zugänglich gemacht werden. Wir sollen verstehen, mit welchen Begriffen aus welcher Zeit wir umgehen, statt so zu tun, als ob es sich um einen Bestand unwandelbarer Wahrheiten handelte, den wir einfach übernehmen und weitergeben. (Das wird am Beispiel der Geschichte der Ontologie von der Antike bis zu Kant und Hegel erläutert.)

Die Destruktion der Geschichte der Ontologie ist das Aufdecken der Geschichtlichkeit ihrer Grundbegriffe, ja das Wecken des Sinnes für die Geschichtlichkeit, so paradox das auch klingen mag. Das heißt aber zugleich ein Aufdecken der Versäumnisse des in der Tradition Tradierten und Verfestigten. Durch die Destruktion der verfestigten Geschichte der Ontologie sollen wir dahin kommen, daß sie für uns durchsichtig wird und wir ihre Grenzen sehen und verstehen. Dieses Anliegen hat Heidegger zeit seines Lebens verfolgt – in diesem Sinne haben wir seine Platon-, Aristoteles-, Descartes-, Leibniz-, Kant-, Fichte-, Schelling-, Hegel- und Nietzsche-Interpretationen zu verstehen und erst recht seine Deutungen der frühen griechischen Denker.

Was meint Heidegger mit der phänomenologischen Methode? Sie ist keineswegs eine Übernahme der spezifischen Husserlschen Phänomenologie als transzendentaler Philosophie, sondern eher umgekehrt ein Zurückversetzen der sich ahistorisch verstehenden Phänomenologie Husserls in den geschichtlichen Kontext. Dieser Begriff als Methodenbegriff verstanden, *charakterisiert nicht das sachhaltige Was der Gegenstände der philosophischen Forschung, sondern das Wie dieser* (S. 27).

Es ist nicht von ungefähr, daß nun – ein Vierteljahrhundert nach der Instauration der Phänomenologie als neuer Weise des Forschens – diese selbst einer Analyse unterzogen wird, wobei die Begriffe Phänomen und Logos eine neue Bestimmung erfahren (vgl. § 7, S. 28f). Der Begriff Phänomen wird als *das Sich-an-ihm-selbst-zeigende* gefaßt, ausgehend von der im Griechischen tragenden Bedeutung, und der Logos wird gedacht als der Sehen-lassende, der Unverborgenes zugänglich macht. Was in der Phänomenologie zugänglich gemacht werden soll, das ist nun das Sein des Seienden. So wird in dieser Phase seines Denkens *die Ontologie nur als Phänomenologie möglich* (S. 35). In bezug auf das Dasein zeigt sie sich als

Hermeneutik im Sinne der Auslegung dessen, was zum Dasein gehört, in ihm geschieht; zugleich soll dadurch die Grundlage für jede weitere ontologische Untersuchung bereitgestellt werden. *Philosophie ist universale phänomenologische Ontologie ausgehend von der Hermeneutik des Daseins, die als Analytik der Existenz das Ende des Leitfadens alles philosophischen Fragens dort festgemacht hat, woraus es entspringt und wohin es zurückschlägt* (S. 38).

Heidegger hatte das Werk in zwei Teilen geplant: Im ersten sollte die Analytik des Daseins gegeben werden, im Hinblick auf die Zeitlichkeit, um zu zeigen, wie die Zeit der Horizont der Frage nach dem Sein ist, im zweiten Teil sollte die Destruktion der Geschichte der Ontologie am Beispiel der Problematik der Temporalität durchgeführt werden.

Der erste Teil war in drei Abschnitten geplant: 1. Die vorbereitende Fundamentalanalyse des Daseins; 2. Dasein und Zeitlichkeit; 3. Zeit und Sein.

Der zweite Teil sollte 1. Kants Lehre vom Schematismus in Zusammenhang mit der Problematik der Temporalität enthalten; 2. das ontologische Fundament des «cogito sum» Descartes' und die Übernahme der mittelalterlichen Ontologie in die Problematik der «res cogitans»; 3. die aristotelische Abhandlung über die Zeit, um an ihr zugleich die Grenzen der antiken Ontologie sichtbar zu machen.

Veröffentlicht wurde vom ersten Teil Abschnitt eins und zwei. Der Dekan der Marburger Philosophischen Fakultät hatte Heidegger zur Veröffentlichung gedrängt, weil die Fakultät Heidegger als Nachfolger von Nicolai Hartmann dem Ministerium in einer unico loco-Liste vorgeschlagen hatte und das Ministerium eine Veröffentlichung wünschte (vgl. *Zur Sache des Denkens*, S. 88). Den dritten Abschnitt hielt Heidegger zurück, wie er selbst sagt, weil die für dieses Denken angemessene Sprache noch nicht gefunden war.

Vom zweiten Teil erschien die Kant-Interpretation als eigener Band unter dem Titel *Kant und das Problem der Metaphysik*[8].

Das Dasein als In-der-Welt-sein

Die traditionelle Weise des Sprechens über den Menschen als Bewußtsein, Subjekt, Ich und ähnliches fehlt in *Sein und Zeit*. Statt dessen finden wir den Terminus *Dasein*. Allerdings ist diese Redeweise mißverständlich. Es handelt sich nicht darum, eine Bezeichnung durch eine andere zu ersetzen und sonst alles beim alten zu lassen, sondern in dem Wechsel des Namens geschieht ein Wandel des Sehens, des Begreifens und das heißt: des Denkens. In dem Namen Dasein kündigt sich an, daß der Mensch in einer ganz bestimmten Hinsicht betrachtet wird, als derjenige, der durch seinen Bezug zum Sein ausgezeichnet ist.

Was ist Sein? Wir wissen es nicht – was wir aber leicht sehen können ist, daß es unter dem Seienden, das wir kennen, einen Unterschied gibt zwischen demjenigen Seienden, das einen Bezug zu sich selbst entfalten kann, und demjenigen, welches das nicht vermag. Ein Stein ist, aber er hat

Immanuel Kant. Gemälde von Gottlieb Doeppler, 1791

keinen Bezug zu sich selbst, er kann sich nicht zu sich selbst verhalten; das gleiche gilt vom Baum, vom Stuhl und allem anderen nichtmenschlichen Seienden. Der Mensch ist nicht nur, sondern er entfaltet einen Bezug zu sich selbst und zugleich auch einen Bezug zum Mitmenschen und zum nicht-menschlichen Seienden. Das hat gewichtige Folgen. Der Mensch ist nicht bloß, sondern er hat zu sein, sein Sein ist ihm aufgegeben.

Hier haben wir eine erste Bedeutung von Sein, nämlich Sein im Sinne des spezifischen Seins des Menschen, und dieses spezifische Sein als dasjenige genommen, das nicht einfach ist, sondern ein Zu-verwirklichendes ist, was Heidegger durch die Bestimmung des *Zu-sein* (es hat zu sein) umreißt. Das Dasein ist ein Seiendes, dem sein Sein als Aufgabe übertragen ist. Wir dürfen aber nun keineswegs meinen, damit wüßten wir schon, was Sein heißt. Wir sind auf dem Wege, das Sein eines bestimmten Seienden zu umschreiben.

Daß das Dasein sich zu seinem eigenen Sein verhält, bestimmt sein Sein als Existenz. ... *weil die Wesensbestimmung dieses Seienden nicht durch Angabe eines sachhaltigen Was vollzogen werden kann, sein Wesen vielmehr darin liegt, daß es sein Sein als seiniges zu sein hat, ist der Titel Dasein als reiner Seinsausdruck zur Bezeichnung dieses Seienden gewählt* (S. 12). In seiner spezifischen Weise zu sein liegt seine Auszeichnung, und diese spezifische Weise besteht darin, daß es sich wählen kann, ja wählen muß bzw. das Versäumnis der Wahl ist auch eine Wahl. (Ein Gedanke, der von Sartre übernommen wurde und bei ihm eine gewichtige Rolle spielt.) Hierin liegt der Keim für die zentrale Unterscheidung der Eigentlichkeit und Uneigentlichkeit. *Das Dasein versteht sich selbst immer aus seiner Existenz, einer Möglichkeit seiner selbst, es selbst oder nicht es selbst zu sein. Diese Möglichkeit hat das Dasein entweder selbst gewählt oder es ist in sie hineingeraten oder je schon darin aufgewachsen. Die Existenz wird in der Weise des Ergreifens oder Versäumens nur vom jeweiligen Dasein selbst entschieden* (S. 12).

Die Wahl kann so erfolgen, daß durch sie und in ihr das Dasein zu sich selbst gelangt, seine eigensten Möglichkeiten verwirklicht, oder so, daß das Dasein sich die Wahl gleichsam vorgeben läßt, so ist, wie «man» ist – das entspricht der Uneigentlichkeit.

Wir sagten schon, die Eigenart des Daseins bestehe darin, daß sein Sein sich im Existieren zeigt, ja im Existieren verwirklicht. Diese Bestimmung wird näher erläutert durch den Terminus der *Jemeinigkeit*; das heißt, daß es jedem Seienden von dieser Seinsweise um sein eigenes Sein geht, nicht um irgendeine allgemeine Seinsweise.

Und weil Dasein je wesenhaft seine Möglichkeit ist, kann dieses Seiende in seinem Sein sich selbst «wählen», gewinnen, es kann sich verlieren, bzw. nie und nur «scheinbar» gewinnen. Verloren haben kann es sich nur und noch nicht sich gewonnen haben kann es nur, sofern es seinem Wesen nach mögliches eigentliches, d. h. sich zueigenes ist. Die beiden Seinsmodi der Eigentlichkeit und Uneigentlichkeit ... gründen darin, daß Dasein überhaupt durch Jemeinigkeit bestimmt ist (S. 42 f).

In der Eigentlichkeit wählt das Dasein die Möglichkeiten, durch die es zu sich selbst findet; in der Uneigentlichkeit läßt es sich die Möglichkeiten von anderen vorgeben bzw. von der Anonymität des Man. Man treibt Sport, man studiert Jura, man fährt zu einem bestimmten Urlaubsort, man heiratet aus einem bestimmten Milieu, man ist für eine politische Partei usw.

Bei der Frage, wovon die Analyse des Daseins ausgehen soll, entscheidet sich Heidegger für die Durchschnittlichkeit und Alltäglichkeit, also die Seinsweise, die wir zunächst und zumeist antreffen bzw. selbst sind. In diesem durchschnittlichen Dasein sollen die Strukturen freigelegt werden, die für jegliches Dasein Geltung haben, das eigentliche sowohl wie das uneigentliche.

Freiburg im Breisgau: die Universität

Diese vorläufige Kennzeichnung soll uns instand setzen, den nächsten Schritt zu vollziehen, das Dasein als *In-der-Welt-sein* zu begreifen. Dabei besteht die Schwierigkeit darin, daß eine komplexe Struktur als einheitliches Phänomen sozusagen stückweise vorgetragen werden muß, ohne daß die Einheit, die die Analyse trägt, auf der sie aufbaut, verlorengehen darf.

Das In-der-Welt-sein wird in drei Schritten erläutert: 1. durch die Frage nach dem, was Welt hier besagt; 2. durch die Frage nach dem Wer, also dem Dasein in seiner Durchschnittlichkeit als Mit- und Selbstsein; 3. durch die Frage, was In-sein besagt, worunter eine Untersuchung der Strukturmomente oder Existenzialien fällt.

Um überhaupt die Fragestellung des In-der-Welt-seins auf die richtige Bahn zu bringen, muß kurz eine vorläufige Erläuterung des In-seins gegeben werden. Wir sind gewöhnt, In-sein aus dem Bereich der Dinge zu verstehen. Da bedeutet es Enthaltensein-in. Wenn das Dasein aber nicht nach dem Vorbild des Dinglichen oder bloß Vorhandenen begriffen werden darf, so muß auch das In-sein anders gedeutet werden.

In-sein meint ein Existenzial und zwar im Sinne des Vertrautseins-mit. Das, womit ich vertraut bin, bei dem halte ich mich auf. Wenn das In-sein nicht als räumliches Enthaltensein zu denken ist, so heißt das aber nicht, daß das Dasein nicht einen besonderen Bezug zum Raum besitzt, allerdings einen Bezug, der niemals vom dinglich-räumlichen Enthaltensein her zugänglich wird. Es ist auch keineswegs so, daß wir erst durch das Phänomen des Erkennens zu so etwas wie dem In-sein gelangen würden;

umgekehrt: nur weil wir immer schon mit dem Seienden vertraut sind, was in den verschiedensten Weisen des Besorgens seinen Niederschlag findet, können wir uns auf eine spezifische Weise des Kennens einlassen – eben das Erkennen.

Damit ist, ohne daß das zunächst auffällt, eine Umkehr der herrschenden Auffassung erfolgt, nach der das Erkennen das Fundament für jegliche Weise des Umgangs bildet. Nur weil wir uns bei Seiendem aufhalten, das uns irgendwie bekannt ist, über das wir verfügen, das wir brauchen und ähnliches, können wir dann auch durch eine besondere Einstellung aus dem Zu-tun-haben-mit sozusagen herausspringen, uns seiner enthalten und in den rein betrachtenden Bezug zum Seienden treten. Dieser ist keineswegs das Primäre. Das impliziert zugleich, daß jeder Ausgang von der bloßen Erkenntnistheorie das überspringt, worauf sie gründet. Der Vorrang des bloßen Erkennens ist eine Täuschung, der der Erkenntnistheoretiker zum Opfer fällt. Das heißt keineswegs, daß Heidegger auf etwas wie Erkenntnis verzichten will, sondern daß er nach einer ursprünglicheren Basis zurückfragt, von der her sich zeigt, daß im reinen Erkennen so etwas wie ein Ausklammern des vertrauten Umgangs liegt, der immer schon vorausgesetzt ist – anders formuliert: daß das Erkennen auch eine Weise des Seins-bei ist, bei der allerdings von dem gewöhnlichen Umgang mit Seiendem gerade abgesehen wird.

Das führt gleich in den Kern eines alten Problems, nämlich der Frage, wie das Subjekt aus seiner Innensphäre heraustreten kann, um zum Objekt «draußen» zu gelangen. Heidegger durchschlägt diesen gordischen Knoten, indem er davon ausgeht, daß das Dasein als In-der-Welt-sein immer schon draußen ist – bei der vertrauten Welt.

Im Sichrichten auf . . . und Erfassen geht das Dasein nicht etwa erst aus seiner Innensphäre hinaus, in die es zunächst verkapselt ist, sondern es ist seiner primären Seinsart nach immer schon «draußen» bei einem begegnenden Seienden der je schon entdeckten Welt . . . Und wiederum, das Vernehmen des Erkannten ist nicht ein Zurückkehren des erfassenden Hinausgehens mit der gewonnenen Beute in das «Gehäuse» des Bewußtseins, sondern auch im Vernehmen, Bewahren und Behalten bleibt das erkennende Dasein als Dasein draußen (S. 62).

Das Erkennen vermittelt nicht etwa die Möglichkeit der Herstellung des Bezugs zur Welt, sondern setzt diesen Bezug immer schon voraus und ist bloß eine Verwandlung desselben, *im Erkennen gewinnt das Dasein einen neuen Seinsstand zu der im Dasein je schon entdeckten Welt* (S. 62). *Das Erkennen schafft aber weder allererst ein «commercium» des Subjektes mit einer Welt, noch entsteht dieses aus einer Einwirkung der Welt auf ein Subjekt. Erkennen ist ein im In-der-Welt-sein fundierter Modus des Daseins* (S. 62f). Dies ist, mit Kant zu sprechen, eine Revolution der Denkungsart, die die Zeitgenossen erschreckt oder begeistert hat.

Um zu begreifen, was In-der-Welt-sein besagt, muß zuerst erörtert werden, was Welt heißt. Der Versuch, mit einer Anführung der bekannten innerweltlichen Dinge einzusetzen, ist hoffnungslos. Dabei können wir bloß Innerweltliches aneinanderreihen, kommen aber nie zu so etwas wie Welt. Auch wenn wir die verschiedenen Kategorien von Seiendem fixieren: Mensch, hergestellte Dinge, Naturdinge, wertbehaftete Dinge, und dann zurückfragen, wie sie letztlich in der Natur fundiert sind und die Natur selbst naturwissenschaftlich bestimmen, kommen wir nicht weiter. *Natur ist selbst ein Seiendes, das innerhalb der Welt begegnet und auf verschiedenen Wegen und Stufen entdeckbar wird* (S. 63).

Wie sollen wir dann vorgehen? In einer radikalen Wendung dreht Heidegger die Frage so um, daß Weltlichkeit als konstitutives Moment des Daseins zu verstehen ist, also als Existenzial. *«Welt» ist ontologisch keine Bestimmung des Seienden, das wesenhaft das Dasein nicht ist, sondern ein Charakter des Daseins selbst* (S. 64).

Das scheint die Welt auf die Sphäre des Subjektiven zu reduzieren. Aber warum hat Heidegger dann den Begriff des Subjektiven so gut wie ausgeklammert? Wie können wir der Bedeutung von Welt und Weltlichkeit näher kommen? Gemäß der schon bekannten Anweisung soll vom alltäglichen Dasein in seiner Durchschnittlichkeit ausgegangen werden. Die Welt dieses Daseins ist die Umwelt. Der einzuschlagende Weg wird ganz deutlich vorgezeichnet: *Die nächste Welt des alltäglichen Daseins ist die Umwelt. Die Untersuchung nimmt den Gang von diesem existenzialen Charakter des durchschnittlichen In-der-Welt-seins zur Idee von Weltlichkeit überhaupt. Die Weltlichkeit der Umwelt (Umweltlichkeit) suchen wir im Durchgang durch eine ontologische Interpretation des nächstbegegnenden inner-umweltlichen Seienden* (S. 66).

Heideggers Zeug-Analyse gehört zu den bekanntesten Partien von *Sein und Zeit*; was allerdings nicht ebenso bekannt ist, ist der Sinn dieser Analyse. Es kann natürlich nicht darum gehen, den Menschen Anweisungen zu geben, wie sie mit den Gebrauchsdingen ihrer Umwelt umzugehen haben, denn dieser Umgang ist uns das Vertrauteste. Indem wir in unsere Welt hineinwachsen, wachsen wir in diesen Umgang hinein. Es geht auch nicht darum, zu zeigen, wie durch die Arbeit mit derlei Gerät die Welt verändert bzw. dem Menschen geradezu entfremdet werden kann. Die Analyse ist daraufhin angelegt, uns verstehen zu machen, was alles an Vorwissen da sein muß, vertraut sein muß, damit so etwas wie Zeug dem Dasein zugänglich sein kann; dabei ist hier Vor-wissen keineswegs in einer theoretischen Einstellung gegeben. Eine der Einsichten dieser Analyse ist es, aufzudecken, wie der Umgang mit Zeug seine eigene Sicht hat und daß wir, wenn wir von der puren theoretischen Betrachtung unseren Ausgang nehmen, das typisch Zeughafte nicht in den Griff bekommen.

Ein einfaches Beispiel. Habe ich einen Hammer vor mir und versuche, ihn in einer theoretischen Einstellung zu beschreiben, als so groß, so gefärbt, so geformt, mit dem und dem Gewicht, aus solchem Material usw., dann bekomme ich gerade das nicht zu fassen, worauf es bei diesem Zeug ankommt, daß er ein Ding zum Hämmern ist. Ob er gut in der Hand liegt, nicht zu schwer ist und was dergleichen mehr, das kann ich beim puren Betrachten nie erfassen, sondern nur im Umgang, im Gebrauch. Jedes Zeug ist Zeug zu etwas. Im Umgang mit Zeug unterstellt man sich dem jeweilig spezifischen Um-zu. Die spezifische Seinsart von Zeug nennt Heidegger *Zuhandenheit* – womit er nichts anderes tut als das, was wir täglich erfahren, eigens zu formulieren.

Die eigentümliche Sicht, die den hantierenden Umgang leitet, ist die Umsicht. Die rein theoretische Sicht ist – wie schon gesagt – keineswegs das Primäre, wir müssen vielmehr die spezifische Umsicht verlassen, aus ihr herausspringen, um zur rein theoretischen Einstellung zu gelangen. Das ist insofern wichtig, als wir uns Rechenschaft geben müssen, was durch dieses Herausspringen nicht mehr faßbar wird. Desgleichen muß klar gesehen werden, daß wir keineswegs so vorgehen, ein bloß Vorhandenes vorliegen zu haben, von dem wir dann durch Hinzufügen von Wert-Charakteren und dergleichen zu einem Zuhandenen kommen. Diese so allgemein verbreitete Auffassung, die das Ding als res extensa ansetzt und dann der extensio verschiedene Charaktere aufpfropft, ist einfach unzutreffend. Das Zuhandene ist in unserer Umwelt das nächste, durch es finden wir uns zurecht, besorgen uns, was wir zum Leben brauchen.

Sehen wir uns das Zeug näher an. Wir sagten schon: Jedes Zeug ist Zeug zu etwas. *Das herzustellende Werk als das Wozu von Hammer, Hobel, Nadel hat seinerseits die Seinsart des Zeugs. Der herzustellende Schuh ist zum Tragen (Schuhzeug), die verfertigte Uhr zur Zeitablesung. Das im besorgenden Umgang vornehmlich begegnende Werk – das in Arbeit befindliche – läßt in seiner ihm wesenhaft zugehörigen Verwendbarkeit je schon mitbegegnen das Wozu seiner Verwendbarkeit. Das bestellte Werk ist seinerseits nur auf dem Grunde seines Gebrauchs und des in diesem entdeckten Verweisungszusammenhanges von Seiendem* (S. 70).

Dazu kommt noch, daß beim Herstellen etwas verwendet wird, nämlich das, woraus die Sache hergestellt ist. Das verweist auf die Natur als Quelle dieses Woraus. Schließlich wird beim Herstellen auch auf das geachtet, für Wen etwas gemacht ist.

Was hat diese Zeug-Analyse mit der Frage nach der Weltlichkeit der Welt zu tun, also mit der Frage, was eine Welt zur Welt macht? Das zeigt uns Heidegger an Beispielen, bei denen gerade das Zeug seinen Zeug-Charakter aufzugeben scheint. Wenn Zeug unverwendbar ist (Auffälligkeit), oder wenn es fehlt (Aufdringlichkeit), oder im Wege liegt (Aufsässigkeit), dann wird sichtbar, daß das Zeug durch Verweisung bestimmt ist. Gerade wenn die Verweisung Um-zu ... Dazu gestört ist (z. B. wenn mir der Hammer fehlt, um den Nagel einzuschlagen), wird sie als Verweisung eigens sichtbar. *Der Zeugzusammenhang leuchtet auf nicht als ein noch nie gesehenes, sondern in der Umsicht ständig im vorhinein schon gesichtetes Ganzes. Mit diesem Ganzen aber meldet sich die Welt* (S. 75). Damit sie aufleuchten kann, muß sie schon erschlossen sein.

Das wird am Beispiel der Analyse eines bestimmten Zeugs erläutert, nämlich des Zeichens. Das Eigentümliche des Zeichens ist, daß durch es ein Zeugzusammenhang eigens sichtbar gemacht wird (z. B. Verkehrszeichen – der Zusammenhang, der das Verhalten der Verkehrsteilnehmer betrifft). Ist das gewöhnliche Zeug (z. B. Schreibzeug) unauffällig, weil der damit Umgehende nicht auf das Zeug gelenkt werden soll, sondern darauf, was es zu tun gibt (den Artikel, das Buch), so ist das Zeichenzeug dagegen gerade auffällig, um so die Verweisung ausdrücklich zu machen. Durch die bestimmten Zeichen wird die jeweilige Umwelt, zu der sie gehören, eigens zugänglich.

Die Grundbestimmung des Zeugs ist die Dienlichkeit. Sie konkretisiert sich beim Zeichen dadurch, daß der Zusammenhang, in dem das Zeichen steht, zu dem es gehört, eigens sichtbar gemacht wird und darüber hinaus die Umwelt, in dem der Zeugzusammenhang steht.

Immer noch ist aber der spezifische Charakter der Welt als solcher nicht erörtert. Das geschieht in § 18. Wenn das Zeug durch Verweisung bestimmt ist, so besagt das: *Es hat mit ihm bei etwas sein Bewenden. Der Seinscharakter des Zuhandenen ist die Bewandtnis. In Bewandtnis liegt: bewenden lassen mit etwas bei etwas* (S. 84).

Das Zeug ist immer schon gesehen im Hinblick auf die Bewandtnis, durch die es konstituiert ist. Ein Zeug allein gibt es nicht. Zeug steht immer in einem Zeugzusammenhang, einer Zeugganzheit. Welche Bewandtnis es mit einem Zeug hat, das ist aus der Bewandtnisganzheit vorgegeben (Beispiel: Werkzeug–Werkstatt). Die Bewandtnisganzheit verweist letztlich auf das Dasein, ist umwillen des Daseins. In der Heideggerschen Formulierung: *Dieses primäre Wozu ist kein Dazu als mögliches Wobei einer Bewandtnis. Das primäre «Wozu» ist ein Worum-willen* (S. 84).

Heidegger zeigt bei diesen Analysen, worum das Dasein schon wissen muß, damit ihm so etwas wie Zeug begegnen kann – und zwar in einer eigenartigen vor-thematischen Weise wissen muß. Es ist hier geradezu ein Stück Analyse im Sinne der Freilegung eines konstitutiven Apriori, aber nicht eines Erkenntnisapriori, sondern eines Apriori gerade für den unmittelbaren Umgang mit den Dingen. Dabei zeigt sich die Welt als das, was schon erschlossen sein muß, damit Innerweltliches im Sinne von Zeug begegnen kann (vgl. S. 86).

Heidegger konstruiert also nicht, sondern er geht von dem konkreten Phänomen aus und legt frei, was alles dazu gehört, damit dem Menschen der Umgang mit Zeug möglich ist. Die Verweisungen, in denen sich das Dasein bewegt, setzen voraus, daß es sich auf bestimmte Möglichkeiten entworfen hat, durch die ihm dann Seiendes in bestimmter Weise begegnen kann. So lautet die Definition von Welt:

Das Worin des sichverweisenden Verstehens als woraufhin des Begegnenlassens von Seiendem in der Seinsart der Bewandtnis ist das Phänomen der Welt. Und die Struktur dessen, woraufhin das Dasein sich verweist, ist das, was die Weltlichkeit der Welt ausmacht (S. 86).[9]

Die Weltlichkeit der Welt ist das, was es dem Dasein ermöglicht, Seiendes von der Art des Zeugs zu erfahren, das heißt Welt ist eine bestimmte Weise des Verstehens, ein Existenzial, eine Grundbestimmung des Daseins, die es ihm ermöglicht, das Seiende seiner Umwelt in seiner spezifischen Zeughaftigkeit zu fassen, mit ihm vertraut zu sein, denn es ist kein theoretisches Erfassen. Jetzt wird klar, daß In-der-Welt-sein nicht bedeuten kann als ein bestimmtes Seiendes unter anderem vorzukommen, sondern so etwas wie Welt-Verständnis zu entfalten, durch welches dem Dasein Seiendes zugänglich wird. Das ist keine Subjektivierung des Weltbegriffs, sondern bloß eine konsequente Formulierung des Sachverhalts, daß Welt etwas wie ein Grundverständnis ist, also eine Verfaßtheit des Daseins. Im folgenden wird dieses Weltverständnis abgehoben von der cartesianischen Bestimmung der Welt als res extensa und die cartesianische Bestimmung auf die traditionelle Ontologie zurückgeführt.

Wie steht es aber mit der Räumlichkeit der Welt, wenn die cartesianische Auffassung der res extensa abgewiesen wird?

Welches ist die räumliche Bedeutung der Zuhandenheit? Die Nähe. Nähe dürfen wir nicht cartesianisch vom geometrisch meßbaren Abstand her verstehen; der ist als solcher für den alltäglichen Umgang mit Zeug nicht relevant, dieser Umgang ist vom Besorgen her geleitet. Von ihm her ist die Richtung fixiert, in der uns Zeug zugänglich wird.

Wesentlich für das Zeug ist nicht eine abstrakte Stelle im Raum – in einem homogenen, nivellierten Raum, sondern das Zeug hat seinen bestimmten Platz. Es gehört zum Zeug, daß es an einer bestimmten Stelle untergebracht ist, um dann jeweils für die Verfügbarkeit zugänglich zu sein. Durch den Platz können wir oft schon ersehen, wozu das Zeug dient. Die Zeugganzheit wiederum ist gebildet durch ein Zuordnen von verschiedenen Plätzen für das jeweilige Zeug, das sie konstituiert. Worauf es ankommt ist, daß die Plätze nicht beliebig gewechselt werden können, weil jeder Platz dem Zeug angewiesen wird, eben weil es dieses bestimmte Zeug ist und zu dieser bestimmten Tätigkeit benötigt wird. Der Platz ist die Stelle, an den das Zeug hingehört.

Der Zuordnung eines bestimmten Platzes für ein bestimmtes Zeug geht voraus so etwas wie das Bekanntsein der Gegend. Die Gegend birgt die Einheit eines Zeugzusammenhangs, also einer gegliederten Platzmannigfaltigkeit. *So etwas wie Gegend muß zuvor entdeckt sein, soll das Anweisen und Vorfinden von Plätzen einer umsichtig verfügbaren Zeugganzheit möglich werden* (S. 103).

Heidegger kommt es darauf an, daß wir nicht zunächst eine dreidimensionale Mannigfaltigkeit möglicher Stellen gegeben haben, die dann eingerichtet, also mit vorhandenen Dingen ausgefüllt werden, sondern daß uns der Raum zugänglich wird über die bekannte Gegend, innerhalb derer Zeugmannigfaltigkeiten eingerichtet sind. In der Umwelt haben wir Raum in der Weise der Organisation von Plätzen, die durch das, was wir tun, woraufhin wir unser Leben eingestellt haben, ihre Orientierung erhalten. Soviel über die Räumlichkeit des Zuhandenen, worin besteht aber die spezifische Räumlichkeit des Daseins selbst? Sie ist gegenwärtig in Ent-fernung und Ausrichtung. Ent-fernung darf nicht als Entferntheit verstanden werden, als ein gewisser Abstand, der festliegt, also statisch, sondern aktiv und transitiv, als Verschwindenmachen der Ferne. Dasein läßt Seiendes in der Nähe begegnen. Vom Ent-fernen her wird die Entferntheit entdeckt, Ent-fernen ist eine existenziale Bestimmung (etwas vom Dasein vollzogenes), Entferntheit eine kategoriale Bestimmung (der Abstand zwischen den Dingen).

Im Ent-fernen sucht das Dasein das, was es benötigt, zur Hand zu haben. Daß das Ent-fernen zudem ein Zug unserer Zeit ist, daß wir alles darauf anlegen, um Ferne verschwinden zu machen, zu überwinden (immer schnellere Verkehrsmittel, Nachrichtenübermittlung und dergleichen mehr), ist kaum zu leugnen. Was hinter dieser Einstellung steht, darauf wird in diesem Zusammenhang nicht eingegangen, wohl aber in späteren

Schriften (vgl. *Die Frage nach der Technik* [S. 111f]).

Es gilt nun, das Dasein so in den Blick zu bekommen, daß das, was Heidegger *Mitsein* und *Selbstsein* nennt, gefaßt wird. Wenn er bei der Analyse des In-der-Welt-seins mit der Untersuchung des Zeugs begann, so war der Grund dafür der, daß das Dasein *zunächst und zumeist von seiner Welt benommen* ist (S. 13). Aber dabei können wir nicht stehenbleiben, so wenig uns zunächst ein bloßes Ich gegeben ist, dem wir dann seine Welt finden müssen, das zu seiner Welt transzendieren muß, so wenig gibt es auch ein isoliertes Ich, dessen Isolierung wir durch ein Übergehen zu den Anderen durchbrechen müßten. Schon bei der Darstellung der Umwelt war der Andere auch mit da; wenn etwas hergestellt wird, ist es für jemanden bestimmt. Das Werkzeug ist so beschaffen, daß die Anderen es gebrauchen können. Die Anderen sind auch mit da. Es sind nicht die Fremden, sondern gerade die, mit denen wir zusammen sind, von denen wir uns nicht unterscheiden. *Die Welt des Daseins ist Mitwelt. Das In-Sein ist Mitsein mit Anderen. Das innerweltliche Ansichsein dieser ist Mitdasein* (S. 118).

Zu sagen «Dasein ist Mitsein» will gerade dies verständlich machen. Es soll nicht bedeuten, daß faktisch immer schon auch andere Menschen in meiner Umgebung aufweisbar sind, sondern daß ich immer schon für Andere geöffnet bin, bei Anderen bin. Auch wenn ich mich isoliere und in die Einsamkeit zurückziehe, kann ich das bloß, weil mein Sein Mit-sein ist. Wenn man die Gegenwart des Mitmenschen meidet, so ist er in diesem Meiden als Gemiedener gegenwärtig.

War der Umgang mit Zeug als Besorgen bestimmt, so ist der Umgang mit den Anderen als Fürsorge gefaßt. Dieser Ausdruck ist so weit gefaßt, existenzial verstanden, daß er alle Weisen des Seins mit Anderen umgreift, von der Liebe über die Aufopferung bis zur Gleichgültigkeit und der Verachtung des Anderen, wobei das letztere natürlich ein defizienter Modus ist.

Bei der positiven Fürsorge unterscheidet Heidegger zwei extreme Möglichkeiten: die einspringende und die vorausspringende Fürsorge. Bei der einspringenden will man den Mitmenschen sozusagen alle Belastung abnehmen; dadurch entsteht die Gefahr, daß er zum Beherrschten und Abhängigen wird; bei der vorausspringenden will man die Sorge sozusagen zurückgeben, damit er sie selbst tragen kann. Die zur Fürsorge gehörende Sicht ist die Rücksicht und Nachsicht.

Es muß nun die Frage nach dem Wer des Miteinanderseins gestellt werden. Da Heidegger von der alltäglichen Seinsweise des Daseins ausgeht, zeigt sich das Wer des alltäglichen Miteinanderseins als das Man, das heißt die Durchschnittlichkeit. *Dem Man geht es in seinem Sein wesentlich um sie. Deshalb hält es sich faktisch in der Durchschnittlichkeit dessen, was sich gehört, was man gelten läßt und was nicht, dem man Erfolg zubilligt, dem man ihn versagt. Diese Durchschnittlichkeit in der Vorzeichnung dessen, was gewagt werden kann und darf, wacht über jede sich vordrängende Ausnahme. Jeder Vorrang wird geräuschlos niedergehalten ... Diese Sorge der Durchschnittlichkeit enthüllt wieder eine wesenhafte Tendenz des Daseins, die wir die Einebnung aller Seinsmöglichkeiten nen-*

nen (S. 127). Die Seinsform des Man ist durch die Entlastung getragen, da für alle Entscheidungen nicht der Einzelne aufzukommen hat, sondern das Man. Hierbei wird eine merkwürdige Verdeckung sichtbar. Die Herrschaft des Man ist eine sich selbst verbergende Herrschaft. Jeder tut so, als ob er er selbst wäre, und dabei ist niemand er selbst. Der Unselbständigkeit und Uneigentlichkeit dieser Weise des Existierens stellt Heidegger die Eigentlichkeit gegenüber, bei der das Dasein sich selbst wählt, auf Grund seiner eigensten Möglichkeiten. Daß es Situationen geben kann, wo solch eine Wahl durch äußerliche Beschränkungen sehr reduziert ist, wird zwar von Heidegger nicht eigens diskutiert, ist aber durchaus mitgedacht im Begriff des Geworfenseins.

Die Herrschaft des Man bestimmt auch das Welt- und Selbstverständnis. Da das Man sich an seine Welt verloren hat (die Welt jedermanns), ist es nicht erstaunlich, daß es sich dann selbst nach dem Modell des Nichtdaseinshaften versteht, was wiederum die traditionelle Ontologie in ihrem verfehlten Ansatz verständlich macht.

Zur Analyse des In-der-Welt-seins gehört eine explizite Klärung des In-seins, das heißt der konstitutiven Momente, die das Dasein als Erschlossenheit zugänglich machen, es sind dies: Befindlichkeit, Verstehen und Rede.

In der Befindlichkeit ist das Dasein immer schon vor es selbst gebracht, es hat sich immer schon gefunden, nicht als wahrnehmendes Sich-vorfinden, sondern als gestimmtes Sichbefinden (S. 135).

Was gewöhnlich übersehen oder verkannt wurde, ja geradezu verdrängt bei der philosophischen Erfassung des Menschen, ausgehend von einer bestimmten, als vorbildlich angesehenen Rationalität, erfährt bei Heidegger seine Anerkennung, nämlich die unmittelbar erschließende Funktion der Gestimmtheit. Nehmen wir ein ganz einfaches Beispiel. Wir lernen einen Menschen kennen. Die erste Reaktion ist die durch die Stimmung, die seine Gegenwart bei uns auslöst. Daß diese Stimmung variieren kann, im Laufe eines längeren Zusammenseins, umschlagen kann, darf die Stimmung als ursprüngliche Weise des Offenseins nicht in ihrer Bedeutung herabsetzen. Der Erschließungscharakter der Befindlichkeit ist das Erregende dieses Phänomens, der allerdings nicht gefaßt werden kann, solange die Stimmung bloß als eine «seelische Färbung» verstanden wird, die den «irrationalen» Seelenteil ausmacht. Wenn wir so sprechen, dann stellen wir uns bewußt blind gegen das, was das Phänomen uns zeigt, nämlich daß in der Tat die ursprüngliche Weise der Begegnung mit den Anderen, mit der Umwelt und auch mit uns selbst in der Stimmung erfolgt.

Die Stimmung hat je schon das In-der-Welt-sein als Ganzes erschlossen und macht ein Sichrichten auf... allererst möglich. Das Gestimmtsein bezieht sich nicht zunächst auf Seelisches, ist selbst kein Zustand drinnen, der dann auf rätselhafte Weise hinausgelangt und auf die Dinge und Personen abfärbt. Darin zeigt sich der zweite Wesenscharakter der Befindlichkeit. Sie ist eine existenziale Grundart der gleichursprünglichen Erschlossenheit von Welt, Mitdasein und Existenz, weil diese selbst wesenhaft In-der-Welt-sein ist (S. 137).

Für Heidegger hat die Stimmung zudem die Funktion, das Moment der

Geworfenheit des Daseins, «Daß es ist», ihm selbst zugänglich zu machen, *die Faktizität der Überantwortung* (S. 135). Und schließlich – das ist die umfassendste Bestimmung: *Die Gestimmtheit der Befindlichkeit konstituiert existenzial die Weltoffenheit des Daseins* (S. 137).

Um das an einem Beispiel zu verdeutlichen: So etwas wie Bedrohlichkeit wird mir in meiner Welt nur zugänglich dadurch, daß ich imstande bin, Furcht zu empfinden. Die Stimmung ist also keineswegs ein bloß auf das Subjekt und sein Empfinden beschränktes Phänomen, sondern eine Weise des Offenseins, durch die Welt mir auf verschiedenste Weise zugänglich werden kann – als bedrohlich, erfreulich, angenehm, erregend usw. In der Befindlichkeit weiß ich jeweils immer schon um mich selbst Bescheid. Heideggers Analyse der Befindlichkeit hat auch auf die Psychiatrie gewirkt, es sei hier nur Ludwig Binswanger genannt. Heidegger weist auf die von Augustinus über Pascal bis zu Scheler gehende Linie, in der die Bedeutung der Gestimmtheit auf gewisse Weise schon erkannt wurde.

Das zweite Strukturmoment ist das Verstehen. Befindlichkeit und Verstehen sind gleichursprünglich. Schon bei der Befindlichkeit war das Verstehen mit im Spiel – jede Gestimmtheit ist ein unmittelbares Erschließen, sagten wir. Verstehen ist hier übrigens nicht als Gegenbegriff zu Erklären genommen, sondern als Grundmodus des Daseins. Die spezifische Deutung des Verstehens als Existenzial des Daseins offenbart den Entwurfscharakter.

Das im Verstehen als Existenzial Gekonnte ist kein Was, sondern das Sein als Existieren. Im Verstehen liegt existenzial die Seinsart des Daseins als Seinkönnen (S. 143).

Der Zusammenhang von Verstehen und Möglichkeit ist in folgendem Text sehr klar ausgesprochen: *Das Verstehen betrifft als Erschließen immer die ganze Grundverfassung des In-der-Welt-seins. Als Seinkönnen ist das In-Sein je Seinkönnen-in-der-Welt. Diese ist nicht nur qua Welt als mögliche Bedeutsamkeit erschlossen, sondern die Freigabe des Innerweltlichen selbst gibt dieses Seiende frei auf seine Möglichkeiten. Das Zuhandene ist als solches entdeckt in seiner Dienlichkeit, Verwendbarkeit, Abträglichkeit. Die Bewandtnisganzheit enthüllt sich als das kategoriale Ganze einer Möglichkeit des Zusammenhangs von Zuhandenem. Aber auch die «Einheit» des mannigfaltig Vorhandenen, die Natur, wird nur entdeckbar auf dem Grunde der Erschlossenheit einer Möglichkeit ihrer* (S. 144f).

Auf die Frage, weswegen das Verstehen immer auf Möglichkeiten aus ist, sich in der Dimension der Möglichkeit hält, antwortet Heidegger: *Weil das Verstehen an ihm selbst die existenziale Struktur hat, die wir den Entwurf nennen* (S. 145). Im Verstehen eröffnet sich das Dasein sowohl den Spielraum seines Existierens wie auch den Spielraum des Seienden, das ihm innerweltlich zugänglich wird; beides gehört zueinander. Das Verstehen, das aus dem eigenen Selbst entspringt und ihm entspricht, nennt Heidegger eigentliches, das Verstehen, das das Dasein von der Welt her begreift, uneigentliches. Das eigentliche und das uneigentliche Verstehen können ihrerseits echt oder unecht sein. Es kann also ein Weltverstehen geben, das vom Dasein ursprünglich entfaltet ist; dann ist es ein echtes –

oder es kann sich im vorgegebenen Rahmen entfalten, ohne ihn in Frage zu stellen, ohne ihn eigens zu verstehen; dann ist es ein unechtes.

Hatten wir bei der Erläuterung der Zeug-Welt von einer spezifischen Sicht gesprochen (Umsicht) und beim Mit-sein von der Rücksicht, so ist jetzt das Verstehen selbst als Sicht bestimmt. Weil das Verstehen ursprünglich Sicht ist, deshalb kann das Dasein die verschiedenen Weisen der Umsicht des Besorgens, der Rücksicht der Fürsorge entfalten. Die auf die Existenz selbst gerichtete Sicht nennt Heidegger Durchsichtigkeit. In dieser Durchsichtigkeit sind die schon genannten Weisen der Sicht mit eingeschlossen, ja gerade ermöglicht. Weil Dasein durch Verstehen konstituiert ist, vermag es nicht nur um sich selbst zu wissen, sondern auch um die Welt und die Anderen. Dabei ist noch zu berücksichtigen, daß mit dem Terminus Sicht gemeint ist, daß das Dasein *das zugängliche Seiende an ihm selbst unverdeckt begegnen läßt* (S. 147). Zur Sicht gehört der Charakter der Offenheit oder Gelichtetheit des Daseins.

Im Verstehen ist das Dasein als Offenheit – indem es sich auf Möglichkeiten seines Sein-könnens entwirft. Aber jedes Entwerfen geschieht nicht im luftleeren Raum, sondern ist als Seinkönnen der Geworfenheit schon überantwortet, also dem, was auch Faktizität genannt ist. Mein Entwerfen muß beispielsweise mit einer gegebenen Veranlagung rechnen, mit meiner Bedingtheit, sonst besteht die Gefahr, daß es illusionär wird bzw. zu Selbsttäuschungen führt.

Heidegger gibt eine differenzierte Analyse des Verstehens als Auslegung und des Verstehens als Aussage. *Das Entwerfen des Verstehens hat die eigene Möglichkeit, sich auszubilden. Die Ausbildung des Verstehens nennen wir Auslegung. In ihr eignet sich das Verstehen sein Verstandenes verstehend zu* (S. 148). *Die Auslegung ist nicht die Kenntnisnahme des Verstandenen, sondern die Ausarbeitung der im Verstehen entworfenen Möglichkeiten* (S. 148).

Aus der im § 32 gegebenen Analyse des Beispiels von Weltverstehen seien nur einige Momente herausgegriffen. Im Verstehen des Zeugs als Zeug zu ... ist das Eigentümliche die Als-Struktur. *Das im Verstehen Erschlossene, das Verstandene ist immer schon so zugänglich, daß an ihm sein «als was» ausdrücklich abgehoben werden kann. Das «Als» macht die Struktur der Ausdrücklichkeit eines Verstandenen aus; es konstituiert die Auslegung* (S. 149). Es ist gut, das festzuhalten, um die Meinung abzuweisen, daß erst mit der Aussage so etwas wie Verstehen zustande kommt.

Vorhabe – Vorsicht – Vorgriff sind die drei konstitutiven Momente des unmittelbaren Verstehens von Umwelthaftem. Zeug verstehen wir aus der Bewandtnisganzheit, in die es eingebettet ist. Zugrunde liegt unser Verhalten im Sinne des Zu-tuenden, das wiederum abhängt von unserem Seinkönnen (Entwurf). Die spezifische Hinsicht, unter der wir das Seiende angehen, nennt Heidegger *Vorsicht*. Das meint nicht die Behutsamkeit des Vorgehens, sondern die entwurfsmäßige Voraussicht, in die jeder Umgang eingebettet ist.

Das in der Vorhabe gehaltene und «vorsichtig» anvisierte Verstandene wird durch die Auslegung begreiflich (S. 150). Die Begrifflichkeit, für die sich das Dasein in der Auslegung entschlossen hat, ist der *Vorgriff*. Wenn in diesen Termini immer die Vorsilbe Vor- auftaucht, so ist das nicht von ungefähr, sondern verweist auf die später zu erörternde Zeitlichkeit, nämlich daß mit dem Entwerfen so etwas wie die Zeitigung der Zukunft im Spiel ist. In diesem Zusammenhang gibt Heidegger eine Erläuterung dessen, was er unter *Sinn* versteht.

Der Begriff des Sinnes umfaßt das formale Gerüst dessen, was notwendig zu dem gehört, was verstehende Auslegung artikuliert. Sinn ist das durch Vorhabe, Vorsicht und Vorgriff strukturierte woraufhin des Entwurfs, aus dem her etwas als etwas verständlich wird (S. 151). Und ganz konsequent muß dementsprechend Sinn als das verstanden werden, was dem Dasein zukommt. *Sinn ist ein Existenzial des Daseins, nicht eine Eigenschaft, die am Seienden haftet, «hinter» ihm liegt oder als «Zwischenreich» irgendwo schwebt. Sinn «hat» nur das Dasein, sofern die Erschlossenheit des In-der-Welt-seins durch das in ihr entdeckbare Seiende «erfüllbar» ist. Nur Dasein kann daher sinnvoll oder sinnlos sein* (S. 151).

Die *Rede* wurde von Heidegger als drittes Existenzial des Daseins herausgestellt. Was versteht er unter Rede?

Die Rede ist mit Befindlichkeit und Verstehen existenzial gleichursprünglich. Verständlichkeit ist auch schon vor der zueignenden Auslegung immer schon gegliedert. Rede ist die Artikulation der Verständlichkeit. Sie liegt daher der Auslegung schon zugrunde (S. 161). Und weiter: *Die befindliche Verständlichkeit des In-der-Welt-seins spricht sich als Rede aus. Das Bedeutungsganze der Verständlichkeit kommt zu Wort. Den Bedeutungen wachsen Worte zu. Nicht aber werden Wörterdinge mit Bedeutungen versehen* (S. 161). Der Begriff der Mitteilung hat die weite Bedeutung, daß in ihm *die «Teilung» der Mitbefindlichkeit und des Verständnisses des Mitseins* sich vollzieht (S. 162). Weil das Dasein Mit-sein ist, steht es immer schon in einer bestimmten Mit-Teilung – weil in einem bestimmten Mit-Verstehen und einer Mit-Befindlichkeit: Deswegen ist das Sprechen am verständlichsten, in dem eine Gemeinsamkeit der Befindlichkeit und des Verstehens gegeben ist und nicht erst hergestellt werden muß.

Das Aussprechen, das in der Rede geschieht, bedeutet nicht ein Hinaussprechen des Inneren, vielmehr ist das Dasein immer schon draußen und artikuliert das dort Erfahrene. *Die Rede ist die bedeutungsmäßige Gliederung der befindlichen Verständlichkeit des In-der-Welt-seins* (S. 162). In diesem Zusammenhang weist Heidegger darauf hin, daß die Sprachwissenschaft auf ontologisch ursprünglichere Fundamente gelegt werden und von der Vorrherrschaft einer bestimmten Auffassung der Logik befreit werden muß.

Die Existenziale und die Zeitlichkeit

Die Analyse des Daseins muß ein Doppeltes leisten: die konstitutiven Momente des In-der-Welt-seins auseinanderlegen und die Einheit dieser Momente, ihre Zusammengehörigkeit aufweisen. Diesen zweiten Schritt gilt es nun zu kennzeichnen. Heidegger vollzieht ihn, indem er die Grundstruktur des Daseins als *Sorge* bestimmt; das bedeutet zugleich, daß er die Daseinsanalytik im Lichte der Zeitigung wiederholt.

Auf drei Charaktere des Daseins waren wir gestoßen: Existenzialität (das Dasein ist immer schon bei seinem Sein-können, das es zu verwirklichen gilt), Faktizität (das Dasein ist je schon durch das bestimmt, worin es «geworfen» ist, was nicht von ihm abhängt, was es zu übernehmen hat) und das Verfallensein (es versteht sich von dem her, was es gerade nicht ist, es verliert sich an das ihm bekannte Seiende). Diese drei Charaktere werden zusammengenommen in der Sorge. Sorge heißt nicht Bekümmertsein, Niedergedrücktsein, sondern die Sorge umfaßt ein Dreifaches: Sich-vorweg-sein (Existenzialität), im Schon-sein-in (Faktizität) als Sein-bei (Verfallensein). Die Frage nach der Einheit dieser Dreiheit ist noch weiter zu verfolgen. Das geschieht im zweiten Abschnitt des Werkes: Dasein und Zeitlichkeit.

Soll die Interpretation des Seins des Daseins als Fundament der Ausarbeitung der ontologischen Grundfrage ursprünglich werden, dann muß sie das Sein des Daseins zuvor in seiner möglichen Eigentlichkeit und Ganzheit existenzial ans Licht gebracht haben (S. 233).

Um das Ganz-sein-können zu begreifen, muß das Ende des Daseins mit in die Analyse aufgenommen werden. Das Ende ist der Tod. Der Tod wird existenziell erfahren als Sein zum Tode. Das ist das Thema des ersten Kapitels dieses Abschnitts; es folgt die Problematik, die über die Eigentlichkeit des Existierens handelt – nämlich das Gewissen (2. Kapitel). Der Ruf des Gewissens *gibt keine Auskunft über Weltereignisse, hat nichts zu erzählen. Am wenigsten strebt er danach, im angerufenen Selbst ein «Selbstgespräch» zu eröffnen. Dem angerufenen Selbst wird nichts zu-gerufen, sondern es ist aufgerufen zu ihm selbst, d. h. zu seinem eigensten Seinkönnen* (S. 273). *Der Ruf kommt aus mir und doch über mich* (S. 275). Nach Heidegger geschieht im Gewissen der Ruf der Sorge, der das Dasein in sein eigenstes Seinkönnen aufruft. Die Unheimlichkeit dieses Rufs soll aus der Selbstvergessenheit herausreißen; deshalb ist das, was der Ruf zu verstehen gibt, die Möglichkeit des eigentlichen Seinkönnens und deswegen ist für Heidegger die Angst so etwas wie die Ermöglichung dieses Rufs, denn in der Angst wird die Vereinzelung erfahren, die zum eigentlich Seinkönnen gehört. Der Begriff der Schuld wird hier nicht religiös oder moralisch verstanden, sondern als *das (nichtige) Grund-sein einer Nichtigkeit* (S. 285).

Die Offenheit für den Ruf des Gewissens ist das «Gewissen-haben-wollen», ein Phänomen, das dem Man verschlossen bleibt. Diese Ausführungen über das Gewissen gipfeln in einer neuen Bestimmung des Daseins als Entschlossenheit. Was besagt das? Zum Gewissen-haben-wollen gehört die Erfahrung der eigenen Nichtigkeit in der Angst, das Verstehen als Sich-entwerfen auf die eigenste Möglichkeit und die Rede. Entschlossenheit ist ein vorzüglicher Modus der Erschlossenheit – als die wir ja die Offenheit des Daseins zu fassen versuchten. (Das Verhältnis der Entschlossenheit zur Wahrheit ist in Absatz 4 behandelt.)

Diese nur fragmentarischen Hinweise sollten den Übergang ermöglichen zur Frage nach dem Sinn der Sorge – nämlich der Zeitlichkeit als ihren eigentlichen Grund. Heidegger stellt die Frage: *Was ermöglicht die Ganzheit des gegliederten Strukturganzen der Sorge in der Einheit ihrer ausgefalteten Gliederung?* (S. 324).

Im Vorlaufen in die äußerste Möglichkeit (Sein zum Tode) kommt das Dasein auf das eigenste Gewesen zugleich zurück. Es behält dieses Gewesen, es ist sein Gewesen. *Dasein kann nur eigentlich gewesen sein, sofern es zukünftig ist. Die Gewesenheit entspringt in gewisser Weise der Zukunft* (S. 326). Das ist ein Auf-den-Kopf-Stellen der üblichen Auffassung, nach der die Zeit vom Vergangenen zum Gegenwärtigen und dann zum Zukünftigen sich quasi fortbewegt. Nicht das Vergangene ist das Primäre für das Dasein, sondern das Vorlaufen in das noch nicht Seiende, das doch schon zu mir gehört – als mein Tod. Nur weil das Dasein vorlaufen kann, also zukünftig ist, kann es auch auf das Gewesene zurückkommen und so sein Gewesenes nicht verlieren, sondern behalten. Das ist übrigens auf seine Weise auch die Grundposition des gesamten schriftstellerischen Werkes von Marcel Proust. Vom Ende her – dem Ahnen des Todes – wird das Schreiben in Gang gebracht. Und mit diesem Vorwegnehmen des Endes geht Hand in Hand das Behalten des Gewesenen, das Wiederholen des Gewesenen – im Schreiben. Deshalb besitzt dieses Werk eine so einzigartige Struktur, daß die Entfaltung vom Ende her dargestellt wird, als Zurückkommen auf das Gewesene. Das Erfahren des nahenden Todes beim Maskenball der Zeit wird zusammengebracht mit der Kindheitserinnerung an das Scheppern der Gartenglocke, die den Besuch Swanns ankündigt, und die Szene mit dem verweigerten Gute-Nacht-Kuß. Zukunft, Gewesenheit und Gegenwart sind zur Einheit verschmolzen, der Einheit der Zeit, die die eigentliche Hauptperson dieses Werkes ist. Wir sind am Anfang des Werkes schon am Ende, und das Ende wirft uns zurück auf den Anfang – das Verstehen und Behalten des Anfangs, aber nicht, um einfach etwas Gewesenes zu behalten, sondern weil die Darstellung des Gewesenen zugleich Darstellung der Zeit ist.[10]

Durch das Vorlaufen zum Ende (vorlaufende Entschlossenheit) gibt es für das Dasein so etwas wie Situation – das Dasein verhält sich zu Seiendem als Besorgendem, es läßt es begegnen. ... *das handelnde Begegnenlassen des umweltlich Anwesenden ist nur möglich in einem Gegenwärtigen dieses Seienden* (S. 326). Zur Entschlossenheit gehört dieses Begegnenlassen.

Zukünftig auf sich zukommend bringt sich die Entschlossenheit gegenwärtigend in die Situation (S. 326). Das ist aber nichts anderes als das Wesen der Zeitlichkeit, wie wir es in der Dimension des Daseins erfahren können, ja wie es die spezifische Dimension des Daseins eröffnet und trägt. So kann Heidegger sagen:

Zeitlichkeit enthüllt sich als der Sinn der eigentlichen Sorge (S. 326). Hatten wir die Sorge bestimmt als: Sich-vorweg-schon-sein-in als Sein-bei, so können wir leicht sehen, daß das Sich-vorweg im Zeitigen der Zukunft geschieht, das Sein-bei durch das Gegenwärtigen ermöglicht wird. In der Sorge sind Existenzialität, Faktizität und Verfallen zusammengenommen. Zur Existenzialität gehört das Sich-Entwerfen; das ist aber nichts anderes als ein Zeitigen der Zukunft. Die Faktizität oder Geworfenheit hatten wir im Moment des Schon-sein bei der Sorge herausgestellt. *Nur weil Sorge in der Gewesenheit gründet, kann das Dasein als das geworfene Seiende, das es ist, existieren* (S. 328).

Heidegger unterscheidet Gewesen-sein und Vergangen-sein. Vergangen ist ein Ausdruck, der für das nicht-daseinsmäßig Seiende zutrifft. Der Existierende ist nicht vergangen, sondern gewesen. Im Gewesen steckt das Noch-wesen, also sein. Faktizität als ein Grundmoment der Verfassung des Daseins ist nur möglich, weil das Dasein zeitigend sein Gewesen nicht hinter sich läßt, sondern es ist. Das Vor- des Vorlaufens, das Schon- des Schon-sein-in geben Hinweise auf die zeitliche Verfaßtheit der Sorge. Was zuerst als pure Beschreibung zu beginnen schien, aber sich sehr bald als Rückfragen nach den konstitutiven Momenten der Welt erwies, findet seine eigentliche Rechtfertigung in der Deutung der Zeitlichkeit als der Grundstruktur der Sorge. Es verdiente, einmal den äußerst kunstvollen Aufbau, die innere Struktur von *Sein und Zeit* eigens freizulegen, zu zeigen, wie einerseits die Nähe zu den Phänomenen das Werk trägt und andererseits der Aufbau von der Struktur der Zeitlichkeit her bestimmt ist. Hier zeigt sich auch der Unterschied im Stil des Philosophierens zwischen Husserl und Heidegger. Bei Husserl hat man den Eindruck, daß er das Erschaute zu fassen versucht, gleichsam immer neuen Abschattungen nachgehend, ganz in der Beschreibung (Erfassung) aufgehend, weswegen auch die Gliederung immer erst nachträglich eingefügt werden muß, es ist eine eher summative Darstellung, darum werden auch so viele Analysen wiederholt; bei Heidegger hat man den Eindruck, daß das Erfassen der Gliederung, der Struktur voraufgeht und erst nach der erfaßten Gliederung die Darstellung durchgeführt wird, so daß dann keine Analyse an eine andere Stelle placiert werden kann. So muß auch *Sein und Zeit*, um richtig verstanden zu werden, im Erfassen der Struktur gipfeln, und das heißt vom Ende her, von der Zeitlichkeit.[11]

Wie steht es mit dem dritten Moment, dem Verfallen? Verfallen ist nichts anderes als ein sich im Gegenwärtigen, im Sinne des Sein-bei verlieren. Es ist aber nicht möglich ohne Zukunft und Gewesenheit.

Die Zeitlichkeit ermöglicht die Einheit von Existenz, Faktizität und Verfallen und konstituiert so ursprünglich die Ganzheit der Sorgestruktur (S. 328).

Es gilt, zu sehen, wie die Existenzialien: Verstehen, Befindlichkeit, Verfallen und Rede zeitlich explizit zu verstehen sind bzw. wie sich jeweils die eigentliche und die uneigentliche Zeitigung unterscheidet. Wir wiesen schon darauf hin, daß Heideggers Vorgehen so verläuft, daß das vorher Analysierte wieder aufgenommen wird, aber nicht im Sinne einer puren Wiederholung, sondern in einem neuen Horizont, so daß die Wiederaufnahme weiter führt bei dem Verständnis der Struktur. Es ist keineswegs so, daß die erste Analyse überflüssig wird, sondern daß nun das Denken bis zur Grundlegung des Sachverhalts führt.

Wie zeigt sich die Zeitlichkeit des Verstehens? Wir sahen, daß das Verstehen ein Entwerfen auf die eigenen Seinsmöglichkeiten ist, ein Erschließen des Sein-könnens. Die verschiedenen Weisen des «Erkennens» gründen in diesem Verstehen. Das Sich-entwerfen auf seine Möglichkeiten ist aber nichts anderes als ein Zeitigen der Zukunft. *Zukunft ermöglicht ontologisch ein Seiendes, das so ist, daß es verstehend in seinem Seinkönnen existiert* (S. 336). Die Möglichkeit ist nicht einfach als Möglichkeit erdacht, gewünscht, erhofft, gefürchtet, sondern das Dasein ist die Möglichkeit und nur insofern es sie ist, kommt seine Zukunft auf es zu. Diese Weise, die Zukunft zu zeitigen, nennt Heidegger das Vorlaufen. Das Dasein, das sich aus der eigentlichen Zukunft zeitigt, das heißt der Zukunft, in der es zu sich selbst kommt, sich selbst verwirklicht, ist das eigentliche Dasein und sein Zeitigen der Zukunft das Vorlaufen.

Wie steht es mit dem uneigentlichen Dasein? Wenn die Sorge als einheitliche Struktur in der Zeitlichkeit gründet, und wenn zur Zeitlichkeit die drei Ekstasen der Zukunft, Gewesenheit und Gegenwart gehören, dann muß auch im uneigentlichen Dasein die Zukunft mit im Spiel sein. Aber auf welche Weise? Die Analyse des alltäglichen Daseins zeigte, wie das Dasein im Besorgen aufgeht – wie es sich selbst vom Besorgen her versteht und vom Besorgten. *Das Dasein kommt nicht primär in seinem eigensten, unbezüglichen Seinkönnen auf sich zu, sondern es ist besorgend seiner gewärtig aus dem, was das Besorgte ergibt oder versagt* (S. 337). Die uneigentliche Zukunft ist ein Gewärtigen. Das Gewärtigen wiederum ermöglicht die Haltung des Erwartens, Erhoffens, Wünschens.

Der Terminus, der sowohl das eigentliche wie das uneigentliche Zeitigen der Zukunft umspannt, ist das Sich-vorweg, womit die Existenzialität gefaßt wurde.

Jede Zeitigung umfaßt aber alle drei Ekstasen. Das hatten wir schon früher gesehen, insofern als sich gezeigt hatte, daß Verstehen, Befindlichkeit und Rede gleich ursprünglich sind. Wie ist das nun im Rahmen der Aufdeckung der zeitlichen Fundiertheit der Existenziale nachvollziehbar?

Beginnen wir mit dem eigentlichen Zeitigen des Verstehens, von der Zukunft her. Zum Vorlaufen des Daseins, in der Weise der Entschlossenheit *gehört eine Gegenwart, gemäß der ein Entschluß die Situation erschließt. In der Entschlossenheit ist die Gegenwart aus der Zerstreuung in das nächst Besorgte nicht nur zurückgeholt, sondern wird in der Zukunft und Gewesenheit gehalten. Die in der eigentlichen Zeitlichkeit gehaltene, mithin eigentliche Gegenwart nennen wir den Augenblick* (S. 338).

Der Augenblick ist nicht ein Jetzt-Punkt in einer Zeitreihe, sondern er ist die Weise, wie das Dasein aufgeschlossen ist dem, was ihm begegnet, genauer: was es begegnen läßt. Das hängt von seiner eigenen Seinsweise ab, von seinem Vermögen, es selbst zu sein.

Dem uneigentlichen Zeitigen des Verstehens entspricht in der Ekstase der Gegenwart das Gegenwärtigen. Das besagt, das Seinkönnen versteht sich aus dem Besorgbaren, das gegenwärtig vorliegt, während das eigentliche Zeitigen sich gerade aus der Zukunft zeitigt und nicht an das Besorgbare verliert.

Wie steht es mit der dritten Ekstase? Im eigentlichen Verstehen zeitigte sich das Dasein so, daß es sein Gewesensein einbehält und zwar gerade im Vorlaufen. Das mit sich selbst Identisch-sein bzw. Identisch-werden, eine heute so viel diskutierte Frage, ist hier schon vorweggenommen. *Im Vorlaufen holt sich das Dasein wieder in das eigenste Seinkönnen vor. Das eigentliche Gewesen-sein nennen wir die Wiederholung* (S. 339). Werden die Möglichkeiten des Daseins dagegen allein aus dem Umgang mit dem Zu-Besorgenden gewonnen, so vergißt es das, was es schon war und was mitbestimmt, was es sein kann. Das Vergessen ist ausdrücklich von Heidegger als Modus der Zeitigung des Gewesenen gefaßt, nämlich in seiner uneigentlichen Weise.

Man kann leicht Belege aus der Literatur bringen, wie das uneigentliche Dasein gerade nicht sehen will, was es schon war, wenn es seine Zukunft entwirft, wie es sein Gewesensein verleugnet, ja verdrängt. In dieser Seinsweise verschließt das Dasein sich selbst, täuscht sich so notwendig über sich, flüchtet vor sich (z. B. Ibsens «Wildente»). Das ist die Gegenhaltung zu der, die Heidegger unter der Entschlossenheit denkt, nämlich die Unentschlossenheit.*

Die Schwierigkeit der zeitlichen Interpretation der Existenziale liegt auch darin, daß wir immer das Ganze im Blick haben müssen und doch nur über das Einzelne jeweils sprechen können. So ist bei der zeitlichen Interpretation des Verstehens, bei dem das Schwergewicht auf der Ekstase der Zukunft liegt, die Gegenwart und Gewesenheit schon mit im Spiel.

Es sei jetzt versucht, die zeitliche Interpretation der *Befindlichkeit* nachzuzeichnen. Wir hatten früher gesehen, daß die Gestimmtheit für Heidegger das Geworfensein erschließt, die Faktizität des Daß dieses Seienden. Das besagt aber, daß die Stimmung in der Gewesenheit gründet, so wie das Verstehen in der Zukunft.

... der existenziale Grundcharakter der Stimmung ist ein Zurückbringen-auf ... Dieses stellt die Gewesenheit nicht erst her, sondern die Befindlichkeit offenbart für die existenziale Analyse je einen Modus der Gewesenheit (S. 340). Das heißt, die Gewesenheit kommt nicht durch die Stimmung zustande, sondern weil das Dasein je schon war, seine Gewesenheit ist, kann die Gewesenheit in der Stimmung offenbar werden.

In einer Gegenüberstellung zweier Stimmungen, nämlich der Furcht und der Angst, macht Heidegger sichtbar, wie in der Furcht, als Verwirrung, eine Selbstvergessenheit in Erscheinung tritt (uneigentliche Gewesenheit), während sich in der Angst gerade die Hinfälligkeit alles Besorgens zeigt, die Unmöglichkeit, vom Besorgen her zu sich selbst zu finden. In der Angst kommt das Dasein auf sich selbst zurück – es geschieht hier so etwas wie eine Wiederholung. Das Dasein erfährt sich in seiner Endlichkeit. *Die Angst entspringt aus der Zukunft der Entschlossenheit, die*

---

* Die beiden Weisen der *Zeitigung* – die eigentliche und die uneigentliche – seien hier schematisch gegenübergestellt:

Zukunft:	*eigentliche Zeitigung*	*uneigentliche Zeitigung*
Gegenwart:	Vorlaufen	Gewärtigen
Gewesenheit:	Augenblick	Gegenwärtigen
	Wiederholung	Vergessenheit

Furcht aus der verlorenen Gegenwart, die furchtsam die Furcht befürchtet, um ihr so erst recht zu verfallen (S. 344f).

Die Zeitlichkeit des Verfallens wird von Heidegger an der Neugier erläutert. In der Neugier geschieht ein Gegenwärtigen, das aber, weil ihr das Vorlaufen zu eigenen Möglichkeiten verschlossen ist, in der Gegenwart eingeschlossen bleibt. Entspringt die eigentliche Gegenwart aus dem Vorlaufen in die Zukunft und dem Wiederholen des Gewesenen, so ist die Neugier bodenlos.

Otto Pöggeler hat darauf hingewiesen[12], daß bei der Zeitanalyse der Strukturmomente die Rede durch die Analyse des Verfallens ersetzt wird und durch das Leerhalten der Bestimmung des Augenblicks erklärt. In der Tat wird an dritter Stelle in § 68 nicht die Rede untersucht, sondern das Verfallen, und es folgt anschließend eine kurze Analyse der zeitlichen Struktur der Rede, so daß die Dreiheit der Zeitekstasen hier auf eine Vierheit der Phänomene ihre Anwendung findet, was einen gewissen Bruch in der Gliederung darstellt. Allerdings sollte nicht übersehen werden, daß die zeitliche Grundlage sich auch auf die Grundmodi von Existenz, Faktizität und Verfallen des Daseins bezieht und insofern die Dreiheit der Ekstasen hier doch ihre fundierende Funktion erfüllt. Bei der Analyse der Rede zeigt Heidegger, wie in ihr dem Gegenwärtigen eine bevorzugte Bedeutung zukommt, insofern als die Rede zumeist das in der Umwelt Begegnende anspricht – was sie aber nicht erschöpft, zum Beispiel in der Kunst.

Zu behalten ist, in bezug auf den Aufbau, daß bei jeder Zeitigung immer alle drei Ekstasen mit im Spiel sind, obgleich im Verstehen die Zukunft Priorität besitzt, bei der Befindlichkeit die Gewesenheit und beim Verfallen und der Rede die Gegenwart. Die zeitliche Struktur der Sorge sollte gezeigt werden, das ist durch diese Analysen geschehen. Auf die neuerliche Interpretation des alltäglichen In-der-Welt-seins (§ 69) kann nicht mehr eingegangen werden, wie wichtig sie auch sein mag, desgleichen auch nicht auf § 70: *Die Zeitlichkeit der daseinsmäßigen Räumlichkeit,* sowie auf den Zusammenhang von Zeitlichkeit und Geschichtlichkeit.

Im dritten Abschnitt des ersten Teils sollte – wie schon erwähnt – die Problematik eine Umkehr erfahren: Zeit und Sein. Dieser Abschnitt wurde nicht veröffentlicht.

Die Wahrheitsfrage (zu § 44)

Die Ausführungen über die Sorge als Sein des Daseins gipfeln in der Untersuchung des Zusammenhangs von Sein und Wahrheit. Dieser Zusammenhang ist kein beliebig gesetzter oder erfundener. Heidegger zeigt vielmehr, wie seit Beginn der Philosophie das Denken um den Zusammenhang von Sein und Wahrheit kreist, besonders deutlich bei Parmenides, aber auch bei Aristoteles, der die Philosophie als ἐπιστήμη τής ἀληθείας bestimmt und zugleich als die episteme, die das Seiende als Seiendes betrachtet, also hinsichtlich seines Seins. Muß dann nicht eine Untersuchung, die sich fundamentalontologisch nennt und versteht, diesem

Zusammenhang nachgehen? In der Tat. Das heißt nichts anderes, als daß der Zusammenhang von Dasein und Wahrheit thematisiert werden muß, um zu sehen, *warum Sein notwendig mit Wahrheit, und diese mit jenem zusammengeht* (S. 213).

Die Untersuchung gliedert sich in drei Schritte: 1. der traditionelle Wahrheitsbegriff und seine ontologischen Fundamente, 2. das ursprüngliche Phänomen der Wahrheit und die Darstellung der Abkünftigkeit des traditionellen Begriffs und 3. die Seinsart der Wahrheit und die Wahrheitsvoraussetzung.

Die Fragerichtung ist für Heidegger kennzeichnend, nämlich ein Zurückfragen vom geläufigen Verständnis der Wahrheit, einem verfestigten und in der Verfestigung quasi definitiv erscheinenden, zu dem ursprünglichen Phänomen, das der Verfestigung vorausgegangen ist und von dieser verdeckt wird. Die geläufige Auffassung nimmt die Aussage als den wesensgemäßen Ort der Wahrheit und sieht ihr Wesen selbst in der Übereinstimmung des Urteils mit dem Gegenstand. Dabei beruft sie sich auf Aristoteles, der der Wahrheit diesen Ort zugesprochen und die Wahrheit als Übereinstimmung formuliert haben soll.

Die Aussage des Aristoteles, daß die «Erlebnisse» der Seele Angleichungen an die Dinge sind, eine Aussage, die gar nicht als Wesensdefinition der Wahrheit gemeint ist (De interpr. 1, 16, a 6), führte im Mittelalter zur Bestimmung der veritas als adaequatio intellectus et rei – eine Bestimmung, die sich über Kant hinaus erhalten hat. Heidegger fragt: Was heißt hier Übereinstimmung – adaequatio – ὁμοίωσις? Formal genommen ist es eine Beziehung von etwas zu etwas (S. 215) – aber nicht jede Beziehung ist eine Übereinstimmung. Es muß also das Eigentümliche dieser Beziehung geklärt werden.

Worin können der Intellekt und die Sache übereinstimmen, sie werden doch keineswegs gleich (vgl. *Vom Wesen der Wahrheit*, S. 6f)? Der Intellekt soll die Sache so fassen, wie sie ist. Wie ist so etwas möglich, wenn er gerade nicht zur Sache wird?

Man kann am Urteil den Urteilsvollzug und das Geurteilte unterscheiden. Der Urteilsvollzug ist ein realer psychischer Vorgang, das Geurteilte ein idealer Gehalt. Auf diesen idealen Gehalt kommt es an. Wir brauchen ja gar nicht zu wissen, welche psychischen Vorgänge beim Urteilen im Urteilenden ablaufen. Jetzt ist aber der Sachverhalt noch komplizierter. Einerseits haben wir den realen Urteilsvollzug, andererseits den im Urteilsvollzug gedachten idealen Gehalt, der aber wiederum auf Reales bezogen sein soll, wenn wir über einen konkreten Sachverhalt urteilen. *Wird die Wirklichkeit des Erkennens und Urteilens nicht in zwei Seinsweisen und «Schichten» auseinandergebrochen, deren Zusammenstückung die Seinsart des Erkennens nie trifft?* (S. 217).

Wann wird im Erkennen selbst die Wahrheit phänomenal ausdrücklich? Dann, wenn sich das Erkennen als wahres ausweist (S. 217). Aber wann ist das der Fall? – das ist doch die Frage. *Im phänomenalen Zusammenhang der Ausweisung muß demnach die Übereinstimmungsbeziehung sichtbar werden* (S. 217). Wie ist diese Ausweisung zu fassen? Heidegger nimmt ein ganz einfaches Beispiel. Ich mache eine Aussage über ein

Bild, das an der Wand hängt, ohne das Bild unmittelbar zu sehen. Nun kehre ich mich um und sehe, ob diese Aussage stimmt. Die Aussage lautet: Das Bild hängt schief. Worin besteht die Bewährung der Aussage oder ihre Entkräftung? Zunächst ist zu beachten: wenn ich die Aussage mache, so bin ich nicht bei irgendeinem psychischen Phänomen oder Vorstellungsvorgang, sondern ich bin bei der Sache selbst. Wir brauchen jetzt nicht darauf einzugehen, welche verschiedenen Möglichkeiten es gibt, bei der Sache selbst zu sein. *Das Aussagen ist ein Sein zum seienden Ding selbst* (S. 218). Die Ausweisung erfolgt in diesem Fall durch die Wahrnehmung. Was geschieht in der Bewährung der Aussage? Das Seiende wird in seinem Sein zugänglich, wird entdeckt.

Das aussagende Erkennen ist ein entdeckendes, freilegendes Verhalten zum Seienden. Auf diesem Entdecken bzw. Freilegen liegt das Schwergewicht, nicht auf einer möglichen Anpassung psychischer Prozesse an ideale Gehalte, die auf Reales übertragen werden. Der Sinn der Aussage ist das Sehen-lassen dessen, worüber ausgesagt wird, also des jeweilig Seienden. Wahrsein ist Entdeckendsein. Damit das Dasein so etwas leisten können soll, muß es die Verfaßtheit des In-der-Welt-seins haben. Gerade darauf wird im zweiten Schritt eingegangen.

Heidegger verweist bei dieser Deutung der Wahrheit als Entdeckendsein auf den Beginn der Philosophie. Im ersten Heraklit-Fragment wird der Logos als der angesprochen, der sagt, wie es sich mit den Dingen verhält – die Unverständigen vergessen das, es sinkt bei ihnen in die Verborgenheit zurück.

Mit der Übersetzung von a l e t h e i a als Unverborgenheit will Heidegger keineswegs bloß eine wörtlichere Übersetzung geben, sondern vielmehr die Erfahrung sichtbar machen, die mit diesem Phänomen verbunden ist. Es ist der eigentlich phänomenologische Zug – den er selbst schon bei Aristoteles entdeckt. Sagen wir Wahrheit, so meinen wir zu wissen, was a l e t h e i a heißt; im Grunde genommen ersetzen wir das griechische Wort durch ein anderes, das uns erspart, dem, was sich hier wirklich ereignet, nachzudenken. Bei Aristoteles ist der Logos als 'απόφανσις ein 'αληθεύειν im Sinne des 'αποφαίνεσθαι, das heißt des Sehenlassens des Seienden, das aus der Verborgenheit in die Unverborgenheit gebracht wird. Was so entborgen wird, sind die Sachen selbst, *das Seiende im Wie seiner Entdecktheit* (S. 219).

Es wird im weiteren Verlauf darauf zu achten sein, wie die Unverborgenheit des Näheren gedacht und erfahren wird. Heidegger hat darin eine Wandlung durchgemacht, die zu verfolgen ist (vgl. *Zur Sache des Denkens*, S. 77). Hier geht es darum, den Zusammenhang von aletheia und Dasein zu finden. Das 'αληθεύειν oder Wahrsein ist in diesem Zusammenhang gesehen als eine Seinsweise des Daseins (S. 220), nämlich die, in der das Dasein «entdeckend», wir könnten auch sagen aufdeckend, freilegend sich verhält, etwas unverdeckt zugänglich werden läßt. Wahr ist also primär dieses Verhalten selbst und dann das, was auf Grund dieses Verhaltens zugänglich wird – das jeweils entdeckte Seiende. Deswegen kann Heidegger von uns fordern, daß wir als das ursprüngliche Phänomen der Wahrheit dasjenige ansehen, was das Entdeckendsein selbst ermöglicht.

Das ist (wie vorher gezeigt) die Erschlossenheit des Daseins, das heißt sein durch Befindlichkeit, Verstehen und Rede konstituiertes In-der-Welt-sein im Sinne der Sorge. Wobei die Sorge die drei Weisen der Zeitigung von Zukunft, Gewesenheit und Gegenwart in eine Einheit zusammennimmt.

Der Ausdruck *Dasein ist «in der Wahrheit»* (S. 221) heißt keineswegs, daß das Dasein alle Wahrheit besitzt, was ein Unding wäre, sondern daß es durch das Erschlossensein, zu dem auch das Entdeckendsein gehört, imstande ist, zu «entbergen». Dasein kann nur entdeckend sein, also Seiendes sich zugänglich machen, auf es eingehen, es explizieren, gestalten und was dergleichen mehr, weil es sich zu sich selbst zu verhalten vermag, im Sinne des Aufgeschlossenseins.

Man könnte einwenden, das sei nichts anderes als die klassische neuzeitliche Bestimmung: Das Bewußtsein ist Selbstbewußtsein. Es ist aber in der Tat etwas anderes, da der Begriff des Daseins nicht einfach ein anderes Wort für Subjekt ist, vielmehr das Dasein als In-der-Welt-sein gefaßt ist. Es wird also nie und nimmer von einem isolierten Subjekt ausgegangen, das den Übergang zum Transzendenten vollziehen soll, sondern von vornherein das In-der-Welt-sein als Grundstruktur verstanden und gezeigt, was zu dieser Grundstruktur gehört, nämlich welche Existenzialien, und wie diese in der Zeitigung des Daseins gründen. Lauter Einsichten, die vordem nicht da waren.

Das In-der-Welt-sein besagt für Heidegger, daß die Erschlossenheit des Daseins die gegliederte Struktur der Sorge insgesamt betrifft, das Moment des Entwurfs (Zeitigung der Zukunft) – das Dasein entwirft sich auf seine Möglichkeiten, indem es sich seine Welt eröffnet; das Moment der Geworfenheit – das Dasein findet sich jeweils in einer bestimmten Welt vor, wozu die Zeitigung der Gewesenheit vorausgesetzt ist.

Dabei ist daran zu erinnern, daß beim Entwurf das Dasein sich aus seinen eigensten Möglichkeiten verstehen kann (Eigentlichkeit), wenn das geschieht, haben wir die *Wahrheit der Existenz* (S. 221); oder sich aus der Welt verstehen, an die es sich gleichsam immer schon verloren hat (Uneigentlichkeit). Das Dasein ist dann in der Unwahrheit. Insofern wir vorher gesehen haben, daß das Dasein zunächst und zumeist in der Weise der Uneigentlichkeit ist, ist es (als verfallenes) in der Unwahrheit. Dasein ist also in der Wahrheit und in der Unwahrheit.

Das vom Dasein Entdeckte muß in dieser Entdecktheit eigens bewahrt werden, um nicht in die Verstellung zu verfallen (den Schein), die Entdecktheit muß dem Schein abgerungen werden.

Im Alpha der aletheia sieht Heidegger ein Alpha-privativum. *Das Seiende wird der Verborgenheit entrissen. Die jeweilige faktische Entdecktheit ist gleichsam immer ein R a u b* (S. 222). Wenn Parmenides die Göttin der Wahrheit vor zwei Wege stellt, den des Entdeckens und Verbergens, ist das für Heidegger eine frühe Einsicht darin, daß der Mensch in der Wahrheit und der Unwahrheit steht.

Das Resultat dieser Ausführungen: die ursprüngliche Wahrheit ist die Erschlossenheit des Daseins, und zu ihr gehört nicht nur das Aufgeschlossensein des Daseins zu sich selbst, sondern die Entdecktheit des Seienden aus seiner Welt; und 2. das Dasein ist gleichursprünglich in der Wahrheit und in der Unwahrheit.

Hatten wir früher gesehen, daß das Dasein durch sein Seinsverständnis ausgezeichnet ist gegenüber allem übrigen Seienden, so können wir jetzt sagen, daß das Seinsverständnis selbst nur möglich ist, weil das Dasein in der Weise des Erschlossenseins existiert. So existierend, ist es deutlich abgehoben von Zuhandenem (Gebrauchsdingen) und dem Vorhandenem (dem von sich aus Vorliegenden), die andere Seiensweisen zeigen.

Die Ausführungen über die Wahrheit werden wieder aufgenommen (darauf sei nur kurz hingewiesen) in den §§ 61 und 62, im Zusammenhang mit der zeitlichen Interpretation der Sorge und der Darstellung des Daseins als *existenziell eigentliches Ganzseinkönnen* (S. 305).

Die Entschlossenheit wird eigentlich das, was sie sein kann, als verstehendes Sein zum Ende, d. h. als Vorlaufen in den Tod (S. 305). In der Entschlossenheit wird das Dasein auf sein eigenstes Selbstsein zurückgeholt. Ist aber Wahrheit im Dasein gegründet, ist das Wahrsein, das heißt die ursprüngliche Offenheit, eine Weise des Daseins, dann müssen wir konsequenterweise sagen, daß die Entschlossenheit *die ursprüngliche Wahrheit der Existenz* (S. 307) ist. In der Weise der Entschlossenheit seiend ist das Dasein ursprünglich in der Wahrheit.

In *Sein und Zeit* erfährt die Frage nach der Wahrheit ihre erste veröffentlichte Ausarbeitung. Dabei wurde der überlieferte Wahrheitsbegriff – Wahrheit als Übereinstimmung – zurückgeführt auf die Verfassung des Daseins entdeckend und sich selbst erschlossen zu sein. Das Dasein ist in der Wahrheit besagt nicht, daß ihm durch irgendwelche Kräfte Wahrheiten eingepflanzt wären, sondern daß es als In-der-Welt-sein immer schon offen ist für das, was zu seiner Welt gehört. Der neue Ansatz des Verstehens des Menschen als Dasein findet seinen Niederschlag in der neuen Deutung und Auslegung der Wahrheit. Daß dabei zurückgegangen wird auf die anfänglichen Denker und eine Auseinandersetzung vollzogen ist mit den Begründern der Metaphysik ist keineswegs zufällig. Bei den anfänglichen Denkern findet Heidegger die Gedanken, die das Spätere vorwegnehmen, die uns zu denken aufgegeben sind.

Das Sein des Menschen als Dasein ist in *Sein und Zeit* thematisch abgehandelt. Aber dieses Thema sollte ja nur die Vorbereitung sein für die Entfaltung der Frage nach dem Sinn von Sein, die zurückgehalten wurde. Ist das hier Entfaltete so etwas wie eine Vorbereitung für das eigentlich zu Erörternde, so kann angenommen werden, daß auch die Ausführungen über die Wahrheit in § 44 nicht das Ende darstellen, sondern vielmehr den Anfang für das noch zu Sagende. Wo findet sich die Fortführung der Wahrheitsfrage? Im Vortrag *Vom Wesen der Wahrheit*. Er muß untersucht werden in Hinblick darauf, inwiefern er weiterführt als der § 44 von *Sein und Zeit*. Dabei wird sich der Eindruck verstärken, den wir schon bei *Sein und Zeit* erhalten haben, daß für die hier entfaltete Fragerichtung weder von der Transzendentalphilosophie noch vom Deutschen Idealismus oder der Phänomenologie Hilfe zu erwarten war.

DIE WAHRHEITSFRAGE IN «VOM WESEN DER WAHRHEIT» (1930)[13]

Versuchen wir den Aufbau des Vortrages zu verstehen. Er gehört zu den Schriften Heideggers, deren Komposition besonders streng ist.

In der Einleitung wird das Thema der Fragestellung umrissen: das *Wesen* der Wahrheit soll erörtert werden, nicht die verschiedenen Wahrheiten, mit denen wir vertraut sind – von den praktischen, ökonomischen, technischen, politischen über die wissenschaftlichen bis zu den künstlerischen oder der Glaubenswahrheit. Schon in dieser hinführenden Einleitung erfahren wir etwas von der Mehrstimmigkeit der Komposition. Eine zweite Stimme tritt deutlich hervor, die Stimme des gesunden Menschenverstandes, für den solch eine Frage nach dem Wesen einfach bodenlos ist. Von ihm wird der Wesensfrage seine eigene Frage entgegengestellt, er sucht *die wirkliche Wahrheit, die uns heute Maß und Stand gibt* (S. 73)*. Das ist keine rhetorische Gegenüberstellung, sondern versetzt uns von Beginn an in die Gegensätzlichkeit, die zwischen dem Suchen der Philosophie und den Forderungen des gesunden Menschenverstandes besteht.

Die Auseinandersetzung zwischen dem gesunden Menschenverstand und der Philosophie ist allerdings eine hoffnungslose Angelegenheit. Denn der gesunde Menschenverstand kann das Vorgehen der Philosophie nur als ein unnützes Unterfangen ansehen – im übrigen richtet sich seine Kritik auch an die Kunst, die genauso unnütz ist, es sei denn, daß wir durch sie Entspannung finden von den Anstrengungen des Tages. Nicht einmal das kann von der Philosophie erwartet werden, sie erfordert vielmehr höchste Sammlung.

Andererseits ist von der Philosophie her nicht zu leugnen, daß wir für unser tagtägliches Leben den gesunden Menschenverstand nicht entbehren können. Die Meinungen des gesunden Menschenverstandes sind zudem einflußreicher, als wir das zugestehen wollen. Wir selbst sind auch diesen Meinungen verhaftet, wenn wir annehmen, daß die verschiedenen angeführten Wahrheiten dasjenige sind, was unserem Dasein Sicherheit und Bestand gewährt (S. 74).

Der Zwist zwischen Philosophie und gesundem Menschenverstand beginnt mit dem Anfang des Philosophierens und kann von Platon bis Hegel und Nietzsche verfolgt werden, um nicht zu sagen bis Heidegger. Es wäre zu erörtern, ob der heutige Positivismus nicht die aktuelle Form des gesunden Menschenverstandes darstellt.

Die Auseinandersetzung, in die wir in der Einleitung versetzt sind, wird keineswegs mit einem Machtspruch gelöst oder beseitigt, sie stellt uns vor die Frage, was wir unter Wahrheit verstehen, wenn wir immer wieder von Wahrheit sprechen, denn auch der gesunde Menschenverstand gebraucht dieses Wort. Er leugnet keineswegs die Möglichkeit von Wahrheit, wenn auch die Forderung nach Wirksamkeit, Nutzen (efficacité, efficacy) im Hintergrund steht.

---

* Die Seitenangaben in diesem Kapitel beziehen sich auf *Vom Wesen der Wahrheit* (Frankfurt a. M. 1943).

Wie wird das Fragen durchgeführt? Wir können zwei Schrittfolgen unterscheiden. Bei der ersten wird vom geläufigen Wahrheitsbegriff ausgegangen – nämlich der Wahrheit im Sinne der Übereinstimmung – und zurückgefragt, was dieser Wahrheitsbegriff voraussetzt, was wir also freilegen müssen, wenn wir diesen Begriff wirklich begreifen wollen. Dieses Rückfragen ist ein Fragen nach dem diesen Begriff Ermöglichenden. Er umfaßt die ersten drei Kapitel des Textes. (Die genauere Untergliederung wird gleich erörtert.) Das Ergebnis dieser Rückfrage ist in einem zweiten Denkschritt durchdacht (er umfaßt die Kapitel 4 bis 7 des Textes), wobei die Wahrheitsfrage in einem ganz neuen Licht zum Vorschein kommt. Der zweite Schritt setzt das Zurückfragen fort, aber nun auf dem Boden, den uns der erste Schritt bereitgestellt hat. Dabei zeigt sich, wie das Wesen des Menschen selbst in dieser Rückfrage neu zu denken ist. Wir sehen, wie in diesem zweiten Denkschritt sich der Fragende selbst wandelt. Die Ergebnisse seines Fragens sind nicht irgendwelche Resultate, so wichtig sie auch sein mögen, die einfach zur Kenntnis genommen werden, sondern diese Ergebnisse gehen ein in das Sein des Fragenden selbst. Wir erhalten eine Auslegung des vom Wesen der Wahrheit her zu verstehenden Wesens des Daseins. Die Auslegung führt zu einer neuen Bestimmung des Wesens der Philosophie selbst, womit der Text schließt (vgl. «Aletheia und das Wesen der Technik» [S. 111 f]). Der Schluß ist jedoch kein Ende, im Sinne des zu Ende gelangens, sondern vielmehr die Vordeutung auf einen neu zu vollziehenden Anfang. Heidegger geht im Nachwort ausdrücklich auf das ein, was hier ausgeklammert ist.

Nach dieser notwendig äußerlich bleibenden Gliederung sei nun versucht, den Gedankengang inhaltlich zu umreißen.

Der geläufige Begriff der Wahrheit geht von der Übereinstimmung als ihrem Grundzug aus. Was ein Wahres zu einem Wahren macht, ist jeweils die Übereinstimmung. Aber was heißt hier Übereinstimmung? Was stimmt mit wem überein? Bei der Erörterung des § 44 von *Sein und Zeit* sahen wir, wie Heidegger diesen Begriff der Übereinstimmung in Frage stellt, der Wahrheit als Übereinstimmung die Wahrheit als Un-verborgenheit gegenüber setzt und erläutert, wieso es dazu kommen konnte, daß die Wahrheit mit der Übereinstimmung gleichgesetzt und das Urteil als der Ort der Wahrheit gedeutet wurde. Hier geht er anders vor – ohne jedoch das Ergebnis von *Sein und Zeit* zu verleugnen.

Wahr nennen wir doch nicht nur ein Urteil, sondern wahr nennen wir im Alltag auch einen Sachverhalt, dieser kann auf den Menschen zutreffen – seinen Zustand (Gefühl), sein Verhalten (z. B. Freundschaft) oder auf Dinge (z. B. Gold). Die erste Erläuterung scheint das Wahre mit dem Wirklichen identifizieren zu wollen, aber das gefälschte Gold ist doch auch wirklich, sonst könnten wir durch es gar nicht der Gefahr der Täuschung ausgesetzt werden. Wenn wir hier, bei der Sache, also wahr und wirklich gleichsetzen, so besagt das, daß wir von der Sache eine bestimmte Meinung haben, und wenn die Sache mit dieser Meinung übereinstimmt, nennen wir sie wahr, das heißt sie stimmt, ist so, wie sie sein soll.

Die nächste Überlegung betrifft die Aussage, das, was gewöhnlich die Bezeichnung wahr oder falsch erhält. *Eine Aussage ist wahr, wenn das, was sie meint und sagt, übereinstimmt mit der Sache, worüber sie aussagt* (S. 75). Im ersten Fall stimmt also die Sache, jetzt stimmt der Satz. Das Stimmen selbst ist also auf zwei verschiedene Weisen verstehbar: ... *einmal die Einstimmigkeit einer Sache mit dem über sie Vorgemeinten und zum anderen die Übereinstimmung des in der Aussage Gemeinten mit der Sache* (S. 75).

Die traditionelle Definition der Wahrheit: veritas est adaequatio rei et intellectus enthält schon diese Doppeldeutigkeit. Denn die adaequatio kann *die Angleichung der Sache an die Erkenntnis* (S. 75) bedeuten oder die Angleichung der Erkenntnis an die Sache. Zwar wird meistens die Definition im Sinne der Aussage-Wahrheit verstanden (Angleichung der Aussage an ihr Worüber), aber damit es eine Aussage-Wahrheit geben können soll, ist erforderlich, daß wir eine bestimmte Auffassung von der Sache haben, so daß die Aussage-Wahrheit auf die Sach-Wahrheit bezogen bleibt. Bei beiden «Wahrheiten» wird Wahrheit gedacht als ein Sich-richten-nach (Sache und Vor-Meinung; Satz und Sache), die Wahrheit mit der Richtigkeit gleichgesetzt. Zudem ist nicht zu übersehen, daß in der mittelalterlichen Deutung die beiden Fassungen des Sich-richtens zwei verschiedene Bedeutungen des intellectus beinhalten. Das Sich-richten der Sache nach dem Intellekt meint nicht den menschlichen Intellekt (wie wir das zunächst bei unserem Ausgangspunkt angesetzt hatten und wie es auch in der transzendentalen Fragestellung bei Kant zu denken ist, gemäß der wir eine Erkenntnis a priori nur gewinnen können, wenn wir eingesehen haben, daß sich die Gegenstände nach der Erkenntnis richten müssen), sondern den göttlichen Intellekt. Die Dinge als erschaffen von Gott sind gemäß seinen Gedanken geschaffen worden, richten sich also notwendigerweise nach seinen Ideen. Der menschliche Intellekt ist auch von Gott geschaffen, muß also auch der göttlichen Idee gerecht sein.

Ein ens creatum ist auch der intellectus humanus. Er muß als das von Gott dem Menschen verliehene Vermögen seiner idea genügen. Ideegerecht ist aber der Verstand nur dadurch, daß er in seinen Sätzen die Angleichung des Gedachten an die Sache vollzieht, die ihrerseits der idea gemäß sein muß. Die Möglichkeit der Wahrheit menschlicher Erkenntnis gründet, wenn alles Seiende ein «geschöpfliches» ist, darin, daß Sache und Satz in gleicher Weise ideegerecht und deshalb aus der Einheit des göttlichen Schöpfungsplanes aufeinander zugerichtet sind (S. 76). Wir haben hier eine Rechtfertigung für das Stimmen im Sinne der Aussagewahrheit durch das Zugeordnetsein von Mensch und Sache gemäß dem Schöpfungsplan. *Veritas meint im Wesen überall die convenientia, das Übereinkommen des Seienden unter sich als eines Geschaffenen mit dem Schöpfer, ein «Stimmen» nach der Bestimmung der Schöpfungsordnung* (S. 76f).

Es geht Heidegger keineswegs etwa darum, diese Deutung zu rechtfertigen, sondern vielmehr aufzudecken, wie sie im Mittelalter ihre Rechtfertigung fand und dann auf den sonderbaren Sachverhalt hinzuweisen, daß diese Deutung der Wahrheit als Übereinstimmung auch da erhalten bleibt, wo die mittelalterliche Position verlassen ist. Da tritt an Stelle des Schöpfergottes die Weltvernunft. *An die Stelle der theologisch gedachten Schöpfungsordnung rückt die Planbarkeit aller Gegenstände durch die*

Weltvernunft, die sich selbst das Gesetz gibt und daher auch die unmittelbare Verständlichkeit ihres Vorgehens ... beansprucht (S. 77). Selbst da, wo diese Position verlassen ist, bleibt die Auslegung der Wahrheit als Richtigkeit der Übereinstimmung weiter bestehen, erhält eine quasi absolute Gültigkeit, und man vergißt, wie diese Deutung ursprünglich rechtfertigt wurde.

Der so eingebürgerte Wahrheitsbegriff erscheint als selbstverständlich, das heißt einer weiteren Begründung nicht bedürftig. Gegen diese Selbstverständlichkeit geht Heidegger an, sie wird für ihn fragwürdig, so wie auch fragwürdig wird die Auffassung, daß es auch ein Gegenteil der Wahrheit geben muß, nämlich die Unwahrheit.

Ist die selbstverständliche Auffassung von der Wahrheit als Übereinstimmung nicht so zu retten, daß wir die Sachwahrheit auf die Satzwahrheit reduzieren – können wir uns dabei nicht sogar auf Aristoteles berufen und die Auffassung, daß *die Wahrheit die Übereinstimmung* (ὁμοίωσις) *einer Aussage* (λόγος) *mit einer Sache* (πρᾶγμα) *ist*? (S. 78). Allerdings sind wir an die Ausführungen in *Sein und Zeit* erinnert, da wurde gezeigt, daß die Berufung auf Aristoteles nicht den Kern der Sache trifft.

Was heißt überhaupt Übereinstimmung? Das ist die nächste Frage, die geklärt werden muß. Sie entspricht der zweiten Etappe innerhalb des ersten Denkschrittes. Zunächst können wir von Übereinstimmung zwischen zwei Dingen sprechen. Und zwar dann, wenn sie dasselbe Aussehen haben. Sie kommen dann überein in bezug auf ihr Aussehen. Sie werden keineswegs eins, sondern jedes bleibt, was es ist – aber das Gemeinsame ist eben die Selbigkeit des Aussehens. Im Zusammenhang mit der Wahrheitsfrage ist jedoch eine andere Übereinstimmung gemeint, nämlich die zwischen der Aussage und der Sache.

Wie können aber zwei so verschiedene «Dinge» wie Satz und Sache übereinstimmen? Nehmen wir als Beispiel den Satz: Dies Haus ist groß. Das Haus ist aus Stein gebaut, der Satz ist überhaupt nicht materiell. Im Haus können wir wohnen, wir können es vermieten, verkaufen – auf den Satz trifft all das nicht zu. Inwiefern kann dann von Übereinstimmung gesprochen werden? Wie kann sich der nicht-haushafte Satz dem Haus angleichen, wenn er etwas über das Haus aussagt? Das kann natürlich nicht besagen, daß der Satz zum Haus wird, sondern er muß Satz bleiben, wenn er etwas aussagen soll. Offenbar meint hier die Angleichung des Satzes (Aussage) an die Sache (Ding) eine bestimmte Art von Beziehung. Aber welcher Art ist sie?

Heidegger nennt sie eine vor-stellende Beziehung, wobei die Aussage auf das Ding ausgerichtet ist und so vom Ding sagt, wie es mit ihm in dieser bestimmten Hinsicht bestellt ist. Dabei ist das Vorstellen nicht psychologisch gemeint, als ein bestimmter Bewußtseinsakt, mit der und der Struktur, sondern im Vor-stellen denkt Heidegger *das Entgegenstehenlassen des Dinges als Gegenstand* (S. 79). Wie kommt so etwas zustande? Oder anders formuliert: Was geschieht beim so verstandenen Vor-stellen? *Das Entgegenstehende muß als das so Gestellte ein offenes Entgegen durchmessen und dabei doch in sich als das Ding stehenbleiben und als ein Ständiges sich zeigen* (S. 79).

Die Hütte in Todtnauberg

Konnte bis jetzt der Eindruck entstehen, als ob Heidegger nichts anderes täte als einfach einen Sachverhalt getreu zu beschreiben, so sehen wir jetzt unmißverständlich, daß jede «pure» Beschreibung längst verlassen ist. Wir sind vielmehr bei einer Deutung, durch die uns dies rätselhafte Phänomen des Begegnens und Verstehens von Seiendem erhellt werden soll. Wie geschieht das hier? Keineswegs in Husserls Weise der Erklärung der Transzendenz des Bewußtseins vermittels der Intentionalität. Alles Bewußtseinstheoretische wird ausgeklammert. Damit der Aussagende ein Ding als Gegen-stand vor- stellen kann, muß das Ding sich zeigen, es muß in einen Bereich gelangen, den Heidegger den des Offenen nennt, wir könnten auch sagen einen Bereich des Unverborgenen. Was dazu führt, daß ein Bereich des Offenen zustande kommt, wird hier nicht erörtert, bloß ein mögliches Mißverständnis abgelehnt, nämlich daß dieser Bereich vom Subjekt (Vorstellenden) geschaffen wäre. Daß also der Vorstellende im Vorstellen bestimmt, wie das Seiende sich zu zeigen hat. Diese Möglich-

Blick aus dem Arbeitszimmer

keit weist Heidegger ab. Der Bereich des Offenen wird vom Vorstellenden nicht geschaffen, sondern er selbst hat sich auch in diesen Bereich zu stellen. Dabei ereignet sich ein Verhältnis zwischen Vorstellendem und Vorgestelltem, das Heidegger als das Verhalten denkt, das *seine Auszeichnung darin* hat, *daß es, im Offenen stehend, je an ein Offenbares als ein solches sich hält* (S. 80).

In der ersten Fassung des Vortrages hieß es: *Die Mitgift jedes Verhaltens als solchen enthält den inneren Auftrag zum Sicheinspielen auf das, wozu das Verhalten sich verhält und wie es sich dazu verhält. Das Sicheinspielen des Verhaltens ist dabei ein Sichöffnen für das, wozu es sich verhält und damit in eins ein Offensein zu ihm dem Verhalten selbst.* Und weiter: *Das Verhalten ist offenbarendes Sicheinspielen auf ...*

In der Druck-Fassung nimmt Heidegger gleich Bezug darauf, daß das in dem Verhalten Offenbar-werdende bei den Griechen gedacht wird als das Anwesende. Damit ist auf die Dimension hingewiesen, die in diesem Vortrag ausgemessen werden soll – nämlich die europäische Metaphysik.

Wie ist das Verhalten näher zu denken? Heidegger nennt es das offenständige Verhalten, denn es geht bei ihm darum, daß im Verhalten Seiendes begegnen können soll, und das kann es, weil das Verhalten ein Im-Offenen-stehen ist und zugleich selbst offen für das, was ihm da begegnet, eben das Offenbare. Selbstverständlich muß bei diesem Begriff jeglicher religiöse oder theologische Beiklang ausgeschaltet werden. Das Offenbare ist einfach das Anwesende, das in seiner Anwesenheit zugänglich ist, was keineswegs besagen muß, daß diese Anwesenheit als solche thematisch wird. Das Offenbare ist das, was sich dem Dasein zeigt. Nun ist es allerdings nicht so zu denken, als ob einfach wie auf der Bühne Seiendes aufmarschieren würde und es genügte, das schlicht festzuhalten oder zu erblicken, vielmehr variiert die Weise der Offenständigkeit je nach der Weise des Verhaltens. Das Verhalten ist keineswegs ein passives Aufnehmen, sondern im Verhalten und durch es kommt die Offenständigkeit zum Tragen. *Jedes Werken und Verrichten, alles Handeln und Berechnen hält sich und steht im Offenen eines Bezirks, innerhalb dessen das Seiende als das, was es ist und wie es ist, sich eigens stellen und sagbar werden kann* (S. 80). Es sei hier nicht darauf eingegangen, wie in diesem Sich-stellen des Seienden es auf verschiedene Weise gegenwärtig werden kann, je nach dem Zugang zu ihm, genauer, je nach der Offenheit, in der es in Erscheinung tritt. Die Wandlungen dieser Offenheit betreffen gerade das eigentlich Geschichtliche.

Das Sich-zeigende offenbare Seiende wird von der Aussage getroffen, wenn die Aussage sich ihm unterstellt oder sich auf es einspielt. Dabei sagt die Aussage, wie es um dieses Sich-zeigende bestellt ist. So richtet sich die Aussage nach dem Seienden, wenn sie aus dem Seienden selbst die Weisung des Sagens entnimmt. *Das dergestalt sich anweisende Sagen ist richtig (wahr). Das so Gesagte ist das Richtige (Wahre)* (S. 80).

Die Aussage ist nicht ein allmächtiges Instrument, durch das wir des Seienden sozusagen habhaft werden, sondern die Aussage hängt ab von unserer Offenständigkeit, da nur auf Grund der Offenständigkeit des Daseins sich überhaupt Seiendes zeigen kann und wir von ihm selbst die Anweisung erhalten können, etwas über es zu sagen, das auf es zutrifft, oder gemäß einer früheren Formulierung uns auf es einzuspielen vermögen. Das Richtmaß für die Aussage muß vom Seienden selbst herkommen, wir dürfen es nicht einfach überfallen und ihm etwas aufdrängen, aufzwingen. Wenn so etwas geschieht, vergewaltigen wir das Seiende, was in der Tat im Bereich der Möglichkeit liegt.

Warum wurde dieser Sachverhalt so ausführlich dargelegt? Weil er der Drehpunkt ist für eine Entfaltung der Wahrheitsproblematik, die über das traditionelle Verständnis, wie es sich bis zur Gegenwart durchgehalten hat, hinausgeht. Denn wenn jegliches Aussagen abhängt von der Möglichkeit der Offenständigkeit des Daseins, von der Offenständigkeit seines Verhaltens, dann kann dieses offenständige Verhalten *mit ursprünglichem Recht als das Wesen der Wahrheit gelten* (S. 80).

Damit kommen wir zur dritten Entfaltung innerhalb des ersten Frageschrittes, nämlich zur Frage nach dem *Grund der Ermöglichung einer*

Richtigkeit (S. 81). Die Situation, in der wir uns befinden, wird durch folgende Fragen verdeutlicht:

Woher hat das vorstellende Aussagen die Weisung, sich nach dem Gegenstande zu richten und gemäß der Richtigkeit zu stimmen? Warum bestimmt dieses Stimmen das Wesen der Wahrheit? Wie allein kann dergleichen wie die Leistung der Vorgabe einer Richte und die Einweisung in ein Stimmen geschehen? (Die Antwort lautet:) *Nur so, daß sich dieses Vorgeben schon freigegeben hat in ein Offenes für ein aus diesem waltendes Offenbares, das jegliches Vorstellen bindet* (S. 81). Wir müssen also bei diesem Frageschritt den Grund freilegen, der so etwas wie das Sichrichten nach dem Seienden ermöglicht. Das Sich-freigeben für das offenbare Seiende ist *Freisein zum Offenbaren eines Offenen* (S. 81). Damit erhält das Nachdenken über das Wesen der Wahrheit eine unerwartete Wendung, denn nun zeigt sich: *Das Wesen der Wahrheit ist die Freiheit* (S. 81).

Bis jetzt konnte vielleicht der Eindruck entstehen, Heidegger rechtfertige nur den überlieferten Wahrheitsbegriff gleichsam transzendentalphilosophisch. Daß dies nicht der Fall ist, ist jetzt unbezweifelbar. Denn die Rückführung des Wesens der Wahrheit auf die Freiheit ist nicht nur ungewohnt, sondern geradezu eine Herausforderung. Es sei denn, wir versuchten diese These Heideggers umzubilden, zu verharmlosen, indem wir behaupten: selbstverständlich gehört zur Aussage so etwas wie Freiheit, nämlich in dem Sinne, daß wir sie tun oder lassen können. Dies Mißverständnis ist im Text sofort abgewiesen. *... jener Satz meint ja nicht, zum Vollzug der Aussage, zu ihrer Mitteilung und Aneignung gehörte ein ungezwungenes Handeln, sondern der Satz sagt: die Freiheit ist das Wesen der Wahrheit selbst* (S. 81). Also das, was die Wahrheit trägt und ermöglicht. Das ist nun keineswegs im traditionellen Wahrheitsbegriff mitgedacht.

Auf die verschiedenen Bedenken zu dieser These braucht nicht eingegangen zu werden; sie gehen nämlich von einem selbstverständlichen Verständnis dessen, was Freiheit ist, aus. Die Leitvorstellung dabei ist *die Freiheit ist eine Eigenschaft des Menschen* (S. 82). Wenn diese selbstverständliche Vorstellung ihre Gültigkeit verliert, ja wenn sie gar nicht in dem Bereich liegt, in dem sich Heidegger bei dieser Rückfrage bewegt, muß das Wesen der Freiheit eigens in die Frage gestellt werden. Damit ist eindeutig der traditionelle Bereich des Fragens nach der Wahrheit verlassen – die Frage hält sich nun in einem Bereich auf, der ungewohnt ist und deswegen befremdlich anmutet.

Mit dem neuen Einsetzen des Fragens – im Sinne der Erörterung der *Freiheit als Grund der Wahrheit* – beginnt der zweite Denkschritt dieser Schrift. In ihm wird nicht nur das Wesen der Wahrheit erfragt, sondern zugleich auch das Wesen des Menschen selbst. Die Fragerichtung ist gleich zu Beginn des 4. Kapitels gezeigt: *... die Freiheit ist nur deshalb der Grund der inneren Möglichkeit der Richtigkeit, weil sie ihr eigenes Wesen aus dem ursprünglicheren Wesen der einzig wesentlichen Wahrheit empfängt* (S. 83). Wir sind mit dem Fragen nach dem Wesen der Freiheit nicht am Ende, sondern müssen noch einen Schritt weiter zurückgehen, um zu sehen, was die Freiheit selbst trägt und ermöglicht. Um in dieser Richtung fortzuschreiten, gilt es zuvor zu erörtern, wie die Freiheit hier zu denken ist.

Bisher zeigte sich die Freiheit als Offenständigkeit des Menschen. Im Bereich des Offenen stehend, vermag er sich dem darin sich zeigenden Offenbaren zu unterstellen, sich an es zu binden. Mit dieser Bindung geschieht das, was Heidegger das *Sein-lassen* nennt. Ein Wort, das wiederum leicht mißverstanden werden kann, da es im gewöhnlichen Sprachgebrauch die Bedeutung des Absehens von ..., der Unterlassung, der Gleichgültigkeit hat. Für Heidegger bedeutet *Sein-lassen ... das Sicheinlassen auf das Seiende* (S. 83). Das Sein-lassen ist keine beliebige Tätigkeit des Menschen, sondern das, wodurch er zum Da-sein wird, also zum Wesen, das durch den Bezug zum Offenen bestimmt ist. *Seinlassen ... bedeutet, sich einlassen auf das Offene und dessen Offenheit, in die jegliches Seiende hereinsteht ...* (S. 84).

Das Offene wurde von den Griechen gedacht als das Unverborgene (τὰ 'αληθέα). Indem das Dasein sich im Offenen hält, vermag es auf das darin sich zeigende Offenbare einzugehen, sozusagen es selbst zu Wort kommen zu lassen, und das heißt wiederum für das Vorstellen, sich das Richtmaß vom Seienden selbst geben zu lassen. Seiendes entbergen und sich an Seiendes binden sind nicht zwei verschiedene Vorgänge, sondern eines und dasselbe. Das Dasein setzt sich dem Seienden aus – es ist ek-sistent. Existieren heißt hier nicht das Ergreifen bestimmter Seinsmöglichkeiten im Sinne der Verwirklichung des Selbst, sondern dieses eigenartige Sein-lassen, das all unserem Verhalten voraufgeht. Die Freiheit selbst ist ek-sistent: *die Aussetzung in die Entborgenheit des Seienden* (S. 84).

Auf diese Entborgenheit sammelt sich ganz explizit Heideggers Denken, sie zu fassen und zu sagen, sie auseinanderzulegen, vor unseren einsichtigen Blick zu bringen, damit ringt er. Die Entborgenheit wird gleichsam zum Grund des Menschen, er ist nur aus diesem Grund her zu fassen. Im *ek-sistenten Sich-ein-lassen* (S. 84) wird vom Menschen die Entborgenheit verwahrt. Ist dies der tragende Grund des von Heidegger gedachten Menschen, dann wird deutlich, warum statt vom Menschen seit *Sein und Zeit* vom Dasein gesprochen wird, denn im Offenen sein, im Offenen stehen und Offenbares seinlassend ist der Mensch erst Mensch. In dem Augenblick, *da der erste Denker fragend sich der Unverborgenheit des Seienden stellt mit der Frage, was das Seiende sei* (S. 85), wird die Unverborgenheit erfahren. Dieser Augenblick ist nach Heidegger deswegen ein ausgezeichneter, weil er zugleich das Anfangen der geschichtlichen Existenz bedeutet – der Geschichte des Abendlandes. Es ist der Augenblick, da bei den Griechen das Seiende als φύσις erfahren wird. Zugleich mit dem Beginn der Geschichte wird die Natur erfahren, die selbst geschichtslos ist. Geschichte geschieht in der jeweiligen Offenständigkeit des Daseins. Das, was sonst Geschichte genannt wird, die Perioden von Herrschern, von Kriegen und ähnlichem ist nur etwas Sekundäres gemessen an der Offenheit, in der je ein Menschentum steht, das es verwahrt und das sein Verhalten zum Seienden insgesamt trägt.

Dieser Sachverhalt läßt Heidegger sagen: *Der Mensch «besitzt» die*

Freiheit nicht als Eigenschaft, sondern höchstens gilt das Umgekehrte: die Freiheit, das ek-sistente, entbergende Da-sein besitzt den Menschen und das so ursprünglich, daß einzig sie einem Menschentum den alle Geschichte erst begründenden und auszeichnenden Bezug zu einem Seienden im Ganzen als einem solchen gewährt (S. 85).

Im Sein-lassen des Seienden geschieht Wahrheit. . . . *die Wahrheit ist die Entbergung des Seienden, durch die eine Offenheit west* (S. 86). Wir haben gleich die Tendenz, das so zu verstehen, als ob die Offenheit eine Leistung des Menschen wäre, auf Grund derer er über das Seiende verfügt. Das ist nicht gesagt, sondern vielmehr, daß jegliches Verhalten durch die Offenheit getragen ist, in die der Mensch gestellt ist. Die vorher erläuterte Richtigkeit, im Sinne der Angleichung an das vorstellig gewordene Seiende, ist nur möglich, wenn das Dasein als offenständiges begriffen wird.

Die Wahrheit ist hier konsequent als der Grund gedacht, der die Offenständigkeit ermöglicht, und zugleich ist darauf verwiesen, daß der Mensch in die so verstandene Wahrheit als Entborgenheit hinaussteht, so daß seine Grundentscheidungen sich auf die Deutung des Seienden im Ganzen beziehen. Das ist die Wahrheit im Sinne der a l e t h e i a.

Die Schwierigkeiten, auf die wir hier stoßen, liegen nicht in der schwer verständlichen Sprache Heideggers, sondern darin, daß Heidegger in einen Bereich vorstößt, der unvertraut ist. Dieses Unvertraute kann nicht mit vertrauten Wörtern zugänglich gemacht werden, aber auch nicht mit ganz fremden. Heidegger versucht hier, eine Grunderfahrung für das Geschichtlichsein des Menschen freizulegen. Der Horizont der Geschichte ist der der möglichen Deutungen des Seienden als eines solchen, wobei die jeweilige Deutung, das jeweilige epochale Verstehen des Seienden, das gesamte Verhalten des Daseins trägt. Aber warum gerade die Deutung des Seienden als p h y s i s die erste ist und warum später bestimmte andere folgen, das können wir nicht sagen – wohl müssen wir danach fragen, was mit jeder Deutung impliziert ist, ohne daß es zunächst eigens gesehen wäre.

Je weiter wir beim Wahrheitsvortrag vorstoßen, desto schwieriger wird der Sachverhalt. Es ist ein Vorstoß in vollkommenes Neuland. Geschieht durch eine Deutung eine Vereinfachung, so sind wir sofort geneigt, sie zu akzeptieren, wird uns dagegen durch eine Deutung eine ungewohnte Schwierigkeit zugemutet, so weisen wir sie zurück. Das scheint für die heutige Stellung zu Heidegger insgesamt zuzutreffen. Da, wo er die Anstrengung des Denkens fordert – dazu nicht einmal die Versicherung gibt, die absolute Wahrheit zu besitzen – wird er abgelehnt bzw. ignoriert. Allerdings kommt es ihm selbst nicht auf Ablehnung oder Zustimmung an, sondern darauf, einen neuen Weg des Denkens zu bahnen, und zwar in immer neuen Ansätzen. Es wird viel Zeit vergehen müssen, bis diese Ansätze verstanden werden; heute ist das noch nicht der Fall.

Wir waren davon ausgegangen, daß der Mensch im Vorstellen das Seiende selbst vorstellig werden lassen kann und sich so an es bindet – weil die Wahrheit in ihrem Wesen Freiheit ist. Aber gerade dieser Zug ermöglicht es auch, daß der Mensch das Seiende nicht so sein läßt, wie es ist, sondern verdeckt und verstellt. Das ist die Herrschaft des Scheins – das Walten des Unwesens der Wahrheit. Ist aber die Freiheit keine Eigenschaft des Menschen, sondern existiert er vielmehr «als Eigentum» derselben, dann darf auch die Unwahrheit nicht einfach dem Menschen zugeschrieben werden als ein Versagen. *Wenn das Wesen der Wahrheit sich nicht in der Richtigkeit der Aussage erschöpft, dann kann auch die Unwahrheit nicht mit der Unrichtigkeit des Urteils gleichgesetzt werden* (S. 87).

Die Frage nach dem Zusammenhang von Wahrheit und Unwahrheit ist weiterzuverfolgen, das ist die zweite Stufe innerhalb des zweiten Denkschrittes. Zuerst erfahren wir eine neue, weitergehende Bedeutung der Stimmung, die uns aus *Sein und Zeit* als Existenzial vertraut ist. War dort die Stimmung im Zusammenhang mit dem Moment der Geworfenheit analysiert und zugleich als ursprüngliche Weise des Erschließens von Welt, so wird sie hier als Bekundung der ursprünglichen Offenheit genommen, die unserem Bezug zum Seienden im Ganzen entspricht und von ihm getragen ist. Gestimmtsein heißt *eine ek-sistente Ausgesetztheit in das Seiende im Ganzen* (S. 87).

Die vorherige Analyse der Stimmung ist dadurch keineswegs hinfällig geworden, aber Heidegger begnügt sich nicht damit, sondern er sucht nach einer Grund-stimmung und findet sie im ursprünglichen Bezug zum Seienden im Ganzen. *Das Verhalten des Menschen ist durchstimmt von der Offenbarkeit des Seienden im Ganzen* (S. 88). Wir halten uns gewöhnlich an das jeweils offenbare, einzelne Seiende; das Seiende im Ganzen wird gerade nicht zum Thema. Das besagt, daß das, was uns stimmt, sich gerade verbirgt. Im Sein-lassen selbst haben wir zugleich das Sich-einlassen auf das jeweilige Seiende und die Verbergung des Seienden im Ganzen. *In der ek-sistenten Freiheit des Daseins ereignet sich die Verbergung des Seienden im Ganzen, ist die Verborgenheit* (S. 88).

Wie ist und ist überhaupt die Verborgenheit dem Denken zugänglich? *Die Verborgenheit ist . . . von der Wahrheit als Entborgenheit her gedacht, die Un-entborgenheit und somit die dem Wahrheitswesen eigenste und eigentliche Un-wahrheit* (S. 89). Jedes Entbergen kann nur stattfinden auf dem Grund von Verborgenheit. Indem das Dasein Seiendes sein-läßt, verhält es sich zur Verborgenheit, allerdings so, daß ihm die Verborgenheit selbst verborgen bleibt. Das ist für Heidegger das *Geheimnis.*

Im entbergenden und zugleich verbergenden Seinlassen des Seienden im Ganzen geschieht es, daß die Verbergung als das erstlich Verborgene erscheint (S. 89). Das heißt, daß das Denken, welches auf das Seiende im Ganzen hinausdenkt, auf die Verborgenheit stößt, sie als das ursprüngliche Wesen der Wahrheit und das heißt als Un-wahrheit erfährt. Zwar ist die Verborgenheit das Tragende für alles Entbergen, aber gewöhnlich, und das heißt in der Tradition, sind wir so sehr an das Entborgene gefesselt, daß die Verborgenheit selbst – das Geheimnis – der Vergessenheit anheimfällt. Das geschieht auch in der Metaphysik, die zwar auf das Seiende als solches hinausdenkt und in ihrer Entfaltung verschiedene Bedeutungen des Seienden zum Tragen bringt, die Verborgenheit selbst aber nicht zum Thema macht.

Durch das Vergessen des Geheimnisses wird dieses nicht etwa ohnmächtig, sondern der Rückschlag dieses Vergessens äußert sich darin, daß der Mensch sich an das je «Gangbare» klammert und sich zugleich aufspielt als der absolute Herr des Seienden. Das so seiende Dasein ist in-sistent, es versteift sich auf das, was das Seiende ihm gerade darbietet, und verwehrt geradezu jeden Versuch danach, zurückzufragen, was alles Entbergen ermöglicht. Hatten wir die Offenheit des Daseins durch das Eksistieren zu fassen versucht, so sagt Heidegger nun, daß das ek-sistente Dasein zugleich in-sistent ist.

Insistierend ist der Mensch der Irre ausgeliefert. *Die Umgetriebenheit des Menschen weg vom Geheimnis hin zum Gangbaren, fort von einem Gängigen, fort zum nächsten und vorbei am Geheimnis, ist das Irren* (S. 92). *Die Irre ist das wesentliche Gegenwesen zum anfänglichen Wesen der Wahrheit* (S. 92). Dieses anfängliche Wesen zeigte sich als die Unwahrheit im Sinne der Verborgenheit. Weil die Irre aus dem Wesen der Wahrheit stammt, vermag der Mensch aus ihr zu diesem Wesen vorzudringen. *Dann enthüllt sich der Grund der Verflechtung des Wesens der Wahrheit mit der Wahrheit des Wesens* (S. 93). Das geschieht in dem Denken, das dem Sein selbst nachdenkt – Heidegger nennt es hier die Philosophie. Später wird er die Philosophie von dem Denken ausdrücklich abheben.

Zum Schluß sei der Rückblick zitiert, in dem Heidegger den Gang noch einmal zusammenfaßt. *Der hier vorgetragene Versuch führt die Frage nach dem Wesen der Wahrheit über das Gehege der gewohnten Umgrenzungen im üblichen Wesensbegriff hinaus und verhilft zum Nachdenken darüber, ob die Frage nach dem Wesen der Wahrheit nicht zugleich und zuerst die Frage nach der Wahrheit des Wesens sein muß. Im Begriff des «Wesens» aber denkt die Philosophie das Sein. Die Rückführung der inneren Möglichkeit der Richtigkeit einer Aussage auf die ek-sistierende Freiheit des Seinlassen als ihren «Grund», insgleichen die Vordeutung auf den Wesensanfang dieses Grundes in der Verbergung und der Irre, möchten darauf hinzeigen, daß das Wesen der Wahrheit nicht das leere «Generelle» einer «abstrakten» Allgemeinheit ist, sondern das sich verbergende Einzige der einmaligen Geschichte der Entbergung des «Sinnes» dessen, was wir das Sein nennen und seit langem nur als das Seiende im Ganzen zu bedenken gewohnt sind* (S. 95f).

Der dritte Schritt dieses Denkens, nämlich die Wandlung des Satzes – das Wesen der Wahrheit ist die Wahrheit des Wesens – ist hier nicht vollzogen, das sollte in einem zweiten Vortrag geschehen.

Versuchen wir einen Vergleich zu *Sein und Zeit*, so ist in *Sein und Zeit* der traditionelle Wahrheitsbegriff in Frage gestellt und die traditionelle Auffassung, daß der Ort der Wahrheit das Urteil ist. Die Wahrheit wird im Zusammenhang mit der neuen Deutung des Daseins als In-der-Welt-sein als Wahrheit der Existenz, das heißt als Entschlossenheit gedacht. Anders ausgedrückt: die Ent-schlossenheit ist die Voraussetzung für den Bezug des Menschen zum Seienden, in welchem Bezug das Seiende zugänglich wird, erscheint, sich als wahres zeigt. Im Wahrheitsvortrag ist die Situation geändert. Grob gesprochen – es wird nicht vom Dasein her auf die Wahrheit zu gedacht, sondern von der Wahrheit her das Dasein und seine Beziehung zum Seienden neu gesehen. Der Bezug des Menschen zum Seienden zeigt sich als Offenständigkeit und die Offenständigkeit selbst wird als Freiheit gedacht – das heißt als Seinlassen von Seiendem im

Sinne des Sicheinlassens auf das Seiende. Das verweist auf das Unverborgene, in dem allein solch ein Einlassen geschehen kann. Zwar ist hier noch vom Seienden im Ganzen gesprochen und insofern auf die Deutung der Metaphysik verwiesen, die das Seiende im Ganzen zu denken versucht, zugleich ist aber doch diese Deutung in Frage gestellt, wenn es im Schlußkapitel heißt: ... *die Philosophie* ist *als das Erfragen dieser Wahrheit in sich zwiespältig. Ihr Denken ist die Gelassenheit der Milde, die der Verborgenheit des Seienden im Ganzen sich nicht versagt. Ihr Denken ist zumal die Ent-schlossenheit der Strenge, die nicht die Verbergung sprengt, aber ihr unversehrtes Wesen ins Offene des Begreifens und so in ihre eigene Wahrheit nötigt* (S. 94f). Das bedeutet ein Überschreiten der Metaphysik, denn das Denken der Verborgenheit im Wesen der Wahrheit ist von der Metaphysik gerade nicht versucht worden.

Wir waren davon ausgegangen, daß Heideggers Leitfaden in sich gedoppelt ist: Frage nach dem Sein und Frage nach der Wahrheit. Diese Dopplung tritt im Satz: Das Wesen der Wahrheit ist die Wahrheit des Wesens eigens in Erscheinung. Das ist keine spielerische Umkehr, auch keine Aufnahme der überlieferten Wesens-Philosophie im Sinne Platons, sondern verweist darauf, daß wir das, was Wahrheit ist, nur denken können, wenn wir versuchen, das Sein selbst zu denken. Wahrheit des Wesens ist Wahrheit des Seins, wie Heidegger sagt (in der später entstandenen Anmerkung): *Das Subjekt des Satzes ist, falls diese fatale grammatische Kategorie überhaupt noch gebraucht werden darf, die Wahrheit des Wesens* (S. 96). Das Wesen selbst ist verbal zu denken. *Wahrheit bedeutet lichtendes Bergen als Grundzug des Seyns* (S. 96). Die Wahrheit ist dann in ihr Eigenstes gebracht, wenn wir versuchen, die Lichtung zu denken, die jegliches Seiendes zuallererst in Erscheinung treten läßt. Dieser Lichtung wird Heidegger in den nächsten Jahren und Jahrzehnten nachdenken. Stationen auf diesem Weg seien im folgenden erörtert.

Zur Erleichterung ...

... seiner «sehr mißlichen Subsistenz» trug es wenig bei, daß man dem «geschickten und durch seine gelehrten Schriften berühmt gemachten Magister» die Stelle als Unterbibliothekar gab, mit einem Gehalt von 62 Talern im Jahr. Es war die erste feste Anstellung des Mannes, und er war immerhin schon 42 Jahre alt.

Vom elterlichen Haus hatte er nie viel finanzielle Unterstützung erhalten. Der Vater, ein Handwerker, war nun schon zwanzig Jahre tot. Der Sohn verdiente sich als Hauslehrer und Privatdozent einen kümmerlichen Unterhalt, gelegentlich aufgebessert durch kleine Gewinne am Billardtisch. Erst als 46jähriger erhielt er die lange erhoffte Professur und konnte nun über 420 Taler Jahreseinkommen verfügen. 16 Jahre später wurde sein Gehalt auf 620 und zum Schluß auf 750 Taler erhöht. Jetzt endlich konnte er besser leben, Wein trinken (Bier hielt er für schädlich) und seinen geliebten Kabeljau essen, mit Senf, den er sich selber anrührte. Sein Lebenswandel blieb aber dennoch bescheiden, so daß er schließlich über 14 000 ersparte Taler hinterlassen konnte nebst eigenem Haus und Mobiliar.

Immer nach der Mode gekleidet («Man muß lieber ein Narr in der Mode als außer der Mode sein») war der kleine Mann von 157 Zentimetern ein beliebter Gesellschafter seiner Vaterstadt, die er zeitlebens nur für kurze Zeit und kurze Entfernungen verließ. Jede Veränderung, jede Abweichung von seiner gewohnten Ordnung war ihm zutiefst zuwider. Einmal ließ er die Spitzen einiger Pappeln im Nachbargarten kappen, weil sie den seit Jahren vertrauten Blick auf einen Kirchturm allmählich veränderten.

Der Mann, der sein Leben lang kränklich, aber nie krank war, starb kurz vor seinem 80. Geburtstag. Von wem war die Rede?

(Alphabetische Lösung: 11-1-14-20)

KUNST UND ALETHEIA
(«DER URSPRUNG DES KUNSTWERKES», 1935)

Um die Fragestellung des Aufsatzes *Der Ursprung des Kunstwerkes*[14*] zu erörtern, seien einige Leitsätze aus dem Text entnommen und ihre Erläuterung im Zusammenhang versucht. Dabei wird sich zeigen, welche Bedeutung der aletheia bei Heideggers Deutung der Kunst zukommt. Es sind folgende Sätze:

1. *Im Werk der Kunst hat sich die Wahrheit des Seienden ins Werk gesetzt* (S. 25).
2. *Das Aufstellen einer Welt und das Herstellen der Erde sind zwei Wesenszüge im Werksein des Werkes* (S. 36).
3. *Das Wesen der Wahrheit ist in sich selbst der Urstreit, in dem jene offene Mitte erstritten wird, in die das Seiende hereinsteht und aus der es sich in sich selbst zurückstellt* (S. 43).
4. *Das ins Werk gefügte Scheinen ist das Schöne. Schönheit ist eine Weise, wie Wahrheit west* (S. 44).
5. *Bewahrung des Werkes ist als Wissen die nüchterne Inständigkeit im Ungeheuren der im Werk geschehenden Wahrheit* (S. 55).
6. *Alle Kunst ist als Geschehenlassen der Ankunft der Wahrheit des Seienden als eines solchen im Wesen Dichtung* (S. 59).

Der Text beginnt mit einer Ankündigung dessen, worum es geht. Nämlich den Ursprung zu finden, aus dem das Kunstwerk zum Kunstwerk wird. *Ursprung bedeutet hier jenes, von woher und wodurch eine Sache ist, was sie ist und wie sie ist* (S. 7). Im Was- und Wie-sein ist das Wesen gedacht. Der Ursprung des Wesens des Kunstwerkes ist das Erfragte. Es geht also nicht um irgendwelche ästhetischen Erörterungen über das Kunstwerk, um irgendwelche Reflexionen oder Einfälle, sondern um eine strenge Frage, der wir gewöhnlich ausweichen, mit dem Hinweis, daß das doch bekannt sei. Denn Kunstwerke gibt es bloß, weil Künstler sie hervorgebracht haben. Folglich sind die Künstler so etwas wie der Ursprung. Aber ist es andererseits nicht so, daß der Künstler zum Künstler wird, weil er Werke hervorgebracht hat? Dann hinge also sein Künstlersein von den Werken ab? *Der Künstler ist der Ursprung des Werkes. Das Werk ist der Ursprung des Künstlers* (S. 7). Eine merkwürdige gegenseitige Verweisung. Ist nicht die Kunst Ursprung für beide – das Werk und den Künstler? Aber was ist Kunst? Wir kommen nicht weiter, wenn wir nicht das Wesen der Kunst in die Frage einholen. Um zu erfahren, was Kunst ist, müssen wir uns doch an Kunstwerke halten. So hat uns Heidegger gleich zu Beginn in ein zirkelhaftes Fragen hineinversetzt und das nicht einmal verschwiegen, sondern ausdrücklich als notwendige Voraussetzung für unser Vorgehen ausgesprochen. Wir dürfen keine Angst vor diesem Kreisgang haben, sondern müssen uns vielmehr eigens in ihn versetzen, ihn aushalten, austragen. Vielleicht gehört dieser Kreisgang zu allen hermeneutischen Fragen.

---

* Die Seitenangaben in diesem Kapitel verweisen auf *Holzwege* (Frankfurt a. M. 1950). Eine gesonderte Ausgabe des Textes erschien im Reclam-Verlag mit einem Nachwort von Hans Georg Gadamer.

Es handelt sich dabei nicht um ein Überschreiten des bekannten Gebotes, den Zirkel zu vermeiden, wie wir ihn aus der Logik kennen, da ja hier nichts bewiesen und abgeleitet werden soll. Es geht um ein Sehen-lassen, wobei wir um so mehr zu Gesicht bekommen, je näher wir an die Sache herangeführt werden. Das geschieht in der Kreisbewegung, die wir vollziehen müssen: Vom Werk zur Kunst – von der Kunst zum Werk.

Versuchen wir das Kunstwerk zu fassen, so bietet sich als Weg an, es von seinem Dingsein her zugänglich zu machen. Heidegger analysiert die verschiedenen Versuche der Dingbestimmung, die uns bekannt sind: Ding als Träger von Eigenschaften, Ding als Einheit der Mannigfaltigkeit des in den Sinnen Gegebenen, Ding als geformter Stoff. Er unterscheidet das bloße Ding, also das naturhaft Vorliegende, dann das Gebrauchsding (das vom Menschen hergestellte Zeug) und das Werk (im Sinne des Kunstwerkes). Um das Eigene dieser Unterschiedenen sichtbar zu machen, kommen wir mit den angeführten Deutungen nicht weiter. Auch das Form-Inhalt-Schema hilft nicht. Es ist – wie die übrigen Deutungen – *ein Überfall auf das Dingsein des Dinges* (S. 19), und dieser Überfall ist nichts Beliebiges; in ihm zeigt sich die Geschichte der Metaphysik, mit ihren Versuchen das Seiende zu denken.

Wir müssen versuchen, einen anderen Weg zu finden. Es kommt Heidegger nicht so sehr darauf an, zu zeigen, daß diese Versuche uns nicht weiterbringen (obwohl das auch mitspielt), sondern wir sollen aufmerksam werden, wie in solchen gängigen Bestimmungen, wie denen des Dinges, schon die Geschichte der Metaphysik am Werk ist, ohne daß wir uns dessen Rechenschaft geben. Wir meinen, ganz unbefangen an den Sachverhalt heranzugehen und übernehmen doch metaphysische Deutungen des Seienden. Heidegger steht in einer ständigen Auseinandersetzung mit der Metaphysik. Es geht ihm keineswegs darum, von der Metaphysik gegebene Lösungen bzw. Deutungen in eine höhere Synthese überzuführen, sondern einen Weg zu finden, der zugleich einen Abstoß von der Metaphysik darstellt. Der Suche eines Weges wohnen wir hier bei.

Um herauszufinden, was ein Zeug ist, macht Heidegger einen merkwürdigen Umweg. Er nimmt eine künstlerische Darstellung – van Goghs Bildnis der Bauernschuhe. Wir erfahren aus diesem Bild etwas von der Welt des Bauern – seiner Arbeit, seiner Mühsal, seinen Sorgen und Anstrengungen. Plötzlich erhalten wir eine neue Bestimmung von so etwas wie Zeug: die Verläßlichkeit. Was heißt das? Und wie können wir diese Bestimmung rechtfertigen? Beginnen wir mit der Abhebung von der Kennzeichnung von Zeug, die es ausschließlich von der Dienlichkeit her begreift, wie das ja in *Sein und Zeit* geschah, obgleich da auch weitergegangen wurde; über die Bewandtnis zum Eigentümlichen der Umwelt ging die Frage nach der Weltlichkeit der Welt.

Die pure Dienlichkeitsauffassung faßt das Zeug vom bloßen Nutzen her. Das ist ein durchaus konsequentes und naheliegendes Verständnis. Aber es trägt zu kurz. Bleiben wir bei ihm stehen, dann erfahren wir das Zeug in seiner «Verödung», losgelöst von seinem Grund, als pures Instrument. Aber ist das Zeug in der Tat nicht bloßes Instrument? Wird seine Funktion als Mittel dadurch nicht manifest? Überlasten wir es nicht,

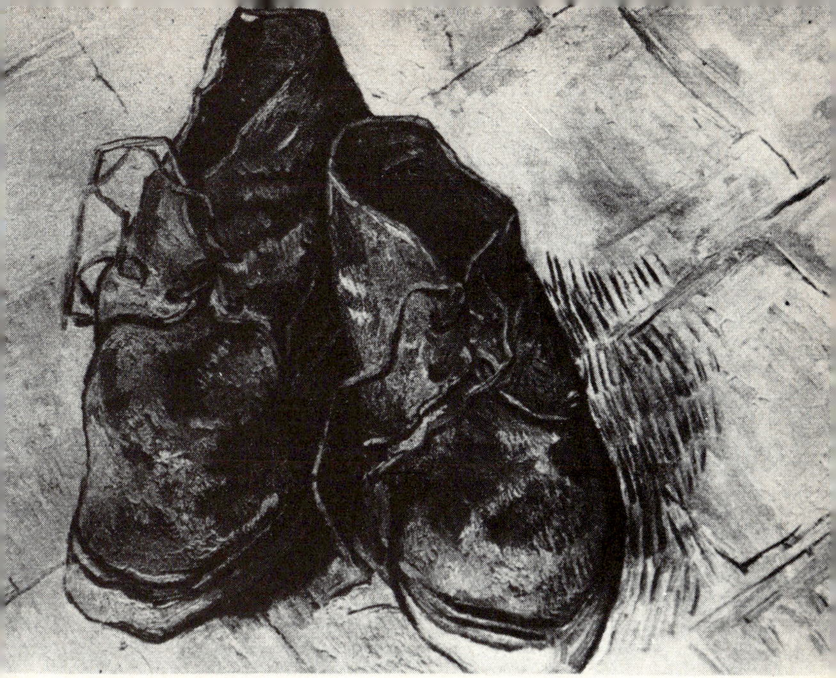

Die Schuhe. Gemälde von Vincent van Gogh

wenn wir ihm mehr aufbürden? Was soll Verläßlichkeit besagen? Daß wir durch das Zeug eingelassen sind in eine Welt und daß das Zeug uns zugleich die Erde, die zu einer Welt gehört (wir könnten vorläufig sagen: die «Natur»), zugänglich macht? Es soll hier nicht untersucht werden, ob diese Funktion von jeglichem Zeug erfüllt wird oder ob es so etwas wie vorzügliches Zeug gibt. Indem Heidegger die Bauernschuhe als Beispiel nimmt, ist mit diesen Schuhen zugleich der Bereich der Arbeit im Sinne der Welt des Bauern gegenwärtig, und dazu gehört auch das, worin sich diese Welt entfaltet, die Erde im Sinne der p h y s i s.

Der Begriff der Erde taucht um diese Zeit in Heideggers Denken neu auf, vermutlich im Zusammenhang der Auslegung der Dichtung Hölderlins, besonders ab 1934/35. In diesem Semester hat Heidegger seine erste große Hölderlin-Vorlesung gehalten mit der erregenden Deutung der Hymnen «Germanien» und «Der Rhein», eine Vorlesung, in der auch die Frage nach der Beziehung von Dichtung und Philosophie behandelt wurde.

Die Quintessenz des Exkurses über das Zeug ist, daß wir über das Kunstwerk (van Goghs Darstellung) erfahren haben, was ein Zeug zu einem Zeug macht: die Verläßlichkeit. Dieses Offenbarwerden des Zeug-Charakters (nicht beim Umgang mit Zeug, sondern bei der Darstellung durch das Kunstwerk) zeigt zugleich, was es mit dem Werk als solchem auf sich hat. Das Werk macht manifest, was ein bestimmtes Seiendes ist. Manifestmachen ist ein anderes Wort für In-Erscheinung-treten-lassen. Im Kunstwerk tritt etwas in Erscheinung – in unserem Fall ein bestimmtes Seiendes: es zeigt sich in dem, was es ist. Mit diesem In-Erscheinung-treten haben wir aber einen ersten Hinweis auf den Bereich der aletheia als Unverborgenheit. So überrascht es nicht, wenn Heidegger sagt: *Im Werk ist, wenn da eine Eröffnung des Seienden geschieht, in dem was und wie es ist, ein Geschehen der Wahrheit am Werk* (S. 25). *Eröffnung des Seienden, in dem was und wie es ist*: das besagt, daß das Seiende in seinem Wesen zugänglich wird. In diesem Fall, daß das Ding von der Verläßlichkeit her vertraut wird, daß diese Verläßlichkeit eigens erfahren ist. Wenn das geschieht, so ist das nichts Geringeres als ein Geschehen der Wahrheit. Wahrheit besagt hier Zugänglich-werden-lassen des Seiendem in seinem Wesen.

Durch das Werk erfahren wir, was das Ding als Zeug eigentlich ist. Zugleich erfahren wir, was das Werk ist, nämlich was im Werk und durch es geschieht, das Zugänglich-werden des Seienden hinsichtlich dessen, was es ist. Wir können selbstverständlich mit dem Zeug umgehen, noch bevor wir es in einem Kunstwerk dargestellt gesehen haben, aber das Kunstwerk führt uns dahin, das Zeug in seinem Zeugsein zu verstehen, also zu sehen, was es zu einem Zeug macht. Die Voraussetzung dafür ist allerdings, daß wir nicht einfach auf das Kunstwerk starren und uns damit begnügen, Ähnlichkeiten des im Kunstwerk dargestellten mit dem früher schon Bekannten festzustellen, sondern daß wir auf das eingehen, was hier geschieht. Es ist nichts Geringeres als das, was wir als ersten Leitsatz nahmen: *Im Werk der Kunst hat sich die Wahrheit des Seienden ins Werk gesetzt. «Setzen» sagt hier: zum Stehen bringen* (S. 25).

Damit sind wir im Zentrum von Heideggers Deutung der Kunst, ohne dieses Zentrum als solches schon eigens gefaßt zu haben. Der Gang der Überlegung verdeutlichte, daß wir das Werk nicht zu fassen bekommen, indem wir sozusagen den dinglichen Unterbau festhalten. Das Werk wird nicht durch diesen Unterbau zum Werk, sondern dadurch, daß sich in ihm etwas zeigt, was vordem nicht gesehen war. Diesem Phänomen des Sichzeigens gilt es nachzugehen, wenn wir das Eigentümliche des Werkes im Vergleich zum Zeug und zum bloßen Ding herausstellen wollen. Anders formuliert: Wenn das Kunstwerk Ins-Werk setzen der Wahrheit ist, müssen wir fragen, wie die Wahrheit zu denken ist im Zusammenhang mit dem Wesen des Werkes.

Zu diesem Zweck wird erneut eine Werkanalyse vorgetragen – die eines griechischen Tempels. War es beim vorigen Beispiel möglich, die Kunst vom Abbilden her zu verstehen, zu meinen, durch das Abbilden erfülle das Werk seine Funktion, so ist das hier nicht möglich. Ein Tempel bildet nichts ab, stellt nichts dar. Und doch geschieht auch hier etwas. *Das Tempelwerk fügt erst und sammelt um sich die Einheit jener Bahnen und Bezüge, in denen Geburt und Tod, Unheil und Segen, Sieg und Schmach, Ausharren und Verfall die Gestalt und den Lauf des Menschenwesens in seinem Geschick gewinnen* (S. 31). Die hier genannten Bezüge sind das, was wir mit Welt bezeichnen. In diesen Bezügen leben und halten sich die Menschen dieser Epoche. Sie bestimmen den Zugang zu dem was ist und auch ihr Selbst-Verständnis.

Friedrich Hölderlin.
Pastellgemälde von
F. K. Hiemer.
Privatbesitz, Stuttgart

Der Tempel läßt jedoch nicht nur die Eigenart der Welt zum Vorschein kommen. Er wird an einem bevorzugten Ort errichtet. Durch sein Dastehen kommt der Ort selbst eigens zum Vorschein. Genauer gesagt: es ist nicht der Ort als beliebiger Platz, sondern es ist das, worin jeder Ort gründet, griechisch gedacht die p h y s i s, in der Sprache Heideggers die *Erde*. Welt und Erde müssen näher bestimmt werden, wenn das Eigentümliche des Kunstwerkes darin bestehen soll, beide zueinander zu bringen und in eins sie eigens erscheinen zu lassen.

Welt ist nicht die bloße Ansammlung von vorhandenen abzählbaren oder unabzählbaren, bekannten und unbekannten Dingen. Welt ist aber auch nicht nur ein eingebildeter, zur Summe des Vorhandenen hinzu vorgestellter Rahmen. Welt weltet und ist seiender als das Greifbare und Vernehmbare, worin wir uns heimisch glauben. Welt ist nie ein Gegenstand, der vor uns steht und angeschaut werden kann. Welt ist das immer Ungegenständliche, dem wir unterstehen, solange die Bahnen von Geburt und

Das Aufstellen einer Welt und das Herstellen der Erde sind zwei Wesenszüge im Werksein des Werkes (S. 36).

Im Aufstellen der Welt und Herstellen der Erde ist das Werk ein Werk. Das In-sich-Ruhen des Werkes, das es vom bloßen Ding und dem Zeug unterschied, geschieht in diesen beiden Weisen des Stellens. Kann aber Ruhe geschehen? Ist das nicht ein Widerspruch? *Nur das Bewegte kann ruhen. Je nach der Art der Bewegung ist die Weise der Ruhe. In der Bewegung als bloßer Ortsveränderung eines Körpers ist die Ruhe freilich nur der Grenzfall der Bewegung. Wenn Ruhe die Bewegung einschließt, so kann es eine Ruhe geben, die eine innige Sammlung der Bewegung, also höchste Bewegtheit ist, gesetzt, daß die Art der Bewegung eine solche Ruhe fordert* (S. 37).

Um die Ruhe zu fassen, müssen wir die Bewegtheit, um die es hier geht, deutlicher herausstellen. Das vollzieht Heidegger, indem er der Spannung von Welt und Erde nachgeht, diese Spannung noch deutlicher herausstellt, eine Spannung im Sinne des Streites, das heißt der Auseinandersetzung, die die Partner nicht aufhebt, in eine höhere Synthese überführt, etwa im Sinne der Dialektik, sondern als Spannung stehen läßt. Diesen Gedanken hat Heraklit auf seine Weise schon ausgesprochen.

Der Gegen-satz von Welt und Erde zeigt sich zuerst als Gegensatz des Sich-öffnenden und des Sich-verschließenden. In der Welt finden wir den Bereich der Offenheit, in dem sich die Entscheidungen entfalten können. Je nach der Weise der Offenheit – wurde gezeigt – unterscheiden sich die geschichtlichen Welten. Das ist nicht schwer nachzuvollziehen, überraschender ist dagegen das Denken der Erde. *Die Erde ist das zu nichts gedrängte Hervorkommen des ständig Sichverschließenden und dergestalt Bergenden* (S. 37). In dieser Darstellung klingt die griechisch erfahrene physis mit. Die Erde als das aus sich Heraustreten und in sich Zurückbergen, als das Sich-Entfaltende und das Entfaltete in sich Zurücknehmende.

In der Deutung von Hölderlins Gedicht «Wie wenn am Feiertage ...» sagt Heidegger von der physis: «**Φύσις** *ist das Hervorgehen und Aufgehen, das Sich-öffnen, das aufgehend zugleich zurückgeht in den Hervorgang und so in dem sich verschließt, was je einem Anwesenden die Anwesung gibt ...* **Φύσις** *ist das aufgehende In-sich-zurück-Gehen und nennt die Anwesung dessen, was im so wesenden Aufgang als dem Offenen verweilt*» (*Erläuterungen zu Hölderlins Dichtung*, S. 55). Hier ist allerdings die physis so weit gedacht, daß sie der Name für das Sein wird, für das, was im Kunstwerk-Aufsatz in das Gegensätzliche von Welt und Erde auseinandergespannt ist.

Es gibt keine Welt ohne Erde, keine Offenheit, die sich nicht als Offenheit sozusagen niederlassen kann – auf der Erde. *Die Welt gründet sich auf die Erde* (S. 37). Zugleich ist aber die Erde das, was sich im Offenen zeigt und was wir erfahren als die Stätte des Sich-gründens, des Niederlassens. Diese Stätte ist nicht als leerer Raum zu denken, sondern als das, worin der Mensch sich niederläßt. Die gegenseitige Angewiesenheit von Welt und Erde formuliert Heidegger folgendermaßen: *Die Erde kann das Offene der Welt nicht missen, soll sie selbst als Erde im befreiten Andrang ihres Sich-*

Georg Wilhelm Friedrich Hegel. Gemälde von Jack Schlesinger

verschließens erscheinen. Die Welt wiederum kann der Erde nicht entschweben, soll sie als waltende Weite und Bahn alles wesentlichen Geschickes sich auf ein Entschiedenes gründen (S. 38).

Im Werk findet dieser Streit seinen Austrag. Es sei jetzt nicht erörtert, ob dieses Streithafte, das am Beispiel des Tempels vorbildlich sichtbar gemacht werden konnte, in allen Künsten in gleicher Weise stattfindet.

Der Gang der Überlegung kehrt zurück zu der angeführten Behauptung, daß in der Kunst die Wahrheit des Seienden ins Werk gesetzt wird. Heideggers Kreisbewegung des Verstehens ist vollzogen. Allerdings sehen wir, daß es sich keineswegs um ein pures Kreisen im Sinne des Immer-wieder-das-Gleiche handelt. Das bis jetzt über das Kunstwerk Ausgeführte setzt uns in den Stand, mit einer neuen Einsicht an die Erörterung des Wesens der Wahrheit zu gehen. Dabei werden Gedanken aus dem Wahrheitsvortrag in gedrängter Weise wieder aufgenommen. Die aletheia selbst wird zum Thema. *Die Unverborgenheit ist für das Denken das Verborgenste* (S. 40), oder wie es im Aufsatz *Hegel und die Griechen* heißt: *die* Ἀλήθεια *ist das Rätsel selbst – die Sache des Denkens* (*Wegmarken*, S. 268).

Heidegger zeigt an dieser Stelle, wie das Denken der Unverborgenheit keineswegs etwas Abwegiges oder gar Ausgefallenes ist, sondern wie die

Bedingungen, die als Kriterium der Wahrheit angegeben werden, die Übereinstimmung der Erkenntnis mit der Sache – die dann im Satz ihren Niederschlag findet – nur möglich ist, wenn schon vorausgesetzt wird, daß die Sache sich zeigt (vgl. «Die Wahrheitsfrage in ‹Vom Wesen der Wahrheit›» [S. 66f]). Die Wahrheit als Richtigkeit setzt voraus, daß das Seiende im Offenen steht, daß zwischen Ding und Mensch so etwas wie Offenheit herrscht, daß der Mensch für das Ding offen ist und daß Offenheit herrscht zwischen Mensch und Mensch. Das hat Heidegger in einer Vorlesung von 1937/38 ausgeführt, die den Titel *Logik* trägt.

Mit der Frage nach der Unverborgenheit geschieht ein Zurückfragen nach dem Ungedachten, das in der überlieferten Wahrheitsauffassung immer schon vorausgesetzt ist. Heidegger hat das in der soeben genannten Vorlesung eigens erörtert und dabei gezeigt, daß die Griechen die Unverborgenheit als Grund der Wahrheit erfahren haben, ohne sie eigens in Frage zu stellen. Daher konnte es dann dazu kommen, daß dieser Grund nicht bewahrt, ja vielmehr verschüttet wurde, und zwar so gründlich, daß gar kein Bedürfnis bestand, ihn wieder freizulegen. Dieses Bedürfnis zu wecken – die Notwendigkeit dieses Bedürfnisses einsichtig zu machen, darum geht es Heidegger. Im Text heißt es . . . *nicht wir setzen die Unverborgenheit des Seienden voraus, sondern die Unverborgenheit des Seienden bestimmt uns in ein solches Wesen, daß wir bei unserem Vorstellen immer der Unverborgenheit nachgesetzt sind. Nicht nur das, wonach eine Erkenntnis sich richtet, muß schon irgendwie unverborgen sein, sondern auch der ganze Bereich, in dem dieses Sichrichten nach etwas sich bewegt und ebenso dasjenige, für das eine Anmessung des Satzes an die Sache offenbar wird, muß sich als Ganzes schon im Unverborgenen abspielen* (S. 41).

Die Unverborgenheit als Lichtung ist die Voraus-setzung, die nicht eigens gesetzt ist, in die wir vielmehr versetzt sind, ohne sie eigens zu sehen, da wir uns immer an das Seiende halten, das uns offenbar ist.

Diese offene Mitte (weil raumgebend) *ist daher nicht von Seiendem umschlossen, sondern die lichtende Mitte selbst umkreist wie das Nichts, das wir kaum kennen, alles Seiende. Das Seiende kann als Seiendes nur sein, wenn es in das Gelichtete dieser Lichtung herein- und hinaussteht. Nur diese Lichtung schenkt und verbürgt uns Menschen einen Durchgang zu dem Seienden, das wir selbst nicht sind, und den Zugang zu dem Seienden, das wir selbst sind. Dank dieser Lichtung ist das Seiende in gewissen und wechselnden Maßen unverborgen* (S. 41f).

Weil die Lichtung als Lichtung nicht gedacht und das heißt: nicht beachtet wird – es genügt anscheinend, das in ihr Erscheinende zu fassen –, kann Heidegger sagen, daß sie sich entzieht, daß sie Verbergung ist. Verbergung ihrer selbst. Dieser Charakter zeigt sich in zweifacher Weise, die Heidegger als Versagen und Verstellen faßt.

Was ist im Versagen gedacht? Wenn wir vom Seienden nur sagen, daß es ist, so scheinen wir auf alles andere zu verzichten – das Bestehende scheint sich geradezu gegen ein Bestimmen zu sperren: das heißt hier V e r s a g e n. Aber in diesem Versagen ist schon der Umschlag vorbereitet, daß wir uns vom Seienden lösen und auf die Lichtung selbst blicken. Das Versagen ist in sich gegenwendig: Verweigerung und Zusage, wobei das nicht als menschliches Verhalten gedacht werden darf.

Was heißt V e r s t e l l e n? Daß ein Seiendes sich vor das andere drängt, daß wir eines für das andere nehmen, und das bedeutet, daß hier die Möglichkeit für Irrtum, Täuschung, Versehen angezeigt ist.

Dem Versagen ist zweifellos eine Art Vorrang eingeräumt, während das Verstellen eine sekundäre Weise des Verbergens ist. Wichtig ist, daß die Verbergung nicht etwas einfach Aufzuhebendes und zu Überwindendes ist, so wie wir einen verborgenen Gegenstand aus dem Versteck holen können, um dann über ihn zu bestimmen. Wir verfügen nicht über die Verbergung, sondern sind ihr vielmehr immer ausgesetzt. Der Verbergung ausgesetzt sein nennt Heidegger das durch Verweigerung durchwaltete Wesen der Wahrheit und formuliert es folgendermaßen: *Die Wahrheit ist in ihrem Wesen Un-Wahrheit* (S. 43; vgl. auch S. 76). Zur Unverborgenheit als Lichtung gehört das Verweigern in der Weise des Verbergens. Das deutet darauf hin, daß in der so gedachten Wahrheit selbst ein Streit herrscht. Die Lichtung ist das in diesem Streit Erstrittene. Die Wahrheit selbst ist ein Geschehnis – nämlich das Geschehnis des Streites von Unverborgenheit und Verbergung. Der dritte Leitsatz sei in Erinnerung gebracht:

Das Wesen der Wahrheit ist in sich selbst der Urstreit, in dem jene offene Mitte erstritten wird, in die das Seiende hereinsteht und aus der es sich selbst zurückstellt (S. 43).

Wir stoßen hier auf den Zusammenhang von Wahrheit und Sein, ohne daß wir ihn noch eigens entfalten können. Die Ausführungen sollten Heideggers Ringen um das Verständnis der aletheia sichtbar machen. Obgleich sie jeden Zugang zu Seiendem und jedes Sich-zeigen des Seienden ermöglicht, bleibt sie doch das Rätselhafte. Wie es in der Logik-Vorlesung von Heidegger erläutert wird, ist die Unverborgenheit als der Gesichtskreis zu denken, innerhalb dessen die Frage nach dem Seienden möglich wird. Der Gesichtskreis muß zuvor aufleuchten, damit das in ihm Stehende eigens erblickbar sein soll, zugleich muß er selbst in gewisser Weise übersehen werden. Heideggers Denken kreist um dies Rätselhafte. Es werden nicht endgültige Bestimmungen gegeben, sondern vielmehr immer neue Ansätze erprobt. So bleibt alles Sprechen über die aletheia vorläufig, was wir nicht vergessen dürfen, sonst wird aus diesem Denken, das sich ursprünglich als Fragen-können, als Wegebahnen versteht, so etwas wie eine Dogmatik. Das bedeutet aber gerade das Niederschlagen der Leidenschaft des Denkens oder zumindest sein Beschwichtigen und Verharmlosen, was noch schlimmer ist als die krasse Verständnislosigkeit. Vorläufig bedeutet keineswegs provisorisch oder gar gleichgültig, vielmehr liegt im Vorläufigen das Vorlaufen im Sinne des Suchens, des Ausschau-haltens. Nur wenn wir Heideggers Kreisen um die aletheia als immer neues Suchen von Ansätzen verstehen, die uns zum eigenen Suchen herausfordern sollen, nur wenn wir in diesen Ansätzen die Zwiespältigkeit von Lichtung und Verbergung unmittelbar erfahren, also nicht an den Bestimmungen kleben, sondern sehen, wie zu ihnen gelangt wird und wie weit wir mit ihnen gelangen und was vielleicht durch sie nicht gefaßt ist, können wir uns dem nähern, was Heideggers Denken in Atem hält.

Vor der prinzipiellen Erörterung der Wahrheitsfrage hatten wir vom Streit zwischen Welt und Erde gesprochen, jetzt trafen wir auf den Streit innerhalb der Wahrheit selbst. Wie ist beides zusammenzubringen?

Wir neigen dazu, die Welt mit der Lichtung gleichzusetzen und die Erde mit der Verbergung. Im Laufe der Erörterung war sichtbar geworden, daß das Eigentümliche der Welt die Offenheit ist, daß ein Wandel der Welt dem Wandel an Offenbarkeit gleichkommt. Heidegger sieht jedoch in Welt und Erde selbst Streithaftes. Bei der Welt zeigt sich das Streithafte darin, daß sie die Möglichkeit der Entscheidungen gibt, durch die in ihr herrschende Lichtung. *Jede Entscheidung aber gründet sich auf ein Nichtbewältigtes, Verborgenes, Beirrendes, sonst wäre sie nie Entscheidung* (S. 43).

Vielleicht können wir das so umschreiben: Dadurch daß Welt als spezifische Offenheit gedacht wird, ist der Gegensatz von Offenheit und Verbergung nicht beseitigt. Die Offenheit nimmt den Entscheidungen, die in ihr geschehen, keineswegs die Schwere; sie ist zudem keineswegs so etwas wie eine dirigierende Macht, die bloß ihrer Vollzugsträger bedarf, um herrschen zu können. Eine derartige Herrschaftssprache ist den Phänomenen unangemessen. Durch die Offenheit der Welt hat sich eine bestimmte Bezugshaftigkeit zum Seienden entfaltet; was in ihr geschieht, ist ganz und gar unbestimmt. In dieser Unbestimmtheit liegt zugleich das Nichtbewältigte im Sinne des Verborgenen.

Bei der Erde hatten wir von Beginn an ihren gegenwendigen Charakter genannt, das Aufgehen und in sich Zurückgehen. Lichtung und Verbergung – der Urstreit der Wahrheit – durchherrscht sowohl Welt wie Erde. Dieser Urstreit ist ein Geschehen. Wo finden wir es? Heidegger sagt hier nur, daß eine Weise, in der Wahrheit geschieht, im Kunstwerk ihren Sitz hat – andere Weisen werden später genannt.

Die beiden Momente des Werkseins: Aufstellen einer Welt und Herstellen der Erde sind zugleich *die Bestreitung jenes Streites, in dem die Unverborgenheit des Seienden im Ganzen, die Wahrheit, erstritten wird* (S. 44).

Ein Mißverständnis muß gleich abgewiesen werden, daß das Werk, dadurch, daß es etwas darstellt, Wahres zum Ausdruck bringt, was so lange Zeit als mißverstandene Mimesis die Kunsttheorie beherrscht hat. Nicht das ist hier gemeint, was für uns das Naheliegende ist: daß in einer Darstellung und durch sie die Sache selbst deutlich wird – das mag auf einer gewissen Ebene durchaus zutreffen, es mag auch eine berechtigte Forderung sein – hier wird aber versucht, eine grundsätzlichere Ebene freizulegen. *Im Werk ist die Wahrheit am Werk, also nicht nur ein Wahres* (S. 44). Das besagt, daß sich Unverborgenheit als solche ereignet und nicht bloß bestimmtes Seiendes entborgen wird.

Ist das bei jedem Kunstwerk der Fall oder nur bei außergewöhnlichen? Nur das, was für das gewöhnliche Verständnis das Außergewöhnliche ist, stellt ein Werk im eigentlichen Sinne dar. In einem derartigen Werk kommt die Unverborgenheit des Seienden im Ganzen zum Scheinen, es ist das Epoche-machende dieser Werke. Wir stoßen auf den vierten Leitsatz: *Das ins Werk gefügte Scheinen ist das Schöne, Schönheit ist eine Weise, wie Wahrheit west* (S. 44).

Das Schöne wird also nicht vom subjektiven Erleben her gedeutet, nicht von der Wirkung auf das Subjekt, sondern von der im Kunstwerk sich zeigenden Offenheit, dem Grundphänomen der Unverborgenheit. Zwar ist die Unverborgenheit nicht gegenständlich faßbar, weil sie nichts Gegenstandhaftes ist, sondern zuallererst die Möglichkeit jeglichen Erscheinens gibt; wie aber in ihr Seiendes in Erscheinung tritt, das ist sehr wohl darstellbar und faßbar, und über dieses In-Erscheinung-treten erhalten wir einen Hinweis auf ihr eigenes Walten, das heißt Sein. Es geschieht nach Heidegger im Werk, es läßt das Werk zu einem schönen werden, das heißt zu einem scheinsamen. In ihm tritt das Scheinen selbst in Erscheinung, allerdings auf so eigenartige Weise, daß wir es gewöhnlich gar nicht beachten, sondern immer nur auf das sehen, was gerade erscheint, also das einzelne Seiende und was sich mit ihm zuträgt. Wenn Heidegger sagt *wie Wahrheit west*, so bedeutet das, wie Wahrheit als Wahrheit, Unverborgenheit als Unverborgenheit ist. Warum steht dann nicht «ist»? Weil wir gewöhnlich «ist» für das Sein der Dinge gebrauchen – der Tisch ist groß, der Berg ist abschüssig – oder für Verhaltensweisen – der Betrug ist gemein, die Treue ist rührend –, hier geht es aber nicht um derartige Dinge oder Phänomene, sondern um eine un-gegenständliche An-Wesenheit, ein ungegenständliches Geschehen.

Mit diesem Leitsatz ist eine alte Auseinandersetzung, die sich durch die Geschichte zieht, beendet worden, nämlich die Frage, ob Schönheit etwas mit Wahrheit zu tun hat oder ob das Schöne aus dem Bereich des Wahren ausgeklammert werden muß. Das heißt keineswegs, daß Schönheit die allein mögliche Weise des Erfahrens der Wahrheit ist, aber e i n e der möglichen.

Die Überlegung, die dem Kunstwerk gewidmet sein soll, scheint das Werk als solches übersprungen zu haben zugunsten der Überlegung über die Wahrheit. Es ist Zeit, auf das eigentümliche Geschaffensein des Werkes einzugehen, durch den sein Unterschied zum bloß Hergestellten des Handwerks sichtbar werden soll. Diese Überlegung führt uns jedoch keineswegs von der Wahrheitsfrage weg, sondern sie fordert im Gegenteil ein erneutes In-Frage-stellen der Wahrheit.

Welchen Wesens ist die Wahrheit, daß sie ins Werk gesetzt werden kann oder unter bestimmten Bedingungen sogar ins Werk gesetzt werden muß, um als Wahrheit zu sein? (S. 45).

Ist bei der traditionellen Fragestellung am Ende nach dem Zusammenhang von Schönheit und Wahrheit gefragt, so ist umgekehrt bei Heidegger der Ausgangspunkt für das Bestimmen des Kunstwerkes das Geschehen der Wahrheit, und das Kunstwerk selbst wird in den Dienst dieses Geschehens gestellt, von diesem Geschehen überhaupt erst zugänglich. Die Radikalisierung dieser Erörterung geschieht im dritten Teil der Abhandlung *Die Wahrheit und die Kunst*.

In der Un-verborgenheit als Wahrheit west zugleich das andere «Un-» eines zwiefachen Verwehrens. Die Wahrheit west als solche im Gegeneinander von Lichtung und zwiefacher Verbergung (S. 49), nämlich des Versagens und Verstellens. Die A-letheia birgt in sich die Lethe. Der in der Wahrheit selbst geschehende Streit führt dazu, daß so etwas wie Offenheit erstritten wird, in der Offenbares zum Erscheinen kommt. Heidegger formuliert das so, daß die Offenheit sich in ihr Offenes einrichten muß. *Darum muß in diesem Offenen je ein Seiendes sein, worin die Offenheit ihren Stand und ihre Ständigkeit nimmt* (S. 49). Das Werk ist ein derartiges Seiendes. Andere Weisen des Sich-einrichtens der Wahrheit sind die staatsgründende Tat, durch die das Leben in der Gemeinschaft seine Gründung findet, das Opfer, im Sinne des Sich-einsetzens für den Mitmenschen, schließlich eine andere das Denken selbst, dem die Wahrheit das Fragwürdigste ist. Die Wissenschaft dagegen wird verstanden als das Beziehen des schon eröffneten Bereichs; wenn einem Wissenschaftler solch ein Eröffnen selbst gelingt, so ist er zugleich Philosoph.

Aus dieser gewandelten Fragestellung, bei der wir nicht von der Kunst auf die Wahrheit zu fragen, sondern von der Wahrheit her das Wesen der Kunst erblicken – dem entscheidenden Beitrag Heideggers zu der gesamten Kunst-Thematik, der allerdings bislang kaum begriffen wurde –, zeigt sich das Werk von der Wahrheit selber gefordert, im Sinne der Niederlassung der Wahrheit, ihrer Konkretisierung.[15]

Weil es zum Wesen der Wahrheit gehört, sich in das Seiende einzurichten, um so erst Wahrheit zu werden, deshalb liegt im Wesen der Wahrheit der Zug zum Werk als einer ausgezeichneten Möglichkeit der Wahrheit, inmitten des Seienden selbst seiend zu sein (S. 50).

Der Sachverhalt könnte so verstanden werden, als ob eine bestimmte Bezugshaftigkeit zum Seienden schon da wäre, die, um sichtbar zu werden, des Werkes bedarf. So ist es nicht gedacht. Das im Werk eigentlich Hervorgebrachte ist nicht diese besondere Gestalt, die einem Stoff verliehen wird, sondern im Werk wird die Eigenart der Bezugshaftigkeit zum Seienden (Offenheit) eigens ereignet. *Wo die Hervorbringung eigens die Offenheit des Seienden, die Wahrheit, bringt, ist das Hervorgebrachte ein Werk* (S. 50). Was im Werk Rembrandts oder im Werk Cézannes oder bei Kafka zum Scheinen kommt, sind solche Möglichkeiten der Offenheit, von der her uns das Seiende insgesamt anders vertraut wird, weil jedes Seiende uns nur als Seiendes begegnen kann, insofern es im Offenen steht – eine der Grundeinsichten Heideggers.

Daß mit dieser Deutung des Kunstwerkes der Auseinandersetzung mit der Kunst ein neuer Weg gewiesen ist, ist zweifellos, inwiefern er fruchtbar gemacht wird, das hängt von uns selbst ab. Es kann sehr gut sein, daß er – weil er die Anstrengung des Denkens voraussetzt – zunächst nicht begangen wird. Es ist andererseits auch möglich, daß der Grundgedanke des Sich-ins-Werk-setzens der Wahrheit aufgenommen wird, ohne dabei die spezifische Spannung zwischen Welt und Erde zu sehen, die Heidegger im Ausgang von den Griechen und von Hölderlin naheliegt.[16]

In der Erde, dem von uns schwer gemäß zu denkenden Wort, sammelt sich für Heidegger das, was wir so unzulänglich als Stoff vorzustellen versuchen und was zum Kunstwerk notwendig gehört – allerdings in anderer Weise in der bildenden Kunst als in der Dichtkunst und der Musik. An Stelle des Form-Begriffs tritt die Gestalt, was zunächst ähnlich zu sein

Bei der Niederschrift von «Die Kunst und der Raum». St. Gallen, 1968

scheint, aber Gestalt ist nicht das beliebig gefundene Aussehen des im Werk Dargestellten, sondern Gestalt ist die Art und Weise, wie die Wahrheit gefügt ist in ihrem Erscheinen, was Heidegger den *Riß* nennt, das Sichtbarwerden des Streites von Welt und Erde.

Das Geschaffensein des Werkes ist das *Festgestellt-sein des Streites durch den Riß in die Gestalt* (S. 54). Die Textstelle *Dabei ist das Geschaffensein selbst eigens in das Werk eingeschaffen* (S. 54) soll nicht so verstanden werden, daß nach der Künstlerpersönlichkeit und seiner Originalität gefragt wird, das Geschaffensein ist vielmehr als die ins Werk gesetzte Offenheit zu verstehen; wie der Mensch inmitten des Seienden zu diesem steht und wie er auch sich selbst deutet, das ist alles getragen von der spezifischen Offenheit.

Mit diesen Erörterungen über das Werk-sein ist der Gedankengang nicht am Ende. Ein neues Fragen setzt ein, es steht unter dem Leitwort des Bewahrens. Durch ein Werk wandeln sich unsere Bezüge zur Welt und zur Erde. Das Gewöhnliche erfährt eine Verrückung, im Werk selbst erfolgt ein Anstoß im Sinne des Wandels des Vertrauten, wir werden aus dem Gewohnten herausgerissen. Diese Wandlung nicht zu umgehen, nicht zu verharmlosen oder gar totzuschweigen, sondern sie eigens zu erfahren, das ist für Heidegger die *Bewahrung* des Werkes. Das ist kein Konservieren und Aufbewahren, Schützen und Pflegen, sondern wie der fünfte Leitsatz es ausspricht:

Bewahrung des Werkes ist als Wissen die nüchterne Inständigkeit im Ungeheuren der im Werk geschehenden Wahrheit (S. 55).

In einer anderen Formulierung heißt es: ein *Innestehen in der im Werk geschehenden Offenheit des Seienden* (S. 55). Dies Innestehen ist keineswegs ein bloßes Aufnehmen von etwas Dargebotenem. Es erfordert vielmehr von dem, der es erfährt, eine besondere Haltung. Das kommt deutlich zur Sprache, wenn Heidegger von Inständigkeit spricht. Inständigkeit bedeutet Nähe im Sinne der Vertrautheit, des Vertrautseins, das erst am Ende einer Entfaltung erreicht ist, so daß dann unser gesamtes Verhalten von diesem Vertrautsein getragen ist. Im Text wird das durch den Zusammenhang von Wissen und Wollen erläutert. Das Erfahren der Offenheit ist ein Wissen, aber nicht im Sinne des bloßen Kennenlernens und Vorstellens, sondern ein Wissen, das uns eröffnet, was wir zu tun haben, was wir wollen. Dies Verflochtensein von Wissen und Wollen ist das Auszeichnende des Daseins. In ihm geschieht das Eigentümliche des Existierens als des Sich-einlassens auf die Unverborgenheit, die aletheia.

Wir sind an der Stelle angelangt, wo Heidegger uns in den Übergang versetzt von der Wahrheit des Seienden zur Wahrheit des Seins. Wir können auch sagen, von der Erfahrung des Seienden in seiner Eigentümlichkeit (Beispiel: die Ding-Analyse) zu der Erfahrung dessen, was in der Metaphysik nicht thematisch wird, nämlich der Lichtung als solchen – das ist die aletheia als Unverborgenheit, die selbst verborgen bleibt. Die Wahrheit als aletheia, die zuallererst jegliches Vertrautsein-mit . . . eröffnet, die all unsere Bezüge trägt und durchstimmt, wird von nun an nicht mehr als Wahrheit des Seienden gedacht, sondern als Wahrheit des Seins. Aletheia und Wahrheit des Seins sind dasselbe. In diesen Bereich vorstoßen ist und bleibt etwas Un-geheures, denn wir pflegen uns gewöhnlich an das jeweils Sich-Zeigende (Seiende) zu halten, oder wenn es hoch geht an das Sich-zeigen (die Erscheinungsweise des Seienden), und verlieren hier allen Halt. Wir scheinen alle Vertrautheit aufgeben zu müssen, das ist die Wandlung des Geheuren ins Un-geheure. Diese Wandlung müssen wir beim Bewahren des Werkes aushalten, das ist die geforderte Inständigkeit. Sie verlangt eine nüchterne Haltung, das besagt, sich nicht verwirren und beirren zu lassen durch das Ungewohnte, auch nicht auszuweichen und Ausflüchte zu suchen, um dem Un-geheuren zu entgehen, denn das tun wir doch gewöhnlich.

Das, was sich im Werk ereignet hat, zu sehen, sich von ihm in Anspruch nehmen zu lassen, sich zu verwandeln und es so auszuhalten, das versteht Heidegger unter dem Bewahren, dem er eine so große Bedeutung zukommen läßt, daß man sich dagegen sträubt, solange man nicht begriffen hat, was mit dem Bewahren gemeint ist und wie weit dieses von jedem Reduzieren des Werkes auf das subjektive Erleben entfernt ist (vgl. S. 59).

Der bisherige Gang der Erörterung – vom Ding über das Werk zum Zusammenspielen von Welt und Erde – der Wahrheit als dem Urstreit – dem Bewahren als Erfahrung der aletheia – gibt die Möglichkeit, nun den Zusammenhang der miteinander verflochtenen Phänomene zu erfassen und so zur Kunst, nach der gefragt war, zurückzukehren, wobei diese Rückkehr zugleich ein neues Fragen einleitet.

Wenn die Kunst der Ursprung des Werkes ist, dann heißt das, sie läßt das wesenhaft Zusammengehörige am Werk, Schaffende und Bewahrende, in seinem Wesen entspringen (S. 58). Die Kunst selbst aber wurde *als das Ins-Werk-Setzen der Wahrheit bestimmt* (S. 59). Das Ins-Werk-setzen wird in doppelter Weise gedacht: als Sich-einrichten der Wahrheit in die Gestalt, im Sinne des Hervorbringens von Unverborgenheit, und als Bewahren der im Werk geschehenden Wahrheit. So gelangt Heidegger zu der Bestimmung der Kunst: *die schaffende Bewahrung der Wahrheit im Werk* (S. 59). Das Geschehenlassen von Wahrheit im Sinne der Offenheit nennt Heidegger Dichtung. Der sechste Leitsatz sagt:

Alle Kunst ist als Geschehenlassen der Ankunft der Wahrheit des Seienden als eines solchen im Wesen Dichtung (S. 59).

Es ist nicht von ungefähr, daß die Formulierung aktiv und passiv zugleich klingt. Die Kunst erschafft nicht willkürlich Unverborgenheit, sondern wird zu der Stätte, an der Wahrheit sich ereignen kann. Hier schwingt vielleicht der Gedanke mit, den Heidegger bei der Hölderlin-Deutung auseinander gelegt hat: vom Dichter als Mittler zwischen Göttern und Menschen.

Die von Heidegger gegebene Bestimmung der Kunst als Dichtung besagt keineswegs eine Reduzierung aller Künste auf Poesie, sondern vielmehr daß in aller Kunst das Gedichtete die Wahrheit im Sinne der Unverborgenheit ist. Die Sprache selbst (vgl. «Dichten – Denken – Sprache» [S. 125 f]) ist dasjenige, wodurch Seiendes ins Offene gebracht wird. *Die Sprache selbst ist Dichtung im wesentlichen Sinne. Weil nun aber die Sprache jenes Geschehnis ist, in dem für den Menschen überhaupt erst Seiendes als Seiendes sich erschließt, deshalb ist die Poesie, die Dichtung im engeren*

Sinne, die ursprünglichste Dichtung im wesentlichen Sinne (S. 61).

Das Erfahren des Seienden, das in der Sprache geschieht, ist die Voraussetzung für allen möglichen Umgang mit Seiendem, oder wie es im Text heißt: *Sie* (die anderen Kunstweisen) *sind ein je eigenes Dichten innerhalb der Lichtung des Seienden, die schon und ganz unbeachtet in der Sprache geschehen ist* (S. 61).

In einem letzten Gang wird das Gesagte wieder aufgenommen und die Bestimmung der Dichtung als Stiftung der Wahrheit erläutert – ein Stiften, das in dreifachem Sinne verstanden ist: als *Schenken*, als *Gründen* und als *Anfangen*. Diese drei Bestimmungen seien kurz erläutert: Durch die Wandlung, die mit dem Kunstwerk geschieht, eröffnet sich Neues, das aus dem Schon-Bekannten nicht ableitbar ist. Dieses Neue ist ein Überfluß – das Gewähren des Überflusses ist Schenken.

In dem Schenken der Kunst geschieht ein Entwerfen – aber nicht im Sinne eines beliebig Ausgedachten, sondern so, daß im Entwurf den Menschen gerade das möglich wird, worin sie stehen, ihr Aufenthalt – das ist das in der Kunst geschehende Gründen. Der Grund wird gleichsam hervorgeholt. Das ist ein bei Heidegger immer wiederkehrender Gedanke, auf den wir schon eingegangen sind im Zusammenhang mit der Rückkehr zum Anfang. So ist bei den Griechen von den anfänglichen Denkern der Grund gelegt, auf dem wir stehen, ohne ihn eigens zu kennen. Das wird weiter geklärt durch die Bestimmung des Anfangs: *Der echte Anfang ist als Sprung immer ein Vorsprung, in dem alles Kommende schon übersprungen ist, wenngleich als ein Verhülltes* (S. 63).

Das anfängliche Denken der Griechen, das dem metaphysischen Denken vorausgeht, ist, wie wir wissen, für Heidegger zugleich das Denken, das Zukunft eröffnet, wenn wir es nicht überspringen, das heißt unsere Geschichte vergessen.

Immer wenn das Seiende im Ganzen als das Seiende selbst die Gründung in die Offenheit verlangt, gelangt die Kunst in ihr geschichtliches Wesen als die Stiftung. Sie geschah im Abendland erstmals im Griechentum. Was künftig Sein heißt, wurde maßgebend ins Werk gesetzt. Das so eröffnete Seiende im Ganzen wurde dann verwandelt zum Seienden im Sinne des von Gott Geschaffenen. Das geschah im Mittelalter. Dieses Seiende wurde wiederum verwandelt im Beginn und Verlauf der Neuzeit. Das Seiende wurde zum rechnerisch berechenbaren und durchschaubaren Gegenstand. Jedesmal brach eine neue und wesentliche Welt auf. Jedesmal mußte die Offenheit des Seienden durch die Fest-stellung der Wahrheit in die Gestalt, in das Seiende selbst, eingerichtet werden. Jedesmal geschah Unverborgenheit des Seienden. Sie setzt sich ins Werk, welches Setzen die Kunst vollbringt (S. 63f).

Wir finden hier die drei entscheidenden Epochen umrissen, die durch das Denken Heideggers freigelegt und zugleich in ihrem Zusammenhang gesehen wurden.

Das ursprüngliche Wesen der Kunst wird von Heidegger aus dem Wesen der Wahrheit gedacht. In dieser Arbeit geschieht – worauf wir einzugehen versuchten – ein Wandel im Denken der Wahrheit selbst, im Sinne des Eröffnens des rätselhaften Bereichs der aletheia. Das scheint uns durch die Art und Weise des Sprechens über die Wahrheit selbst sichtbar zu werden. Gewöhnlich ist von der Wahrheit des Seienden die Rede oder der Wahrheit des Seienden als solchen – an der entscheidenden Stelle ist der *Wandel der Unverborgenheit des Seienden* gedacht als Unverborgenheit *des Seins* (S. 59). In dieser Schrift geschieht der Übergang von der Wahrheit des Seienden zur Wahrheit des Seins, anders formuliert von der Wahrheit des Seienden als solchen zur Unverborgenheit, die jeglichem Erscheinen von Seiendem vorausgehen muß und die andererseits des Seienden bedarf, um als Unverborgenheit erscheinen zu können.

Diese Schrift ist auch übergängig in Hinblick auf das Zusammendenken von Welt und Erde – was später zum Gedanken des Gevierts führt (vgl. *Ding*-Vortrag). Es ist zugleich die Schrift, in der die aletheia selbst, die für Heidegger von Beginn an das Zu-denkende war, radikaler gefragt – und das heißt gedacht – wird. Wir sind in der Zeit, da die Kehre sich vorbereitet, das Umdenken vom Sein her auf das Dasein, und nicht mehr, wie in *Sein und Zeit*, das Ausgehen vom Dasein, um zum Sein zu gelangen. Wie sehr die Frage nach der Kunst (als dem Ursprung des Werkes) zugleich ein Fragen nach dem Sein (Welt und Erde) und ein Fragen nach der aletheia ist, sollte gezeigt werden, und zwar in seinem Charakter der Übergängigkeit.

DIE MENSCHLICHKEIT DES MENSCHEN (« BRIEF ÜBER DEN ‹HUMANISMUS› », 1946)

Der *Brief über den «Humanismus»* ist als Antwort auf Fragen von Jean Beaufret entstanden*, dem französischen Philosophen, der Heidegger nach dem Krieg spontan aufsuchte. Das war der Beginn einer Freundschaft, die sich über Jahrzehnte erstrecken sollte.

In den Mittelpunkt der Darstellung stellen wir das Thema, wie die Menschlichkeit des Menschen zu denken ist.

Wir sind gewohnt, das Fragen nach dem Menschen, die Sorge um den Menschen, als Humanismus zu bezeichnen. In Paris war die kleine Schrift Sartres erschienen: «L'Existentialisme est un humanisme», wobei Sartre in der Auseinandersetzung mit den Marxisten, die für sich den Titel Humanismus beanspruchten, den Existentialismus als den wahren Humanismus herausstellen wollte. Beaufret stellt Heidegger die Frage: Wie kann dem Wort Humanismus ein neuer Sinn gegeben werden? Heidegger stellt die Gegenfrage: Ist das nötig? Damit sind wir unmittelbar in die Auseinandersetzung über die Art und Weise, wie das Wesen des Menschen zu denken ist, versetzt.

Heideggers Gegenfrage kann leicht so mißverstanden werden, als ob ihm die Frage nach dem Wesen des Menschen gleichgültig wäre. Das ist keineswegs der Fall. Aber was ihm von Grund aus fragwürdig ist, ist der Versuch, vom Humanismus her das Wesen des Menschen zu bestimmen. Ist dieser Versuch nicht der naheliegendste? In der Tat. Das muß jedoch keineswegs besagen, daß er zugleich der angemessenste ist. Es ist der Versuch, der auf dem Boden der Metaphysik vollzogen wurde. Dabei bleibt der römische Ansatz leitend.

In Rom begegnen wir dem ersten Humanismus. Er bleibt daher im Wesen eine spezifisch römische Erscheinung, die aus der Begegnung des Römertums mit der Bildung des späten Griechentums entspringt. Die sogenannte Renaissance des 14. und 15. Jahrhunderts in Italien ist eine renascentia romanitatis. Weil es auf die romanitatis ankommt, geht es um die humanitas und deshalb um die griechische παιδεία. *Das Griechentum wird aber stets in seiner späteren Gestalt und diese selbst römisch gesehen. Auch der homo romanus der Renaissance steht in einem Gegensatz zum homo barbarus. Aber das In-humane ist jetzt die vermeintliche Barbarei der gotischen Scholastik des Mittelalters. Zum historisch verstandenen Humanismus gehört deshalb stets ein studium humanitatis, das in einer bestimmten Weise auf das Altertum zurückgreift und so jeweils auch zu*

---

* Der Text wurde 1946 verfaßt und in einer erweiterten Fassung zusammen mit der Deutung von Platons Höhlengleichnis 1947 veröffentlicht. Auf Anregung von Jean Beaufret wurde Heidegger zu einem Kolloquium nach Cérisy eingeladen (1955) und in die Provence, nach Thor, wo der Dichter René Char seinen Wohnsitz hat. Von den Sitzungen 1968 und 1969 sind für die Teilnehmer Protokolle veröffentlicht worden. Wenn nichts anderes angemerkt, sind die Zitate in diesem Kapitel den *Wegmarken* (Frankfurt a. M. 1967) entnommen.

einer Wiederbelebung des Griechentums wird. Das zeigt sich im Humanismus des 18. Jahrhunderts bei uns, der durch Winckelmann, Goethe und Schiller getragen ist (S. 152).

Heidegger hebt von dieser geschichtlichen Form des Humanismus diejenige ab, die in der Bemühung um den Menschen liegt, ohne dabei in der Antike verankert zu sein, zum Beispiel den Marxschen Humanismus, den Sartreschen Humanismus. Geht es darum, *daß der Mensch frei werde für seine Menschlichkeit und darin seine Würde finde, dann ist je nach der Auffassung der «Freiheit» und der «Natur» des Menschen der Humanismus verschieden* (S. 152).

Worin besteht die Kritik an der metaphysischen Basis des Humanismus? Was ist nach ihm das Auszeichnende des Menschen? Die ratio, die es ihm ermöglicht, zu erkennen und zu handeln. Er kann sich Ziele setzen und sie durch das Bereitstellen von Mitteln und bestimmte Tätigkeiten verwirklichen. Warum genügt diese Antwort nicht? Weil ihr schon eine bestimmte metaphysische Deutung des Menschen zugrunde liegt, die dabei gar nicht als solche verstanden ist. Es kommt aber nun nicht darauf an, daß Heidegger der metaphysischen Setzung eine andere entgegensetzt; sonst könnte mit Hegel gesagt werden: eine Setzung hat genauso viel Recht wie die andere, oder genauso wenig. Sondern es ist vielmehr das zu suchen, was bei den Setzungen immer schon impliziert ist, ohne eigens gedacht zu sein. Um weiter zu kommen, müssen wir uns über die Schwie-

René Char

Mit Georges Braque in Varengeville, 1955

rigkeit des philosophischen Sprechens klarwerden.

Platons Sprache, ja sein Denken, steht vor folgender Schwierigkeit: durch anschauliche Beispiele das zugänglich zu machen, was nicht mehr anschaulich faßbar, sondern nur denkbar ist. Das Bemühen Platons zielt doch darauf, eine Umwendung vollziehen zu können vom Sichtbaren zum Denkbaren, dergestalt, daß das Denkbare als der eigentlich seiende Bereich verstanden wird und alles Sichtbare als mit Unwirklichkeit und das heißt Vergänglichkeit behaftet. Wenn zum Beispiel die Idee des Guten, also die Idee, die das Idee-sein zum Inhalt hat, am Bild der Sonne zugänglich gemacht wird – die Sonne, deren Licht das Sehen ermöglicht und deren Wärme das Wachsen und Gedeihen im Bereich der physis fördert –, so muß doch, um das hier Gedachte zu verstehen, das Sichtbare als solches überstiegen, transzendiert werden.

Bei Heidegger finden wir eine entsprechende Schwierigkeit, was keineswegs bedeutet, daß wir sein Denken als Platonismus verstehen, auch nicht als Umkehr des Platonismus, wie das bei Nietzsche geschieht. Worin besteht sie? Wir sind gewöhnt, das Seiende als das Wirkliche aufzufassen, und all das, was nicht seiend ist und sich nicht als Seiendes ausweist, als das Nicht-wirkliche. Nun ist aber das, was Heidegger als das Sein denkt, keineswegs ein Seiendes. Deswegen konnte er in der Antrittsvorlesung ausdrücklich vom Nichts sprechen und dabei keineswegs einen Nihilismus vertreten, sondern das meinen, was, vom Seienden her gesehen, scheinbar nicht seiend ist, im Grunde genommen uns aber zum Anderen des Seienden führen soll – dem Sein selbst. Wie dies zu denken ist: diese Schwierigkeit ist nicht endgültig gelöst, aber daß es überhaupt zu denken ist, darauf kommt es Heidegger an, und zwar seit Beginn seines Suchens.

Nun ist scheinbar in der Metaphysik dieser Versuch gemacht worden. Metaphysik heißt ja über das Seiende hinaus denken, danach, was Seiendes zum Seienden macht. Dieses Denken ist im Philosophieren des Aristoteles erstmals und geradezu vorbildlich für die Späteren verwirklicht worden. Das Fragen nach dem Seienden als Seienden ist das Leitmotiv der Metaphysik. In diesem Fragen finden wir zugleich als mögliche Antwort das Herausstellen des höchsten Seienden, also Gottes. Heidegger hat den onto-theologischen Charakter des Aristotelischen Fragens sehr deutlich herausgestellt. Er ist kennzeichnend für das metaphysische Vorgehen.

Steht Heidegger in einer ständigen Auseinandersetzung mit der Metaphysik, so besagt das zugleich, daß ihn das metaphysische Vorgehen nicht befriedigt, daß er sich dabei nicht beruhigen kann. Bedeutet das, daß er die Metaphysik übersteigen will, so etwa wie Fichte das Fragen Kants übersteigen wollte, mit der Ablehnung der Unerkennbarkeit des Dinges an sich? Keineswegs. Es gilt nicht das höchste Seiende durch ein noch höheres Seiendes zu übertreffen, den letzten Grund auf einen allerletzten Grund zurückzuführen, sondern es gilt, eine Wendung zu versuchen, die deswegen schwierig nachvollziehbar ist, weil sie sich nicht in der Sprache der Metaphysik ausdrücken läßt. Wenn das dennoch geschieht, dadurch mißverständlich ist. Wir könnten von einem neuen Entwurf der Deutung dessen, was ist, sprechen, müssen aber dann darauf hinweisen, daß dieser Entwurf keine beliebige Setzung ist, kein spielerisches Ausdenken einer neuen Möglichkeit, sondern daß dieser Entwurf schon geschehen ist am Anfang des Philosophierens, daß Heidegger beim Verstehen dieses Anfangs, der sich vor der Metaphysik ereignet hat, also vor Platon und Aristoteles, auf diesen Entwurf gestoßen ist. Vielleicht ist jeder echte Entwurf Entwerfen und Empfangen zumal. Nur weil Heidegger seinen Entwurf vollzogen hat, ging ihm ein Licht auf in bezug auf die anfänglichen Denker, erhielten sie eine hervorragende Stelle; andererseits konnte er vermutlich seinen Entwurf vollbringen im Ringen um das Verständnis dieser Denker, von ihnen angesprochen und angerufen. Der Einklang mit Heraklit ist ein Empfangen und Schenken zumal.

Das kann allerdings so mißverstanden werden, als ob es Heidegger nur darum ginge, uns ins Archaische zurückzuversetzen, den «Fortschritt» des Philosophierens preisgebend. Ein Vorwurf, der immer wieder auftaucht. Das Zurückgehen zu den frühen Denkern ist ein Zurückgehen zu den Fragen, in denen das Fragwürdige erstmals aufblitzt. Hier geschieht nach Heidegger etwas so Erstaunliches, daß unser Erstaunen darüber nicht aufhören kann. Daß es faktisch aufgehört hat und daß dies Erstaunliche verschüttet und verdrängt wurde, gehört zu den Geschehnissen, mit denen wir uns nicht abfinden dürfen, gegen die wir vielmehr immer von neuem angehen müssen.

Mit Jean Beaufret vor der Hütte

Worum geht es bei Heideggers «Ent-wurf»? Die Dimension zugänglich zu machen, die zuallererst das Verständnis von Seiendem ermöglicht, ja geradezu trägt. Es ist aber nicht ein Zurückfragen nach den Bedingungen der Möglichkeit der Erkenntnis des Subjekts im Sinne der Transzendentalphilosophie. Denn dabei steht das Subjekt im Mittelpunkt und alles Nichtsubjekthafte wird als Gegenstand gefaßt für das Subjekt. Bei dieser Deutung ist eine Schwergewichtsverlagerung erfolgt, die für die neuzeitliche Metaphysik ausschlaggebend ist. Heidegger fragt nach dem Erscheinenkönnen des Seienden. Auch das kann so mißverstanden werden als ginge es um ein Erscheinen für das Subjekt. Gibt es ein Erscheinen ohne den Subjekt-Ansatz, also ohne ein Wesen, für das etwas erscheint? Nun ist allerdings schon bei Platon vom Erscheinen die Rede, das Fassen des Seienden von der ἰδέα ist ein Fassen des Aussehens, des Anblicks, und bei Platon ist kein Subjekt-Begriff mit im Spiel. Heideggers «Ent-wurf» soll jedoch nicht als platonischer gedacht werden. Worum geht es dann bei der Frage nach dem Erscheinen? Wir stießen schon darauf im Wahrheitsvortrag beim Gedanken des Offenseins und der Offenheit.

Wie kommt Offenheit zustande? Wenn wir das so formulieren, dann sind wir in Gefahr, in der Weise der Metaphysik nach den Ursachen und Gründen für die Offenheit zu suchen. Kann überhaupt in einer anderen Weise gefragt und gesucht werden, ohne in ein mythologisches oder metaphorisches Reden zu verfallen? Heidegger versucht das in der Tat. Daß die Offenständigkeit Voraussetzung ist für ein Sprechen und Urteilen über das Seiende, wurde schon erörtert. Was gehört aber dazu, damit solch eine Offenständigkeit sein kann? Im Wahrheitsvortrag ist eine erste Antwort versucht und dargestellt. Im Kunstwerk-Aufsatz kreiste das Denken auch

Jean-Paul Sartre

um die Wahrheit, allerdings im Sinne des Urstreites, dessen Ergebnis die *lichtende Mitte* ist. Hier im Humanismus-Brief herrscht wieder die gleiche Frage, und zwar im Zusammenhang mit der Bestimmung des Wesens des Menschen. Es gilt also zu sehen, wie der Mensch in seinem Bezug zur Offenheit gedacht wird.

Beginnen wir mit dem Begriff der Lichtung. Die Lichtung ist als die Stätte gedacht, in der ein Frei-geben für das Seiende geschieht, so daß dieses zum Vorschein kommen kann. Im Freien der Lichtung kommt das Seiende zum Stehen, tritt es in Erscheinung. Wir haben leicht die Tendenz, die Lichtung als so etwas wie eine Bühne anzusehen, auf der uns Seiendes vorgeführt wird. So ist es nicht gemeint. Damit die Freigabe für das Seiende möglich sein soll, dazu muß der Mensch selbst sich für das Seiende öffnen, ek-sistieren im Sinne des Hinausstehens in die Lichtung. Wir erwähnten die Schwierigkeit des platonischen Sprechens, das Bilder aus dem Bereich des Sinnlichen gibt, um das Sinnliche zu überwinden. Worin besteht die Schwierigkeit bei Heidegger? Daß wir aus einer gegenständlichen Vorstellungsweise herausgeführt werden sollen und dabei Worte gebraucht werden, die gegenständlich verstanden werden können, die uns aus dem gegenständlichen Bereich her bekannt sind. Das Sein selbst ist für Heidegger nie und nimmer gegenständlich faßbar, weil es nichts Gegenständliches ist. Es ist kein Seiendes, sondern soll uns begreifbar machen, wie Seiendes überhaupt zugänglich wird. Die Antwort lautet: das ist nur möglich, weil der Mensch als Da-sein im Offenen steht und die ereignete Lichtung aussteht. Im Offenen stehend, zeigt sich Seiendes als Offenbares. Wie ist hierbei jedoch das Moment der Geschichtlichkeit zu denken, das Heidegger von Beginn an im Auge hat?

Die Lichtung ist keine neutrale Stelle, auf der beliebige Vorfälle zur Darstellung kommen, sondern sie ist selbst im Wandel begriffen. Was berechtigt zu dieser Behauptung? Die verschiedenen Weisen, wie Seiendes gedeutet wurde, in der Antike, im Mittelalter, in der Neuzeit, und das heißt, wie Seiendes in Erscheinung getreten ist. Wir verfügen nicht über diesen Wandel, wir können ihn nach Heidegger nicht bewirken, aber wir können ihn sehr wohl zu denken versuchen. Ein derartiger Versuch ist Heideggers Deutung der Geschichte der Metaphysik von Platon bis Nietzsche, genauer gesagt eine Deutung der Metaphysik als unserer Geschichte. Ein zentraler Punkt aus dieser Deutung sei kurz berührt. Die Metaphysik hat ihren Wandel der Deutungen nicht in Frage gestellt, sondern jeweils eine bestimmte Position als die wahre eingenommen – zum Beispiel die Deutung des Seienden als ἰδέα, als ἐνέργεια, als ens creatum, als Subjekt, als Monade, als Geist, als Wille zur Macht. Heidegger dagegen versucht zu fragen, was geschieht in diesen Deutungen, und zwar dergestalt, daß er fragt: welche Lichtung hat sich da jeweils ereignet, in welcher Lichtung stehen die Philosophen, ohne sie als Lichtung eigens zu denken. Sie denken auf das Seiende hin. Den Lichtungswandel als solchen eigens zu denken, das ist nach Heidegger das nicht-metaphysische Denken. Nach dem Sein zu fragen, das in diesem Wandel selbst in Erscheinung tritt, ohne eigens gesehen zu werden (sich also im Erscheinen zugleich entzieht), ist jetzt die Aufgabe des Denkens (vgl. «Aletheia – die Sache des Denkens» [S. 142 f]).

Was haben diese Ausführungen mit der Menschlichkeit des Menschen zu tun? Anscheinend führen sie von diesem Thema weg. Die Menschlichkeit des Menschen scheint geradezu verleugnet oder zumindest vergessen. Dieser Anschein ist durchaus natürlich, denn wir pflegen die Menschlichkeit des Menschen in seinem Handeln und Tun, seinen Werken und Verwirklichungen, in seinem sozialen Verhalten und politischen Agieren zu sehen und ihn danach zu beurteilen. Von alldem war nicht die Rede. Und der Humanismus, der Begriff, mit Hilfe dessen wir die Menschlichkeit zu fassen pflegen, wurde ausdrücklich in Frage gestellt, als eine metaphysische Weise des Verstehens des Menschen durchschaut und preisgegeben. In der Tat haben aber die vorhergehenden Ausführungen den Boden bereitet, auf dem nach Heidegger das Wesen des Menschen gedacht werden kann. Denn dieses Wesen läßt sich einzig und allein aus dem Bezug des Menschen zur Lichtung bestimmen. Der Mensch als Da-sein ist dasjenige Wesen, dem es gegeben ist, in der Lichtung zu stehen, in die Lichtung hinauszustehen, das ist die gewandelte Bedeutung der Ek-sistenz, die schon im Wahrheits-Vortrag vorbereitet wurde. Der Mensch ist darüber hinaus das Wesen, dem es aufgegeben ist, die Lichtung zu wahren. Ein Gedanke, den wir aus dem Kunstwerk-Aufsatz kennen. Der Mensch wird von der Lichtung gebraucht – als ihr «Verwalter».

Die Menschlichkeit des Menschen bewährt sich in dieser Aufgabe, die er vom Denken her zu erfüllen hat. Sie wird verleugnet, sofern er sie als solche Aufgabe gar nicht zu sehen imstande ist. So heißt es gleich zu Beginn des Briefes: *Das Denken vollbringt den Bezug des Seins zum Wesen des Menschen* (S. 145). Das Vollbringen wird gedacht als *etwas in die Fülle seines Wesens entfalten* (S. 145). Was im Denken zu vollbringen ist, ist das Erfahren der Lichtung und das Aushalten und ins Wort-bringen dieser Erfahrung in der Sprache. Wenn das geschieht, wird die Sprache zum *Haus des Seins*, also zur Stätte, da die Lichtung eigens in Erscheinung tritt, während sie gewöhnlich zugunsten des gelichteten Seienden übersehen wird. Ihr *In-Erscheinung-treten* ist viel schwieriger zu fassen als das Erscheinen des Seienden, das uns jeweils vertraut ist, denn sie ist nie und nimmer ein Seiendes, sondern vielmehr das, was jegliche Erfahrung von Seiendem möglich macht.

Aufgabe des Denkens ist es, der Lichtung zum Wort zu verhelfen, die Lichtung zu wahren, in ihrem Wesen zugänglich zu machen. Dieser Gedanke hat Heidegger seit dem Beginn seines Fragens nach dem Sein und der aletheia bewegt.

Wie verhält sich die Lichtung zum Sein? Die Lichtung ist das Sein, sofern es uns überhaupt zugänglich wird. Deswegen kann Heidegger sagen: *Das Denken . . . läßt sich vom Sein in den Anspruch nehmen, um die Wahrheit des Seins zu sagen. Das Denken vollbringt dieses Lassen* (S. 145). Denn die Wahrheit des Seins ist die geschehene Lichtung, die unsere Bezüge zum Seienden trägt und erhält. Hiermit sind wir in die Wandlung versetzt, daß Wahrheit nicht mehr die Bestimmung des Seienden betrifft, die auf das Seiende zutrifft, mit dem Seienden übereinstimmt, sondern Wahrheit die Unverborgenheit im Sinne der Lichtung besagt, als welche Lichtung das Sein selbst gedacht ist.

Sein – Lichtung – Wahrheit des Seins – aletheia (Unverborgenheit) sind dasselbe, das es in seiner Selbigkeit zu denken gilt. Das Verhältnis des Seins zum Wesen des Menschen als Ek-sistenz ist nun so zu fassen, daß das Sein selber *das Verhältnis* ist (S. 163). Die Stätte, da die Wahrheit des Seins ihren Niederschlag findet, sich sozusagen einrichtet – ist das Dasein, die Ek-sistenz. *Das Stehen in der Lichtung des Seins nenne ich die Ek-sistenz des Menschen. Nur dem Menschen eignet diese Art zu sein. Die so verstandene Ek-sistenz ist nicht nur der Grund der Möglichkeit der Vernunft, ratio, sondern die Ek-sistenz ist das, worin das Wesen des Menschen die Herkunft seiner Bestimmung wahrt* (S. 155).

Ek-sistenz ist hier also nicht in der existentialistischen Bedeutung verstanden, als die Bemühung des Menschen um sein Selbst-sein, durch das Sich-entwerfen auf Möglichkeiten, sondern Ek-sistenz ist gedacht als das Hinaus-stehen in die Lichtung im Sinne der Offenheit, die nicht vom Menschen geschaffen oder bewirkt ist und gleichwohl alles Schaffen und Wirken trägt.

Der ganze *Brief über den «Humanismus»* kreist um die Ek-sistenz des Menschen, das heißt um das Verstehen des Menschen nicht als ein Lebewesen unter anderen, sondern als dasjenige Wesen, das durch seinen Bezug zum Sein ausgezeichnet ist. Heidegger will uns den Bereich öffnen,

Mit Walter Biemel, 1949

Links: Fritz Heidegger; rechts: Martin Heidegger

in dem allein eine Wesensbestimmung des Menschen möglich ist. Dadurch wird nun in der Tat dem Menschen eine Würde verliehen, die jeglichen Humanismus übersteigt, sofern dieser den Menschen zum Mittelpunkt macht. Hier wird *die Menschheit des Menschen aus der Nähe zum Sein* (S. 173) gedacht, sein Denken als Denken der geschichtlich geschehenden Offenheit, das heißt der Wahrheit des Seins. Von diesem Denken sagt Heidegger: *Das Denken handelt, indem es denkt. Dies Handeln ist vermutlich das Einfachste und zugleich das Höchste, weil es den Bezug des Seins zum Menschen angeht* (S. 145). Sprache und Sein gehören zusammen, da in der Sprache sich ausspricht, wie das Sein selbst erfahren wird. Im Denken und Dichten geht es jeweils um diese Grundoffenheit (vgl. «Dichten – Denken – Sprache [S. 125 f]). Wir stehen dagegen so sehr im Banne der technischen Auslegung des Denkens, daß wir die Dimension, in die Heidegger uns einführen will, gar nicht zu Gesicht bekommen. Die Logik ist nach Heidegger nichts anderes als *die seit der Sophistik und Plato beginnende Sanktion dieser Auslegung* (S. 146).

Das ist ein Umsturz der herrschenden Vorstellung, die uns auf die Logik verweist, wenn wir wissen wollen, was Denken heißt. Was wir durch die Logik erfahren können, ist nur eine spezifisch metaphysische Auslegung des Denkens, die technische Auslegung, wir könnten auch sagen die instrumentale Auslegung, aber im Wort Technik ist mehr enthalten (vgl. «Aletheia und das Wesen der Technik» [S. 111 f]).

Wenn das Denken zu Ende geht, indem es aus seinem Element weicht, ersetzt es diesen Verlust dadurch, daß es sich als τέχνη *, als Instrument der Ausbildung und darum als Schulbetrieb und später als Kulturbetrieb eine*

Mit Frau und Söhnen, 1953

Geltung verschafft. Die Philosophie wird allgemach zu einer Technik des Erklärens aus obersten Ursachen (S. 148 f).

Dagegen versucht Heidegger ein Denken, dem das Sein sein Element ist. Dabei ist Element nicht einfach als ein neutrales Medium zu denken, sondern als das, woraus das Denken seine Kraft erhält. *Das Element ist das eigentlich Vermögende: das Vermögen. Es nimmt sich des Denkens an und bringt es so in dessen Wesen. Das Denken, schlicht gesagt, ist das Denken des Seins. Der Genitiv sagt ein Zwiefaches. Das Denken ist des Seins, insofern das Denken, vom Sein ereignet, dem Sein gehört. Das Denken ist zugleich Denken des Seins, insofern das Denken, dem Sein gehörend, auf das Sein hört* (S. 147 f). Die Lichtung in ihrer jeweiligen Weise des Lichtens zu denken, das bedeutet für Heidegger: auf das Sein hören.

Wir sind nicht mehr in einer Position, die den Menschen als Subjekt versteht, welches Subjekt dann verschiedene mögliche Deutungen des Seienden entwirft, sondern in der ganz anderen Dimension, die vom Sein her das Wesen des Menschen zu fassen sucht, nämlich durch den Bezug des Menschen zum Sein. Wir halten uns nicht mehr in dem Bereich der Metaphysik auf, die zwar das Sein des Seienden denkt, im Sinne der Seiendheit, aber *nicht den Unterschied beider* (S. 154). *Die Metaphysik fragt nicht nach der Wahrheit des Seins selbst. Sie fragt daher auch nie, in welcher Weise das Wesen des Menschen zur Wahrheit des Seins gehört* (S. 154). Das Sein als die Nähe zu denken, in der wir stehen, die uns Seiendes nahekommen läßt und auch unser Verhältnis zu uns selbst trägt, das ist die Lichtung, die immer vorausgesetzt sein muß, damit uns Seiendes begegnen können soll. Daß wir damit nicht am Ende eines Wissens stehen, sondern vielmehr am Anfang der Aufgabe, das Wesen des Menschen in Zusammenhang mit der geschehenden Lichtung zu denken, dürfte klar sein. Um nur auf eine Schwierigkeit hinzuweisen – wie die Wandlung der Lichtung zu begreifen ist. Heidegger nennt sie Geschick, da der Mensch sie nicht zu bewirken vermag, sondern auszustehen hat. Wenn allerdings so viel davon abhängt, den Menschen dazu zu bringen, die Lichtung eigens zu denken und die Metaphysik als Epoche der Seinsvergessenheit bezeichnet wird, erhebt sich die Frage, ob es hier nicht doch auch eine wesentliche Zutat von seiten des Menschen gibt?

Am Vorabend des 70. Geburtstags 1959. Von rechts nach links: M. Boss, M. Heidegger, Frau Bröcker, J. Beaufret, W. Biemel, Frau Boss, H. Petzet, W. Bröcker, E. Kästner, Fritz Heidegger

Wie verhält sich die Frage nach dem Sein und die Frage nach der Wahrheit in dieser Schrift, und das besagt zugleich in dieser Zeit des Denkens? Sie fallen zusammen. Die Wahrheit als Unverborgenheit ist die Lichtung im Sinne der Wahrheit des Seins, das heißt als Sein. Wahrheit des Seins betrifft die Weise, in der das Sein sich als Lichtung offenbart hat, welche Lichtung zu wahren der Mensch berufen ist, worin seine Würde und Auszeichnung beruht. *Das Geschehen der Geschichte west als Geschichte der Wahrheit des Seins aus diesem* (S. 166). Dieser Ausspruch zeigt, wie Heidegger Wahrheit, Sein und Geschichtlichkeit zusammendenkt.*

---

* Vgl. dazu die Heraklit-Deutung des Textes *Aletheia* in *Vorträge und Aufsätze* (Pfullingen 1954. S. 257–282), die im Zusammenhang der Heraklit-Vorlesung von 1943 entstanden ist und 1954 veröffentlicht wurde. Heraklit ist als der Denker gesehen, der dem Gedanken der Lichtung nachdenkt. Die Grundworte des Heraklit stehen im Zeichen des Ereignisses der Lichtung.

ALETHEIA UND DAS WESEN DER TECHNIK
(«DIE FRAGE NACH DER TECHNIK», 1953)

Einer gängigen Meinung zufolge steht der Heidegger von *Sein und Zeit* der Phänomenologie nahe, weswegen dieses Werk besonders geschätzt wird, während der späte Heidegger sich in poetisierende Gedankenkonstruktionen verliert, die mit dem strengen Duktus der Phänomenologie nichts mehr gemein haben und deswegen nicht weiter berücksichtigt zu werden verdienen.

Nichts ist falscher als diese anscheinend so eingängige Klassifizierung. Der «späte» Heidegger ist nicht weniger phänomenologisch als der frühe, bloß was er jetzt vor den untersuchenden Blick zu bringen vermag, übersteigt das, was wir mit Phänomenologie zu identifizieren pflegen. Schon der Titel der im Dezember 1949 im Club zu Bremen gehaltenen Vorträge zeugt von ihrer phänomenologischen Einstellung: *Einblick in das, was ist.* Gibt es eine phänomenologischere Aufgabe, als die hier formulierte?

Von den vier Vorträgen *Das Ding, Das Ge-stell, Die Gefahr, Die Kehre* sei der zweite hier erörtert. Sein Text wurde noch einmal überarbeitet und am 18. November 1955 im Rahmen der von der Bayerischen Akademie der Schönen Künste veranstalteten Tagung «Die Künste im technischen Zeitalter» unter dem Titel *Die Frage nach der Technik* vorgetragen.*

Gleich zu Beginn wird präzisiert: es geht um das Wesen der Technik. ... *das Wesen der Technik* ist *ganz und gar nichts Technisches* (S. 13), so wie das Wesen des Baumes *nicht selber ein Baum ist, der sich zwischen den übrigen Bäumen antreffen läßt* (S. 13).

Ausgegangen wird von der gebräuchlichen Auffassung der Technik, die sie als Instrument versteht. Im Verlauf der Darstellung wird diese geläufige Auffassung radikal zerstört.

Wir sind in der merkwürdigen Situation, daß ein Mittel, das der Meisterung dient, selbst einer Meisterung unterworfen werden muß, da es *der Herrschaft des Menschen zu entgleiten droht* (S. 15).

Nun gibt Heidegger zu, daß dieses instrumentale Vorstellen der Technik *unheimlich richtig* (S. 14) ist, zugleich trennt er aber das Richtige von dem Wahren und gibt dadurch einen Hinweis auf den Weg der Überlegung, die vom Vorstellen des Richtigen zum Fassen des Wahren vordringen soll.

Um diesen Weg vom Richtigen zum Wahren gehen zu können, muß Klarheit über das, was wir das Instrumentale nennen, gewonnen werden. Es ist Mittel. Ein Mittel wird zum Mittel durch das, was es bewirkt, was wir durch es vermögen. Das führt zur Frage der Kausalität. Die Tradition kennt die vier Ursachen: causa materialis (Stoff), causa formalis (Form), causa efficiens (Wirkursache) und causa finalis (Zweckursache). Sie beruft sich dabei auf Aristoteles. Nun erinnert Heidegger daran, daß im griechischen Bereich die Kausalität nichts mit Wirken und Bewirken zu

---

* Wir zitieren nach dem Band *Vorträge und Aufsätze* (Pfullingen 1954). Die Seitenzahlen in diesem Kapitel (wenn nichts anderes vermerkt ist) beziehen sich auf diesen Band. Der Text erschien auch in der Reihe «Opuscula» (Bd. 1), zusammen mit dem letzten Vortrag *Die Kehre* (1962).

tun hat, daß αἰτία Verschulden bedeutet. Die vier genannten Ursachen sind vier Weisen des Verschuldens, des Schuldseins-an. Beim Beispiel der Opferschale ist das Silber als Stoff- ὕλη mit schuld an ihr, desgleichen das Aussehen-εἶδος. Die Opferschale gehört zum Tempel, zum Kult, dies ist das eigentlich Umgrenzende, das sie Vollendende-τέλος. Schließlich ist der Silberschmied mit schuld am Vorliegen des Opfergerätes, aber nicht einfach als Verfertiger und Bewirker. *Der Silberschmied ist mit schuld als das, von wo her das Vorbringen und das Aufsichberuhen der Opferschale ihren ersten Ausgang nehmen und behalten. Die drei zuvor genannten Weisen des Verschuldens verdanken der Überlegung des Silberschmieds, daß sie und wie sie für das Hervorbringen der Opferschale zum Vorschein und ins Spiel kommen* (S. 17). Die causa efficiens, die uns naheliegendste Ursache, gibt es in dieser Weise bei Aristoteles gar nicht.

Was wird bei diesem Verschulden verschuldet? – *das Vor- und Bereitliegen der Silberschale als Opfergerät* (S. 18). Durch dies Verschulden kommt die Opferschale zum Erscheinen, ins Anwesen. Anders formuliert: das Verschulden veranlaßt, daß etwas *noch nicht Anwesendes ins Anwesen* (S. 18) gelangt. Diese Veranlassung im Sinne des Hervorbringens heißt bei den Griechen ποίησις.

Die poiesis ist aber keineswegs auf das menschliche Tun beschränkt. Auch die physis (Natur) ist poiesis. Die Natur bringt ständig von sich her etwas in die Anwesenheit, läßt Seiendes anwesend sein. (Wir brauchen nur an Vorgänge des Wachsens und Reifens zu denken.) Trotzdem gibt es einen Unterschied des menschlichen Hervorbringens und des naturhaften Hervorbringens. Das naturhafte Hervorbringen bedarf keines Anderen, um etwas anwesend sein zu lassen – die Opferschale dagegen bedarf des Silberschmiedes, um vorliegen zu können. Die Natur ist an ihr selbst und in ihr selbst Hervorbringen.

Worauf kommt es beim Hervorbringen an? Was geschieht hier? *Das Her-vor-bringen bringt aus der Verborgenheit her in die Unverborgenheit vor. Her-vor-bringen ereignet sich nur, insofern Verborgenes ins Unverborgene kommt* (S. 19). Damit stehen wir aber schon im Bereich der aletheia. Was zu Beginn fremd, ja unvereinbar schien – die Technik mit der aletheia in Zusammenhang zu bringen –, zeigt sich nun im Gegenteil als unzertrennbar. Begreifen wir aletheia als Entbergung, die ins Unverborgene bringt, im Sinne des Zum-Vorschein-kommen-lassens, des In-die-Anwesenheit-gelangens, dann ist in der Tat das, was bei jeglichem Hervorbringen hervorgebracht wird, das Anwesend-sein, die Anwesenheit; möge es sich um das Herstellen eines neuen Gerätes handeln, das Errichten einer Mauer, die Ausstattung eines Wohnplatzes, der Zucht einer neuen Pflanzenart oder das Erstellen eines Kunstwerkes. Das ist die umfassendste Bestimmung, nicht in der Bedeutung der bloßen Allgemeinheit, sondern in der, daß der Charakter dessen, was hier geschieht, eigens in die Sicht genommen wird.

Aber was hat die Technik damit zu tun? Sie kann zweifellos auch als eine Weise des Hervorbringens angesehen werden – welche, das wird noch zu untersuchen sein. Geben wir das zu, dann gehört auch die Technik zum Bereich der aletheia, der Unverborgenheit (Wahrheit). So befremdlich das

Gang in den Garten

für uns immer noch klingen mag, weil wir bei unseren Überlegungen über die Technik auf den Nutzen sehen, auf die Produktionsmittel, Produktionsweisen, die spezifischen Verfahren, die Effikazität, die Rentabilität, vielleicht auch auf das Produktionsklima, und das heißt, weil wir so vom Technischen fasziniert sind, daß wir gar nicht dazu kommen, danach zu fragen, was sich im Technischen wirklich ereignet, was also zum Wesen der Technik gehört.

Im griechischen Denken, aus dem ja der Begriff der techne stammt, gehören techne und episteme zusammen. Beides sind Weisen des Wissens, des Sich-Auskennens. Daß der Zusammenhang von techne und aletheia nicht willkürlich von Heidegger konstruiert ist, dafür haben wir einen eindeutigen Beleg in der «Nikomachischen Ethik» des Aristoteles, Buch VI, Kap. 3 und 4. Da werden ausdrücklich techne und episteme als Weisen des Entbergens, ἀληθεύειν angesprochen. Dieser Text, wir sagten es schon, ist von Heidegger früh entdeckt worden und hat ihn angeregt, er gehört sozusagen zu den Keim-Stellen für sein eigenes Denken. Aristoteles sieht dabei die techne schon in der bestimmten Hinsicht, daß es hier um das Entbergen oder Freilegen von solchem geht, *was sich nicht selber her-vor-bringt und noch nicht vor-liegt, was deshalb bald so, bald anders aussehen und ausfallen kann* (S. 21). Bei diesem Vorgehen ist das Entscheidende nicht das Machen, Hantieren, Umgehen-mit, sondern die Vorwegnahme des Zu-Erreichenden, zum Beispiel des Hauses, Schiffes, der Rüstung und ähnlichem, also die Vorausschau der zu erreichenden Gestalt. In dieser Vorausschau ereignet sich das Entbergen, das dann die Grundlage für alles Weitere bildet – von der Beschaffung des Materials, den Arbeitsgängen bis zur Verwendung des Hervorgebrachten. Dabei sind diese Termini aus dem neuzeitlichen Verständnis entlehnt, sie sollen nur erläutern, daß all dies im Dienste der Vorausschau der hervorzubringenden Gestalt steht. Es ist dabei gleichgültig, ob das Hervorzubringende etwas schon Bekanntes ist (z. B. ein Schiff) oder etwas in dieser Weise Neues (ein Kunstwerk).

Heidegger nimmt einen möglichen Einwand auf, daß sich diese Art der Bestimmung der techne wohl auf den griechischen Bereich anwenden lasse, nicht aber auf die neuzeitliche Kraft-Maschinen-Technik in ihrer Beziehung zur neuzeitlichen Naturwissenschaft. Zwei Fragen stellen sich: 1. Gilt auch für die neuzeitliche Technik der Zusammenhang von aletheia (Unverborgenheit) und techne?, und 2. Was ist das Eigenwesentliche der neuzeitlichen Technik?

Heidegger bejaht die erste Frage. Auch die neuzeitliche Technik muß in dem Zusammenhang von Verborgenheit und Entbergung gesehen werden, und um das gemäß tun zu können, gilt es die zweite Frage auseinanderzulegen, die im Mittelpunkt des Technik-Aufsatzes steht, nämlich in welcher Weise in der neuzeitlichen Technik ein Entbergen vollzogen wird. Anders formuliert: Wie kommt in dem technischen Umgang das Seiende zum Erscheinen? Und das impliziert gleich folgende Frage: Wie verhält sich der durch die Technik bestimmte Mensch zum Gegebenen, wie ist sein Bezug zu ihm?

Die Antwort klingt zunächst harmlos: In der technischen Einstellung wird alles bloß im Hinblick auf die Verfügbarkeit und Bestellbarkeit präsent – alles wird zum Bestand. Wie es in der ersten Ausarbeitung heißt: *Der Bestand besteht. Er besteht, sofern er auf ein Bestellen gestellt ist. In das Bestellen gewendet, ist er in das Verwenden gestellt. Das Verwenden stellt jegliches im vorhinein so, daß das Gestellte dem folgt, was erfolgt. So gestellt, ist alles: in Folge von ... Die Folge aber wird zum voraus als Erfolg bestellt. Der Erfolg ist jene Art von Folge, die selbst auf das Ergebnis weiterer Folgen abgestellt bleibt. Der Bestand besteht durch ein eigentümliches Stellen. Wir nennen es das Be-stellen.* Das Zum-Bestand-werden des Seienden bestimmt eine neue Epoche. Ihr ging die Epoche voraus, da das Seiende zum Gegenstand wurde und als Gegenstand gefaßt war.

Solange das Gegenüber des Menschen ein Gegenstand war und ist (das geschah erst in der Neuzeit, mit der Bestimmung des Menschen als Subjekt, für das sein Gegenüber das Objekt ist), solange wurde ihm noch eine gewisse Eigenständigkeit zuerkannt. Ich sage eine gewisse, denn mit dem Subjekt-Werden des Menschen versteht er sich als das eigentlich Zugrundeliegende, zumindestens wissensmäßig. In der neuzeitlichen Technik aber geschieht eine Radikalisierung. Nicht das Wissensmäßige, so möchte ich es formulieren, sondern das Könnenmäßige tritt in den Vordergrund. Natürlich ist Können nur durch Wissen möglich, aber das Wissen wird eigens an dem gemessen, was durch es gekonnt wird. Das Können wird zum Kriterium des Wissens. Dieses Können versteht sich zunehmend im Sinne des Mächtigseins, und das Mächtigsein muß sich unmittelbar zeigen in der Verfügungsgewalt. Das geschieht im Bestand.

In dieser verkürzten Darstellung kann allerdings der Eindruck entstehen, als ob mit der Wandlung des Gegebenen vom Gegenstand zum Bestand einfach eine menschliche Willkür ins Spiel gebracht wäre. Diese Wandlung kann sogar in der Weise eines Vorwurfs verstanden werden, und damit hätten wir dann Heidegger einfach unter die Gegner der Technik einzureihen und könnten uns mit dieser Einreihung zufrieden geben, da wir ja wissen, es gibt Verteidiger und Gegner der Technik, und wenn man jemanden so einreihen kann, dann ist er im Grunde genommen durch diese Festlegung neutralisiert und beunruhigt uns nicht mehr. Wir wissen jetzt angeblich, was es mit diesem Philosophen auf sich hat. Wenn dann noch der Terminus Irrationalismus hinzugefügt wird, um ja den Leser abzuschrecken und zugleich den Eindruck zu erwecken, seine Pflicht als kritischer Philosoph erfüllt zu haben, scheint das Urteil endgültig gefällt zu sein, unwiderruflich. Allerdings versagt dies Verfahren, wenn man sich die Mühe nimmt, den Text selbst zu lesen. Denn dann gibt man sich Rechenschaft, daß es hier nicht um eine Verherrlichung oder Dämonisierung der Technik geht, sondern um das Erfassen eines Sachverhalts, in dem wir mitten darin stehen, dem wir ausgesetzt sind, ohne ihn doch im Grunde genommen zu verstehen. Heideggers Deutung ist ein Versuch solch eines Verstehens. Ein Versuch, der zweifellos weiter geht als sonstige Interpretationen über die Technik. Ihn als den einzig möglichen anzusehen, würde er selbst uns verbieten. Es kommt hier nicht darauf an, Autoritäten anzuerkennen, sondern es kommt darauf an, endlich zu fragen, wie es mit dem Menschen des 20. Jahrhunderts bestellt ist. Sich die Freiheit zu bewahren, ein Fragen in Gang zu bringen, das uns selbst fragwürdig werden läßt. Nichts ist leichter, als sich an den Erfolgen der Technik zu berauschen oder durch Hinweise auf Negatives die Technik einfach zu verdammen. In Heideggers Fragen nach dem Wesen der Technik geschieht anderes, nämlich der Versuch, der Technik den Rang zukommen zu lassen, der ihr gebührt. Wie das geschieht und welcher Rang das ist, muß im folgenden gezeigt werden.

Wir gingen davon aus, daß es ein Mißverständnis sei, die Wandlung in der Einstellung zum Seienden, vom Gegenstand zum Bestand als Ergebnis menschlicher Willkür zu verstehen. Denn in dieser Wandlung erfahren wir eine Wandlung der Unverborgenheit (aletheia), eine Wandlung, über die nach Heidegger der Mensch nie und nimmer verfügen kann, obwohl sie ihn im innersten angeht. Im Umgang mit dem Seienden in der griechisch verstandenen Her-vor-bringung oder in der später erfolgten Vergegenständlichung oder schließlich in der gegenwärtigen Beständigung finden wir solch einen Wandel der Unverborgenheit.

Indem der Mensch die Technik betreibt, nimmt er am Bestellen als einer Weise des Entbergens teil. Allein die Unverborgenheit selbst, innerhalb deren sich das Bestellen entfaltet, ist niemals ein menschliches Gemächte, so wenig wie der Bereich, den der Mensch jederzeit schon durchgeht, wenn er als Subjekt sich auf ein Objekt bezieht (S. 26).

Wir sahen, daß das Wesen des Menschen bestimmt und getragen ist durch seinen Bezug zur Unverborgenheit (vgl. «Die Frage nach dem Sein im Horizonte der Zeit» [S. 37 f], «Die Wahrheitsfrage in ‹Vom Wesen der Wahrheit›» [S. 66 f] und «Kunst und Aletheia» [S. 79 f]). Die Offenheit, die jegliches Offenbare begegnen läßt, ist die Unverborgenheit. Mit der Weise der Offenheit, in die der Mensch gestellt ist, wandelt sich sein Verhalten zu dem offenbaren Seienden. *Wo immer der Mensch sein Auge und Ohr öffnet, sein Herz aufschließt, sich in das Sinnen und Trachten, Bilden und Werken, Bitten und Danken freigibt, findet er sich überall schon ins Unverborgene gebracht. Dessen Unverborgenheit hat sich schon ereignet, so oft sie den Menschen in die ihm zugemessenen Weisen des Entbergens hervorruft. Wenn der Mensch auf seine Weise innerhalb der Unverborgenheit das Anwesende entbirgt, dann entspricht er nur dem Zuspruch der Unverborgenheit . . .* (S. 26).

Der technische Umgang mit dem Seienden ist also keine beliebige Handlung des Menschen, sondern der Mensch ist in diesen herausfordernden Umgang gestellt, durch die Weise der Unverborgenheit selbst, die Heidegger das *Ge-stell* nennt. Wie ist dieses Wort zu verstehen? Heidegger nimmt es in einer ungewohnten Bedeutung, weil diese ganze Überlegung uns in Ungewohntes führen soll. Wir stellen uns bei Gestell gewöhnlich etwas Dingliches vor, weil unser gesamtes Vorstellen gerne am Dinglichen einen Halt gewinnt. Das Dingliche ist sehbar, tastbar, beschreibbar, es kann hergestellt, verbraucht und abgestoßen werden, wir wissen immer, woran wir mit ihm sind. Um festen Wohnsitz zu gewinnen, füllen wir die Räume mit den uns vertrauten Dingen. Allerdings ist die Überlegung, um die es hier geht, nicht von dieser Art. Es geht hier um die Frage der Offenheit, in der wir stehen und durch die uns das Offenbare (Seiende) zugänglich wird – also um die Frage der Unverborgenheit, der aletheia.

Ge-stell ist nichts Dingliches, sondern der Name für eine spezifische Weise der Unverborgenheit. Für welche? Für diejenige, in der der Mensch herausgefordert ist, *das Wirkliche in der Weise des Bestellens als Bestand zu entbergen. Ge-stell heißt die Weise des Entbergens, die im Wesen der modernen Technik waltet und selber nichts Technisches ist* (S. 28).

Man könnte einwenden: einmal bringen wir Ge-stell mit Unverborgenheit zusammen, ein anderes Mal mit Entbergen, ist das nicht eine ungenaue oder zumindest laxe Redeweise? Aber das menschliche Verhalten im Sinne des Entbergens, wir können es das Grundverhalten nennen, im Unterschied zu den spezifischen Verhaltensweisen, ist ja nach Heidegger jeweils getragen und bestimmt von der waltenden Unverborgenheit. Und die Unverborgenheit wird für uns zugänglich über die Weise des Verhaltens. Daß die Unverborgenheit anders weste bei den Griechen als in der Gegenwart, das können wir nicht spekulativ deduzieren oder konstruieren, sondern aus dem Umgang und Verstehen des Seienden sowie dem Selbstverständnis des Menschen entnehmen. Unverborgenheit und Entbergung spielen zusammen, sie bilden ein einheitliches Phänomen, und es ist wichtig, sie geschichtlich zu deuten. Die Unterscheidungen des Umgangs im Sinne des Her-vor-bringens, des Vergegenständlichens und des Bestellens sind Unterschiede der Unverborgenheit, und das heißt zumal des Entbergens.

Wir dürfen die Tatsache, daß mit technischen Operationen und Veranstaltungen Maschinerien verbunden sind, die als «Gestänge», «Geschiebe», «Gerüste» bekannt sind, nicht Gestell auf dieses Dingliche beziehen. Heidegger will vielmehr zurückfragen nach der für die Technik eigenen Unverborgenheit. Damit ist schon angedeutet, welchen Rang Heidegger der Technik zukommen läßt und wie weit diese Darstellung von jeglicher instrumentalen Technik-Beschreibung entfernt ist.

Heidegger weist ausdrücklich darauf hin, daß das Wort Stellen in Gestell die Verbindung lebendig erhalten soll mit dem Stellen im Sinne des Hervorbringens, wie das bei der poiesis geschieht. Im Hervorbringen gemäß der poiesis wird Seiendes in die Anwesenheit geholt, allerdings nicht in der Weise, daß es nun als verfügbarer Bestand dasteht, sondern daß in diesem Stellen etwas zum Erscheinen kommt.

Griechisches Anwesend-sein-lassen in dem Hervorbringen im Sinne der poiesis und neuzeitliche Bestandsicherung als Herausforderung der Natur im Sinne des Gestells sind gleichsam zwei Gegenpole, die sich aber – das darf nicht übersehen werden – in derselben Dimension halten, nämlich der Grunddimension der Unverborgenheit (aletheia). In beiden geschieht Unverborgenheit, allerdings auf sehr verschiedene Weise. Heidegger hat in den Bremer Vorträgen *Einblick in das, was ist* herausgestellt, daß die neuzeitliche Wissenschaft in ihrem Wesen technisch ist. Das heißt, daß das, was in ihr geschieht, der Wahrheit des Seins im Sinne des Gestells entspricht, daß diese Wahrheit in ihr zur Sprache kommt.

Es kann hier nicht weiter verfolgt werden, wie in der neuzeitlichen Naturwissenschaft, noch vor jeder Ausbildung der Technik, der Zug des Stellens der Natur im Sinne der Aufweisung eines vorausberechenbaren Kräfte-Zusammenhangs am Werk ist. *Die neuzeitliche physikalische*

Theorie der Natur ist die Wegbereiterin nicht erst der Technik, sondern des Wesens der modernen Technik. Denn das herausfordernde Versammeln in das bestellende Entbergen waltet bereits in der Physik (S. 29). Sie wird *der in seiner Herkunft noch unbekannte Vorbote des Ge-stells* genannt (S. 29). Kausalität ist jetzt nicht mehr hervorbringendes Veranlassen im Sinne des Schuldseins-an, auch nicht causa efficiens oder causa formalis. Heidegger gibt einen Hinweis: *Vermutlich schrumpft die Kausalität in ein herausgefordertes Melden gleichzeitig oder nacheinander sicherzustellender Bestände zusammen* (S. 30f).

Die Überlegung sammelt sich in einem zweiten Schritt auf die Erfassung des Ge-stells. Gerade weil im Ge-stell nichts Dingliches gedacht wird, sondern eine Weise der Bezugshaftigkeit des Menschen zum Seienden, ist es erforderlich, das, was unter Ge-stell gedacht wird, näher zu umschreiben. Sagen wir Bezugshaftigkeit des Menschen, so drängt sich sofort die Frage auf: Wie kommt es zu dieser Bezugshaftigkeit? Kann der Mensch einfach beliebig Bezüge entfalten und dann wieder aufheben, also sich davon distanzieren? Oder steht solch ein Entfalten unter einem Gebot, das uns zunächst und zumeist und vielleicht auf lange Zeit verborgen bleibt?

Heidegger meidet bewußt die Redeweise von der Bezugshaftigkeit, weil sie gewöhnlich so verstanden wird, daß das neuzeitliche ego, das endlich dazu gefunden hat, seine Existenz zu rechtfertigen, nun in der Lage ist, sich nach eigenem Planen und Wollen zu entfalten, das heißt, die Beziehungen zu Seiendem ins Spiel setzen kann, die ihm genehm sind. Anders formuliert: Das ego als Subjekt ist nun das eigentlich Seiende, und alles Nicht-Subjekthafte erhält seine Seinsberechtigung von Gnaden des Subjekts. Diese Position wird von Heidegger gerade in ihrem neuzeitlichen Charakter als eine bestimmte Weise der Entfaltung der Metaphysik aufgedeckt und durchschaut. Da wir aber in dieser metaphysischen Tradition stehen und von ihr bestimmt, getragen sind, ist es sehr schwer, uns aus dieser Betrachtungsweise zu lösen.

Im Ge-stell geschieht eine bestimmte Weise des Entbergens. Wie? *Geschieht dieses Entbergen irgendwo jenseits alles menschlichen Tuns? Nein. Aber es geschieht auch nicht nur im Menschen und nicht maßgebend durch ihn* (S. 31). Der Mensch gehört also dazu, aber er ist doch nicht der Meister des Entbergens oder, wie wir auch sagen können, der Offenheit, in die all unser Verhalten eingelassen ist.

Wenn diese Antwort eher im Negativen als im Positiven liegt, so ist das nicht zufällig, auch kein rhetorischer Kunstkniff, um die Spannung des Lesers zu erhöhen, sondern vielmehr ein Hinweis darauf, daß wir hier den gegenständlichen Bereich mit seinen eindeutigen Fragen und Antworten verlassen haben. Dies besagt aber keineswegs, daß wir nun in den Bereich kommen, in dem alle Kühe grau sind, sondern daß hier eine Wandlung des Überlegens gefordert wird, die nicht einfach zu vollziehen ist. Deswegen greift Heidegger noch einmal das auf, was im Ge-stell zu denken ist. *Das Gestell ist das Versammelnde jenes Stellens, das den Menschen stellt, das Wirkliche in der Weise des Bestellens als Bestand zu entbergen. Als der so Herausgeforderte steht der Mensch im Wesensbereich des Ge-stells* (S. 31).

Wir wissen nicht, wie es dazu kommen konnte, wir können aber sehr wohl wissen, was mit dem so Gekommenen sich ereignet. Im Ge-stell erfahren wir eine bestimmte Weise des Entbergens, wir sind in sie gestellt als eine Art Ge-schick. Dieses Geschick eigens zu bedenken ist nach Heidegger eine der grundlegenden Aufgaben des Menschen. Weshalb? Weil in diesem Bedenken sich eine vorzügliche Möglichkeit eröffnet – nämlich nicht einfach auf diesen bestimmten Umgang mit dem Seienden (im Sinne des Bestellens) beschränkt zu bleiben, sondern zurückzufragen, wie in ihm so etwas wie Unverborgenheit im Spiel ist.

Weil dieses Geschick *den Menschen jeweils auf einen Weg des Entbergens bringt, geht der Mensch, also unterwegs, immerfort am Rande der Möglichkeit, nur das im Bestellen Entborgene zu verfolgen und zu betreiben und von da her alle Maße zu nehmen. Hierdurch verschließt sich die andere Möglichkeit, daß der Mensch eher und mehr und stets anfänglicher auf das Wesen des Unverborgenen und seine Unverborgenheit sich einläßt, um die gebrauchte Zugehörigkeit zum Entbergen als sein Wesen zu erfahren* (S. 33f).

Schien es zuerst so, als ob aus der bestimmten Bezugshaftigkeit – hier des Bestellens – kein Entrinnen möglich wäre, so sagt dieser Text, daß es sehr wohl eine andere Möglichkeit im Denken und durch es gibt, nämlich die Frage nach der Dimension, die zuallererst jegliches Entbergen trägt, die Dimension der Unverborgenheit. Und daß damit zugleich der Mensch zu sich selbst findet, nämlich seiner Wesensbestimmung, die getragen ist durch den Bezug zur Unverborgenheit (vgl. auch den *Brief über den «Humanismus»*). Denn es gibt so etwas wie Unverborgenheit nur für das Wesen, das selbst offen ist und, so im Unverborgenen stehend, Unverborgenheit austragen kann.

Dieses Im-Unverborgenen-stehen, Unverborgenheit-austragen heißt aber keineswegs, daß der Mensch ein bloßer Bote wäre, ein bloß Ausführender. Wohl steht es nicht in seinem Belieben, wie Unverborgenheit ist, aber andererseits muß der Mensch nicht ganz im Bestellen aufgehen, sondern kann sich auf das besinnen, was überhaupt erst so etwas wie Bestellen zustellt. Immer von neuem stoßen wir auf die Schwierigkeit, daß die Unverborgenheit als ein leeres Medium vorgestellt wird, das Seiendes aufnimmt. Aber es steht mehr auf dem Spiel, wie wir gerade durch die verschiedenen Weisen des Entbergens sehen konnten – das Entbergen als poiesis, im Sinne des Her-vor-bringens, das Entbergen als Vergegenständlichung, das Entbergen als Bestellen. Jedesmal erscheint das Seiende in anderer Weise, und auch der Mensch selber versteht sich anders.

Gerade beim Bestellen erfahren wir, wie der Mensch selbst auch nur als Bestellbares zugelassen wird – zugleich sich aber als der absolute Herrscher über jegliches Seiende aufspielt, als ob er dadurch den Verlust, dem er preisgegeben ist, überspielen wollte. Der Mensch scheint überall sich selbst zu begegnen.[17] In Heideggers Deutung zeigt sich aber das Gegenteil. *Indessen begegnet der Mensch heute in Wahrheit gerade nirgends mehr sich selber, d. h. in seinem Wesen* (S. 35).

Wie kann so etwas behauptet werden, da doch zweifellos das Wirken und Tun des Menschen solche Proportionen annimmt, daß wir plötzlich in die unvorausgesehene Situation gelangt sind, unsere Umwelt in zuneh-

Todtnauberg

mendem Maße unbewohnbar zu machen? Stoßen wir also nicht ständig, selbst da, wo wir es gar nicht wollen, in der Natur als Umwelt auf das Wirken des Menschen? Ist er nicht allgegenwärtig?

Aber was Heidegger behauptete, war ja keineswegs, daß der Mensch sich nicht ständig bemerkbar macht und alles in seinen Griff zu bekommen sucht, sondern daß das Wesen des Menschen sich entzieht, daß wir dem Wesen nicht begegnen. Es muß in Erinnerung gebracht werden, daß dieses Wesen von Heidegger gerade durch den Bezug des Menschen zur Unverborgenheit gedacht wird, daß dieser Bezug, den wir den Grund-Bezug nannten, das tragende Moment ist. Und dieser Bezug ist nun in der Tat bei der konsequent bestellenden Einstellung nicht sichtbar. So wenig sichtbar, daß ein Denken, das von diesem Bezug ausgeht, alles mit ihm in Zusammenhang bringt, in den Verruf gelangen muß, über Nicht-Existentes zu sprechen. Wir selbst stehen ja in dieser Schwierigkeit, sobald die Rede auf die Unverborgenheit kommt, nichts Handgreifliches vorweisen zu können, woran man sich klammern oder gar aufrichten kann. Anders formuliert: Wenn für Heidegger der Bezug zur Unverborgenheit das Wesen des Menschen ausmacht, der Mensch als existierender gedacht wird, als in die Unverborgenheit hinausstehend, die Unverborgenheit übernehmend und verwahrend, so ist diese Deutung des Menschen höchst befremdlich. Wäre die Rede von dem sich durch die Arbeit selbst produzierenden Wesen, wüßten wir gleich, was gemeint ist. Aber hier wird nichts produziert – auch die Unverborgenheit darf nicht als Produkt eines menschlichen Tuns und Verrichtens angesehen werden.

Daß im Laufe der Geschichte der Metaphysik eine Wandlung der Deutung des Seienden geschieht, können wir leicht nachvollziehen; das läßt sich an den Texten belegen, wenn wir den Heideggerschen Leitfaden der Deutung verstanden und übernommen haben. Aber gegen den Schritt, auf den es ihm ankommt, nämlich die Rückfrage nach dem Geschehen, das in dieser Geschichte verborgen zugrunde liegt, sträuben wir uns, wir äußern leicht den Verdacht, es handle sich doch um eine post-metaphysische Spekulation. Wir sollen nicht so tun, als wäre sein Vorgehen etwas Selbstverständliches, es ist etwas durch und durch Ungewohntes. Heidegger selbst hat diesen Gedanken keineswegs von Anfang an so gesehen und gedacht. Er hat das nicht einfach als seine These gesetzt, die er dann nachträglich zu belegen versuchte, sondern ist schrittweise zu dieser Einsicht gelangt. Wir versuchten zu zeigen, wie er sehr früh vom Denken der aletheia ausgegangen ist, aber es dauerte eine geraume Weile, Jahrzehnte denkerischen Suchens, bis er sie so zu fassen vermochte, wie das in der Vortragsreihe *Einblick in das, was ist* geschieht.

Mit der Herrschaft des Ge-stells ist für Heidegger die Bedrohung wirklich geworden, *daß dem Menschen versagt sein könnte, in ein ursprünglicheres Entbergen einzukehren und so den Zuspruch einer anfänglicheren Wahrheit zu erfahren* (S. 36). Denn die Wahrheit ist (vgl. «Die Frage nach dem Sein im Horizonte der Zeit» [S. 37f] und «Die Wahrheitsfrage in ‹Vom Wesen der Wahrheit›» [S. 66f]) nicht in der Aussage beheimatet, im wahren Satz, sondern Wahrheit als Unverborgenheit ist dasjenige Geschick, in dem der Mensch steht, das er auszutragen hat, je nachdem wie

Mit dem Bildhauer Bernhard Heiliger, Oktober 1964

er Seiendes zu erfahren vermag. Deswegen kann Heidegger die Unverborgenheit als das Gewährende denken. Sie gewährt die Offenheit, in die der Mensch geschichtlich gestellt ist und die ihm Seiendes auf bestimmte Weise zugänglich macht.

Wir versuchen, zu verstehen, was den zweideutigen Charakter des Wesens der Technik ausmacht. Bis jetzt war bloß auf die Kennzeichnung der höchsten Gefahr hingewiesen worden, daß der Mensch so sehr in das Rasende des Bestellens hineingesogen wird, daß der Bezug zur Wahrheit als Entbergung ganz und gar verstellt wird, daß andere Möglichkeiten des Entbergens auch gar nicht als Möglichkeiten gefaßt werden können. Das ist bloß eine Seite des Sachverhalts. Wenn im Ge-stell eine bestimmte Weise der Unverborgenheit zum Tragen kommt, wenn in jeglicher Unverborgenheit so etwas wie ein Gewähren im Spiel ist, dann kann gerade auch hier dieser Gedanke des Gewährenden eigens das Zu-denkende werden. Das heißt, dann kann gerade auch hier der Mensch aus seinem Bezug zur Wahrheit gedacht werden, was Heideggers ständiges Bemühen ist. Durch solch ein Denken kann etwas beigetragen werden zur Überwindung des Wesens-Verlustes, der sich im puren Bestellen und Bestandsichern ereignet. Das wäre dann der Ansatz zu einer Wandlung – einer möglichen Wandlung im Sinne des Rettenden, das gerade in der höchsten Gefahr aufbrechen kann. Es könnte sein, daß solch eine Wandlung gerade von der Kunst her erfolgt, denn in der Kunst geht es schon seit langem um ein

Zum-Vorschein-kommen-lassen des Seienden, und das heißt zugleich auch des Menschen selber – und gerade auch im Denken, wie Heidegger es versteht, im Unterschied zum Philosophieren (vgl. «Dichten – Denken – Sprache» [S. 125 f]). Beim Denken ist das Zu-denkende die Unverborgenheit selbst und die in ihr geschehende Entbergung und Verbergung. Den Denkern, die ihr zuerst nachgedacht haben, die Heidegger die frühen Denker nennt: Anaximander, Parmenides, Heraklit gilt deswegen seit langem sein Bemühen einer deutenden An-eignung.

Die Frage, die sich beim Versuch des Verstehens dieser Gedankengänge aufdrängt und immer dringlicher zu Wort meldet, lautet: Wie konnte es zu dieser Art von Unverborgenheit im Sinne des Ge-stells kommen? Heideggers Antwort lautet: daß es das Sein selbst ist, das sich in dieser Weise zeigt. In dem noch unveröffentlichten Vortrag *Die Gefahr* wird dem Zusammenhang von physis und thesis eigens nachgedacht und aufgewiesen, wie in dem Her-vor-bringen der physis schon ein Stellen mitspielt. Seiendes wird aus der Verborgenheit in die Unverborgenheit gebracht, dadurch anwesend. Dieses Anwesende kann durch ein menschliches Stellen verwandelt werden (Stein – Mauer). Stellen in diesem Sinne ist griechisch gedacht thesis, ein Her-stellen. Voraussetzung dafür ist, daß über-

Mit Bultmann beim Treffen der Alt-Marburger, 1961

haupt Unverborgenheit erfahren wird, denn nur in diesem Bereich ist ein Her-stellen möglich. Im Anwesenlassen von Seiendem in der Weise der physis sieht Heidegger die Wesensherkunft für das nachmalige Stellen im Sinne des Gestells. Allerdings ist im Blick zu behalten die Unterschiedenheit des Stellens in der physis vom Stellen des Gestells, wenn die Weite der Wandlung erfaßt werden soll, die sich vom griechisch erfahrenen Seienden als Anwesenden zum jetztzeitig erfahrenen Seienden als Bestand ereignet hat. Daß wir überhaupt endlich soweit kommen, diese Wandlung zu sehen, ihr nachzudenken, sie als unsere Geschichte zu erkennen, ist Heideggers Absicht.

Abschließend sei auf eine Schwierigkeit verwiesen, die in dieser Deutung liegt. Nämlich die Schwierigkeit, die Stellung des Menschen zu umreißen. Er ist einerseits der von der Unverborgenheit Gebrauchte. Das Geschick *trägt dem Menschen erst jenen Anteil am Entbergen zu, den das Ereignis der Entbergung braucht. Als der so Gebrauchte ist der Mensch dem Ereignis der Wahrheit vereignet* (S. 40). Andererseits wird vom Menschen doch auch ein Beitrag gefordert, in der Weise des Denkens oder in der Weise des künstlerischen Hervorbringens; vielleicht gibt es auch andere Weisen, früher wurde auch das staatsgründende Tun als eine solche angesehen. Es ist nicht leicht zu begreifen, wie diese Stellung zu fassen ist, da wir sie aus unserer Vorstellungswelt her entweder als passiv oder aktiv verstehen wollen, also daß der Mensch dem Geschick entweder ausgeliefert ist oder es bestimmt. Heidegger will dagegen keine dieser Alternativen. Der Mensch soll offen sein für den Zuspruch des Geschicks, ist ihm aber nicht hörig. So ist allein die Möglichkeit zu denken, daß der Mensch aus seinem verhängnisvollen Geschick wieder herausgeholt, gerettet werden kann. Eine Rettung, die über den Weg des Suchens nach dem Ursprünglichen erfolgen kann – deswegen der genannte Rückgang zu den frühen Denkern, für die die Unverborgenheit das erregende Ereignis war.

DICHTEN – DENKEN – SPRACHE
(«DAS WESEN DER SPRACHE», 1957)

Je weiter wir bei der Lektüre Heideggers fortschreiten, desto deutlicher wird die Schwierigkeit jeglichen Sprechens im Zusammenhang mit seinem Denken. Es ist deshalb nötig, daß wir uns dieser Schwierigkeit eigens stellen.

Zwei Möglichkeiten bieten sich an: Daß wir dieses Denken von außen betrachten, es zu analysieren und zu kritisieren versuchen, oder daß wir bestrebt sind, es von innen heraus zu verstehen.

Zur ersten Möglichkeit: Es ist keineswegs schwierig, Heideggers Position auf bestimmte Aussagen festzunageln, sein Denken auf bestimmte Thesen zu reduzieren und dann zu behaupten, daß diese Thesen unhaltbar sind, weil sie der eigenen Frageweise nicht entsprechen. Dieses Vorgehen liegt nahe, wenn man mit überlieferten Begriffsschematen Heidegger zu messen trachtet. Dann stellt sich bald heraus, daß es so nicht geht. Was heißt das? Es kann zweierlei bedeuten: Entweder daß Heideggers Position unhaltbar ist, oder aber, daß dies Vorgehen unangemessen ist. Selbstverständlich versucht der Interpret das erstere anzunehmen, da er sonst sich und seine Interpretation aufgeben müßte. Die Schwierigkeit, die sich dahinter verbirgt, ist aber prinzipiellerer Natur. Wenn ein Denker wie Heidegger versucht, im Durchdenken der Tradition das Geschehen derselben freizulegen und zugleich ihre Begrenztheit zu durchschauen, so gehört dazu, daß er die Sprache der Tradition schrittweise verlassen muß. Das kann bei Heidegger sehr deutlich aufgezeigt werden. So hat in *Sein und Zeit* die überlieferte Subjekt-Objekt-Problematik keinen Ort mehr, mit dem Begriff des Daseins wird eine neue Weise des Verstehens des Menschen inauguriert. Zugleich gibt es aber noch Ankläge an die traditionelle Begrifflichkeit, wie zum Beispiel in der Verwendung der Begriffe Ontologie und Transzendenz. Das Zurückfragen nach dem Grund, das wir so lange in Heideggers Denken antreffen, wird schließlich auch überholt in den letzten Arbeiten und sozusagen als Erbschaft der Metaphysik erkannt und überwunden. Diese Hinweise sollen nur deutlich machen, wie mit dem Fortgang des Denkens sich die Sprache des Denkens wandelt. Dieser Wandel ist nichts Zu-Beanstandendes, sondern vielmehr ein Zeichen, daß dieses Denken nicht erstarrt ist, sondern auf dem Wege bleibt, ein Suchen ist, das sich nicht beruhigen kann. Bleibt die überlieferte Sprache die Ebene des Interpretationsansatzes, so muß solch ein lebendiges Suchen zum Stein des Anstoßes werden. Der Interpret wehrt sich gegen das, was ihm hier zugemutet wird. Er kreidet dem Denker die Belastung an, die er durchstehen muß. Das führt zur einleuchtendsten und zugleich fadenscheinigsten Kritik, nämlich daß diese Schwierigkeiten Zeichen dafür sind, dieses Denken sei auf dem falschen Weg.

Wir stehen in der Tradition der abendländischen Metaphysik, ob wir uns dessen bewußt sind oder nicht, ob wir diese Tradition von ihren Anfängen her zu verstehen versuchen oder ob wir meinen, ihrer entraten zu können. Wir sind so sehr in dieser Tradition befangen, daß wir notwendigerweise von ihr her zu Heidegger Zugang suchen. Und dann fällt es uns schwer, zu sehen, wie er sich gerade von dieser Tradition fortbewegt und was hier Fortbewegung heißt. Er schüttelt sie keineswegs leichtfertig ab, er klammert sie nicht aus, er steht vielmehr in einer leidenschaftlichen Zwiesprache mit ihr. Wir können das aus den veröffentlichten Schriften ersehen, es sei hier besonders auf die große Nietzsche-Interpretation verwiesen, die Nietzsche als das Ende der Metaphysik versteht und den Bogen von Platon bis Nietzsche schlägt, oder auf die Leibniz-, Kant-, Hegel- und Schelling-Interpretationen. Wenn wir, statt diese Auseinandersetzung zu vergegenwärtigen, Heidegger in die Sprache der Metaphysik zurückübersetzen, wird das Verständnis scheinbar erleichtert, in Wirklichkeit aber unmöglich gemacht. Denn was dann verstanden wird, ist nicht mehr das, was Heidegger dachte, sondern wovon er sich abstößt. Es ist dann nicht schwer, Kritiken vorzubringen – bloß stoßen sie ins Leere.

Wie steht es mit der zweiten Möglichkeit der Interpretation? Sie versucht mit einem Sprung in die Heideggersche Stellung zu gelangen und sich darin zu behaupten, ohne jedoch den Sprung als Sprung eigens vorzubereiten und zu vollziehen. Im Grunde genommen will man sich den Sprung sparen, indem man so tut, als ob man immer schon die Stellung Heideggers eingenommen hätte. Das von Heidegger Gesagte wird nicht mehr in eine fremde Sprache übersetzt und dadurch entfremdet, aber nun entsteht eine andere Schwierigkeit: man sieht nicht, welche Auseinandersetzung, welches Ringen nötig waren, um die neue Sehweise zu erreichen. Es entsteht der falsche Eindruck, als ob Heidegger einfach eines Tages aus der Tradition herausgesprungen wäre und nun gewaltsam etwas Neues angefangen hätte, etwas Neues, das zugleich den Anschein eines Rückfalls ins Archaische darbietet, etwas Neues, das dem Neuen geradezu feindlich gegenübersteht. Bei dieser Art von Deutungen beschränkt man sich gewöhnlich darauf, das von Heidegger Gesagte noch einmal zu sagen, in einer sozusagen minderen Sprechweise, so daß gleich die Frage auftaucht: Was für einen Sinn hat diese Wiederholung? Ist sie nicht ein schwacher Abklatsch, an dessen Stelle wir lieber das Original sehen sollten?

Dazu kommt noch die Frage: spricht der Interpret wirklich aus der Einstellung Heideggers oder vermeint er das bloß? Es liegt also eine gewisse Anmaßung in dieser Weise des Sprechens. Der Interpret gibt sich als Heidegger aus, weiß, was mit diesem und jenem Begriff gemeint ist, und kann sich sozusagen ersparen, den mühseligen Weg, den Heidegger gemacht hat, nachzuvollziehen. Er meint vielleicht sogar, noch besser Bescheid zu wissen als Heidegger selbst, während das, was er als Interpretation ausgibt, nichts anderes ist als eine verstümmelnde Repetition. Die Bewegung, die in Heideggers Denk-Ansatz liegt, von Beginn bis zu diesem Augenblick, wird geleugnet, und es wird so getan, als ob Heideggers Einsichten geradezu einer plötzlichen Inspiration entsprängen, während er selbst ausdrücklich immer wieder auf die Notwendigkeit der Denkbewegung, die vollzogen werden muß, hinweist (vgl. *Der Satz der Identität*), ja, sein ganzes Denken als Weg verstanden wissen will.

Wenn beide Möglichkeiten der Interpretation – die entfremdende von «außen» und die überspringende von «innen» unangemessen sind, was können wir überhaupt tun? Damit zu beginnen, einzugestehen, daß wir

Friedrich Nietzsche

Friedrich Wilhelm Joseph von Schelling. Fotografie, um 1850

gar nicht imstande sind für eine Deutung. Eine Deutung muß eröffnend sein, muß aufzeigen können, was in einem Denken verborgen liegt, worauf es gründet, welche Dimensionen durch es erschlossen werden, und zeigen können, was für eine Wandlung im Verstehen sich in diesem Denken ereignet hat. All das können wir heute nicht, wenn es um das Denken Heideggers geht. Zwar werden Kritiken vorgebracht an seinen Deutungen, man empört sich über ihre «Gewaltsamkeiten», versucht diese zu entlarven oder erfreut sich umgekehrt an dem Ungewohnten und versucht sich daran zu erbauen; der frühe Heidegger wird gegen den späten ausgespielt, aber im Grunde genommen bleibt das alles nebensächlich, geht an dem Geschehen dieses Denkens vorbei. Zu einer Zwiesprache mit Heidegger ist es bis heute nicht gekommen, weil der Partner für diese Zwiesprache fehlt und wir vor diesem Denken befremdet bleiben.

Welchen Sinn kann dann der vorliegende Versuch haben? Er soll so etwas wie eine Hinführung versuchen, zu einer Lektüre der Originaltexte ermutigen. Wir machen uns leicht das Vorurteil zu eigen, wenn uns etwas Schwierigkeit bereitet, so sei nicht die Sache daran schuld, sondern derjenige, der über diese Sache spricht. Vielleicht ist es gut, einmal die umgekehrte Deutung zu versuchen, also anzusetzen, daß die Schwierigkeit in der Sache selbst liegt, und vielleicht auch in unserer Trägheit, eine Schwierigkeit wahrhaben zu wollen.

Der Fragenkreis *Dichten – Denken – Sprache* müßte angefangen von den Ausführungen in *Sein und Zeit* über *Der Ursprung des Kunstwerkes, Hölderlin und das Wesen der Dichtung* (1936), die Hölderlin-Interpretationen von «Heimkunft / An die Verwandten», «Wie wenn am Feiertage ...», «Andenken» bis zu den Trakl-Interpretationen in *Unterwegs zur Sprache* verfolgt werden. Das ist hier nicht möglich. Wir beschränken uns auf zwei Texte aus *Unterwegs zur Sprache*: *Das Wesen der Sprache* und *Das Wort*.*

In der Einleitung zu den drei Vorträgen *Das Wesen der Sprache* ist formuliert, worum es geht: *mit der Sprache eine Erfahrung zu machen* (S. 159). Das soll nicht bedeuten, daß wir mit der Sprache Experimente anstellen, sondern *daß wir einmal auf unser Verhältnis zur Sprache aufmerksam werden* (S. 159), daß wir uns auf unseren Aufenthalt in der Sprache besinnen. Wir wollen über etwas, das unser Sein betrifft, mit uns selbst ins Klare kommen. Es handelt sich nicht darum, Wissen über die Sprache zu sammeln, im Sinne der Meta-Sprache, der Meta-Linguistik. Gleich zu Beginn macht Heidegger deutlich, daß seine Frage nach dem Wesen der Sprache nicht mehr in den Bahnen der neuzeitlichen Metaphysik geschehen soll – und daß die Forschungen im Sinne der Meta-Sprache gerade dieser Bahn verhaftet bleiben. ... *die Metalinguistik ist die Metaphysik der durchgängigen Technifizierung aller Sprachen zum allein funktionierenden interplanetarischen Informationsinstrument* (S. 160).

Bei der Erfahrung mit der Sprache sollen wir erreichen, daß sich die Sprache selbst zur Sprache bringt. Die Sprache besitzt die besondere

---

* Wenn nichts anderes vermerkt ist, beziehen sich in diesem Kapitel die Seitenzahlen auf den Band *Unterwegs zur Sprache* (Pfullingen 1959).

Eigenart, daß wir in ihr leben, mit ihr vertraut sind, ohne gewöhnlich eigens auf sie gerichtet zu sein, also ihrer selbst ansichtig zu werden. Um aus dieser Lage herauszukommen, appelliert Heidegger an einen Dichter. Nicht nur, weil er ein privilegiertes Verhältnis zur Sprache besitzt, sondern weil er dieses Verhältnis eigens zur Sprache bringt. So wie Hölderlin das Wesen des Dichters, hat Stefan George den Bezug zur Sprache eigens gedichtet. Deswegen steht im Mittelpunkt dieser Erörterung eine Deutung von Georges Gedicht «Das Wort», das 1919 erschien und später in den Gedichtband «Das Neue Reich» aufgenommen wurde.

Wunder von ferne oder traum
Bracht ich an meines landes saum

Und harrte bis die graue norn
Den namen fand in ihrem born –

Drauf konnt ichs greifen dicht und stark
Nun blüht und glänzt es durch die mark ...

Einst langt ich an nach guter fahrt
Mit einem kleinod reich und zart

Sie suchte lang und gab mir kund:
«So schläft hier nichts auf tiefem grund»

Worauf es meiner hand entrann
Und nie mein land den schatz gewann ...

So lernt ich traurig den verzicht:
Kein Ding sei wo das wort gebricht.

Die erste Triade kündet von der Mächtigkeit des Dichters – Erstaunliches und im Traum Erschautes vermag er einzuholen. Die Schicksalsgöttin (Norne) schenkt ihm Namen für das Eingebrachte. So kommt das schon Seiende durch das Wort zum Scheinen, auch für die Anderen. Durch die Namen behält der Dichter das Gesehene, und in diesem Behalten vermag es sich zu entfalten. Ein Höhepunkt des dichterischen Tuns ist dargestellt. Der Präsenz, in den diese Triade ausmündet «Nun blüht und glänzt es durch die mark ...» zeigt das Beständigen, das Gegenwärtigen, das in diesem Dichten geschieht, in dem die Namen die Herrschaft über die Dinge erlangen.

In der zweiten Triade ist im Gegensatz dazu eine Erfahrung genannt, in der der Dichter nichts Entlegenes zur Namensgebung bringt, sondern etwas auf der Hand Liegendes – er nennt es Kleinod. Vielleicht dürfen wir hier vermuten, daß es das Kleinod ist, wodurch das Sein des Trägers in Erscheinung tritt. Gerade dafür findet die Norne keinen Namen. Hatte sie bis dahin für jegliches Seiende einen Namen gefunden, so könnte man annehmen, das jetzt Präsentierte sei etwas Nicht-seiendes. Aber anderer-

Georg Trakl

seits ist es doch als Kleinod, als besonders kostbar bezeichnet, ein Seiendes hervorragender Art also.

Mit dem Ausbleiben des Wortes dafür verschwindet das Kleinod, der Dichter kann es nicht festhalten. Hier kommt eine neue Seinsweise des Wortes zum Vorschein. Das Wort kann nicht nur für schon Seiendes den Namen liefern, *es ist nicht nur benennender Griff nach dem schon vorgestellten Anwesenden* (S. 227), sondern es ist vielmehr auch dasjenige, was Anwesen verleiht.

Das Gedicht klingt aus in die Verse:

So lernt ich traurig den verzicht:
Kein ding sei wo das wort gebricht.

Wie ist dieser Schluß zu verstehen? Er nennt nach Heidegger nicht das, worauf verzichtet wird, sondern den Bereich, in den sich der Verzicht einlassen muß. *Worauf der Dichter verzichten lernte, ist die vormals von ihm gehegte Meinung über das Verhältnis von Ding und Wort* (S. 167). Das «sei» ist imperativisch zu verstehen, genauer gesagt: in der Absage an sein vormaliges Verständnis liegt zugleich ein Geheiß. *Das Wort sagt sich dem Dichter als das zu, was ein Ding in dessen Sein hält und erhält* (S. 168 f).

Der Dichter erfährt sich als Verwalter des Wortes. Wenn hier eine Grenzerfahrung ausgesprochen ist, wofür das Wort nicht zulangt, die Norne keinen Namen findet, ist das nicht rein negativ zu nehmen, vielmehr wird mit dem Lernen des Verzichts zugleich gegenwärtig, was das

Stefan George

Wort vermag. In der Stimmung der Trauer erkennt Heidegger *die Stimmung der Gelassenheit zur Nähe des Entzogenen, aber zugleich für eine anfängliche Ankunft Gesparten* (S. 169). Wir können diese Stimmung zugleich als die Grundstimmung für Heideggers Denken bezeichnen, als die Stimmung der «dürftigen Zeit». Im Entzug des Seins, im Denken dieses Entzugs kündet sich eine neue Ankunft an, wenn der Entzug als solcher erfahren ist. Das wird in Heideggers Stellung zur Metaphysik deutlich. Die Geschichte der Metaphysik wird gedacht als Zeit der Seinsvergessenheit. Mit dem Heideggerschen Denken ist diese Zeit nicht gleich überwunden, sondern das Fehlen des Seins zuerst eigens gedacht, als die Zeit der Seinsferne gefaßt und dadurch die Möglichkeit eines Umschwungs gegeben, von dem niemand sagen kann, wann er eintreten wird. Die Ausführungen über die Sprache – das Wort des Dichters – sind nicht irgendwelche Probleme, die Heidegger beschäftigen, sondern in ihnen sammelt sich seine Grunderfahrung, in ihnen geschieht eine geläuterte Wiederholung der Seinsfrage.

Heidegger kommt es hier darauf an, die Zusage der Sprache zu hören. *Die Sprache muß auf ihre Weise sich selber – ihr Wesen uns zusprechen* (S. 180). Wenn das gelingt, können wir eine denkende Erfahrung mit der

Sprache machen. Die Vorbereitung für solch eine Erfahrung ist, daß wir die Nachbarschaft von Dichten und Denken zu Gesicht bekommen, in dieser Nachbarschaft uns ansiedeln können.

Heideggers Auslegung will zeigen, daß trotz der gewichtigen Aussagen über die Sprache im Bereich des Denkens, trotz des Erregenden in der Sprache Gedichteten, das Wesen der Sprache *sich überall nicht als die Sprache des Wesens zur Sprache bringt* (S. 186). Wir hatten zuerst gesehen, daß beim Sprechen die Sprache selbst zurücktritt gegenüber dem in ihr Gesagten. Dies Zurücktreten könnte seinen Grund darin haben, *daß die Sprache mit ihrer Herkunft an sich hält und so ihr Weseen Vorstellen versagt* (S. 186). Die Schwierigkeit ist, solch einen Sachverhalt nicht gleich zu personifizieren, wozu die Formulierung verführen kann. Eine Vermutung für das Sich-verweigern des Wesens der Sprache gibt Heidegger an: . . . *daß die beiden ausgezeichneten Weisen des Sagens, Dichten und Denken, nicht eigens und d. h. in ihrer Nachbarschaft aufgesucht wurden* (S. 186). Gerade das will Heidegger in dem zweiten der drei Vorträge aus der Reihe *Das Wesen der Sprache* tun.

Der Deutungsversuch des Schlußverses von Georges Gedicht «Das Wort» sollte zeigen, daß es hier um das Verhältnis von Ding (Seiendes) und Wort geht, ja daß das Wort dem Ding (Seienden) zu seinem Sein verhilft, es darin hält. Das Wort steht also nicht nur in einem Verhältnis zum Ding, sondern ist das, *was das Ding als Ding hält* (S. 188) und was Heidegger das *Verhältnis* nennt, wobei in diesem Wort nicht einfach ein bloßer Bezug gedacht ist, sondern das Haltende im Sinne des Gewährenden.

Was Dichter und Denker gemeinsam haben, ist das Element der Sprache, wobei wir aber noch nicht wissen, wie «Element» zu denken ist und wie es sich wandelt, je nachdem, ob das Wort dichterisch oder denkerisch gebraucht wird. Bei dem Deutungsansatz von Georges Gedicht schien so etwas wie die Nachbarschaft von Dichten und Denken erreicht, vom Denken her sollte das Gedichtete zugänglich werden. Aber wie Heidegger nun sagt, fehlt diesem Versuch etwas Entscheidendes, nämlich die Nachbarschaft als solche zu fassen, die Nachbarschaft, von der her die Deutung ansetzte. Wir halten uns jeweils schon in der Sprache auf, aber diesen Aufenthalt eigens zu Gesicht zu bekommen, gehört zum Schwierigsten. Und ist dieser Aufenthalt das den Menschen in seinem Wesen Bestimmende, so kann hinzugefügt werden, daß die Rückkehr *in die Ortschaft des Menschseins* (S. 190) das ist, was uns in der Heideggerschen Dimension des Denkens aufgegeben ist und was all sein Bemühen und Trachten trägt. Dabei dürfen wir die Ortschaft nicht als einen «festen Platz» verstehen, auf den der Mensch gleichsam festgenagelt wäre, sondern als die Stätte, an der ihm seine Möglichkeit des Entfaltens gegeben wird.

Der Rückgang zu dieser Stätte ist von Heidegger nie und nimmer als eine willkürliche Archaisierung gedacht; das ist schon deswegen unmöglich, weil das Dasein als geschichtliches verstanden wird, und das Sein selbst in der Dimension der Zeit gedacht ist (vgl. *Zeit und Sein*). Wenn Heidegger allerdings in diesem Zusammenhang gegenüberstellt den *Schritt zurück in die Ortschaft des Menschenwesens* und den *Fortschritt ins Maschinenwesen* – wobei letzteres offensichtlich kritisch gemeint ist, so steht dahinter: so lange der Mensch nicht weiß, worin sein Wesen besteht, worin es gründet, so lange ist jeder Fortschritt im Sinne der technischen Beherrschbarkeit fragwürdig, denn der Fortschreitende kann nur an der zunehmenden Beherrschbarkeit der Natur sein Fortschreiten messen und braucht nichts davon zu wissen, wie es mit ihm selbst dabei bestellt ist und ob das, was in diesem Umgang mit der Natur von ihr sichtbar wird, die Natur schlechthin ist.

Bei der Deutung des Georgeschen Gedichts war offen geblieben, wie das Kleinod zu verstehen ist. Jetzt macht Heidegger einen Vorschlag: das Kleinod, für das die Norne kein Wort findet, ist nichts anderes als das Wort selbst. Damit zeigt sich die Grenze für den Dichter. Im Lande des Dichters ist das Wort für das Wort nicht zu finden. Kann das vielleicht vom Denken her geschehen? Das Wort ist kein Ding. Suchen wir es unter den Dingen, so finden wir es nie. Das Wort i s t nicht, wenn wir das «i s t» für den Bereich des Seienden reservieren, und es ist doch in vorzüglicherer Weise als alle Dinge. *Vom Wort dürften wir, sachgerecht denkend, dann nie sagen: Es ist, sondern: Es gibt . . .* (S. 193).

Es gibt, nicht im Sinne des Vorhandenseins, wie man sagen kann: «Es gibt dieses Jahr schöne Äpfel», sondern im Sinne des G e b e n s, der Gabe. Das Wort ist seinem Wesen nach gebend. Was es gibt, ist das S e i n. Nicht in dem Sinne, daß das Wort die Sache erstehen läßt, so wie gemäß der mittelalterlichen Auffassung alles Seiende aus den Gedanken Gottes entstanden ist. Wir müssen zurückerinnern an den Begriff der Lichtung, in der alles Seiende erscheinen kann, ohne daß dieses durch die Lichtung erschaffen würde.

Wir suchen nach der Nachbarschaft von Dichten und Denken und sind zunächst nur so weit gekommen, daß ihre Nähe aus der Sprache zu fassen ist. *Denn der Mensch ist nur Mensch, insofern er dem Zuspruch der Sprache zugesagt, für die Sprache, sie zu sprechen, gebraucht ist* (S. 196). In diesem Satz spricht sich eine entscheidende Verlagerung aus. Bis jetzt ging es uns um die Bestimmung des Wesens zum Menschen, und wir stießen dabei auf die Sprache als den Aufenthaltsort, der als solcher dem Menschen verborgen bleibt, obwohl er das Nächste ist. Hier tritt der Mensch plötzlich zurück, und die Sprache tritt in den Vordergrund. Wir sind am extremen Gegenpol zu der Auffassung, die die Sprache bloß als Kommunikationsmittel zuläßt, sozusagen als Gebrauchsmittel. Der Mensch erscheint hier als derjenige, der gebraucht wird – von der Sprache. Ist das nicht eine unzulässige Hypostasierung der Sprache? Wie muß die Sprache nun verstanden werden, wenn sie das Wesentliche sein soll und der Mensch bloß in ihrem Dienst steht?

Um auf diesem Weg des Fragens weiter zu kommen, wird das Wesen der Sprache in der *Sage* vermutet. *Sage, s a g a n heißt zeigen: erscheinen lassen, lichtend-verbergend frei-geben als dar-reichen dessen, was wir Welt nennen* (S. 200). Das wäre zunächst die konsequente Fortführung des Gedankens der Sprache aus *Vom Ursprung des Kunstwerkes*, wobei das Erscheinenlassen in seiner Gedoppeltheit des Frei-gebens und Zurückhaltens, der Entbergung und Verbergung gesehen wird (vgl. *Holzwege*, S. 41 f).

Ehepaar Heidegger, 1961

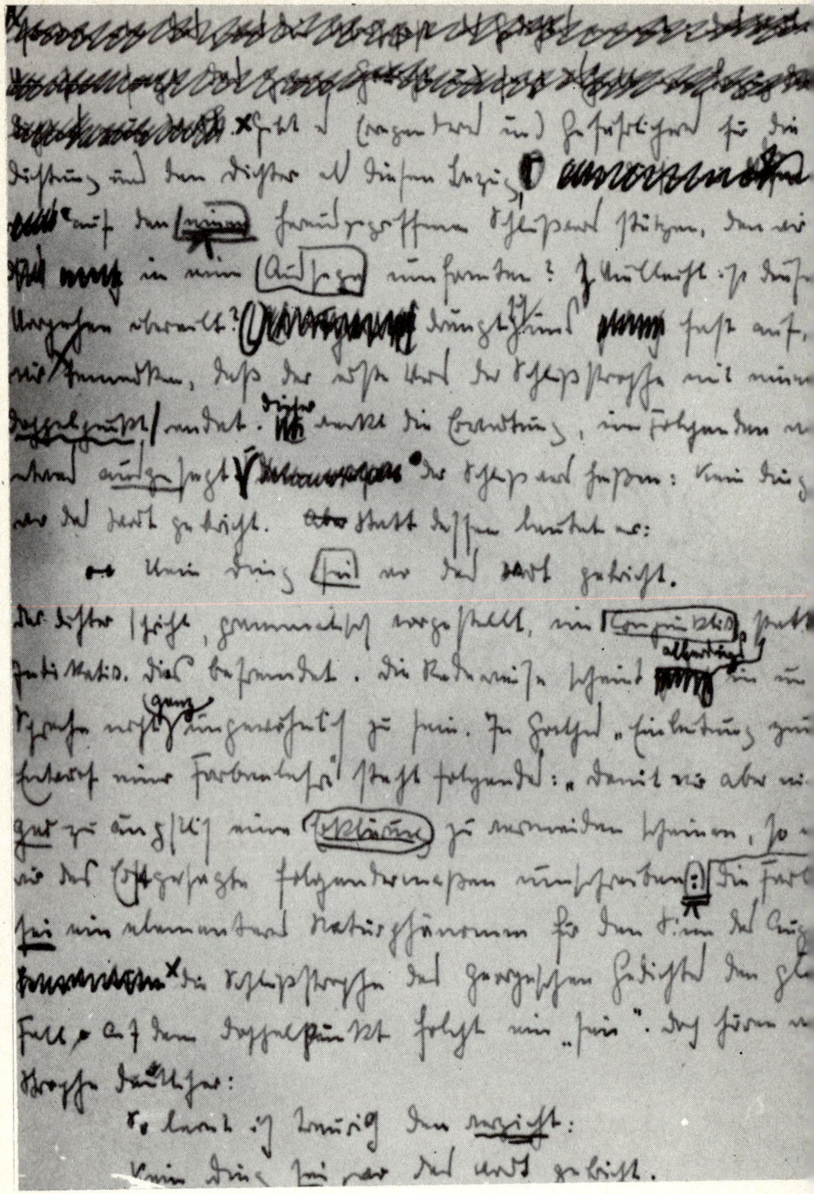

Kein Ding sei wo das Wort gebricht.

So lernt ich traurig den verzicht:

Kein ding sei wo das wort gebricht.

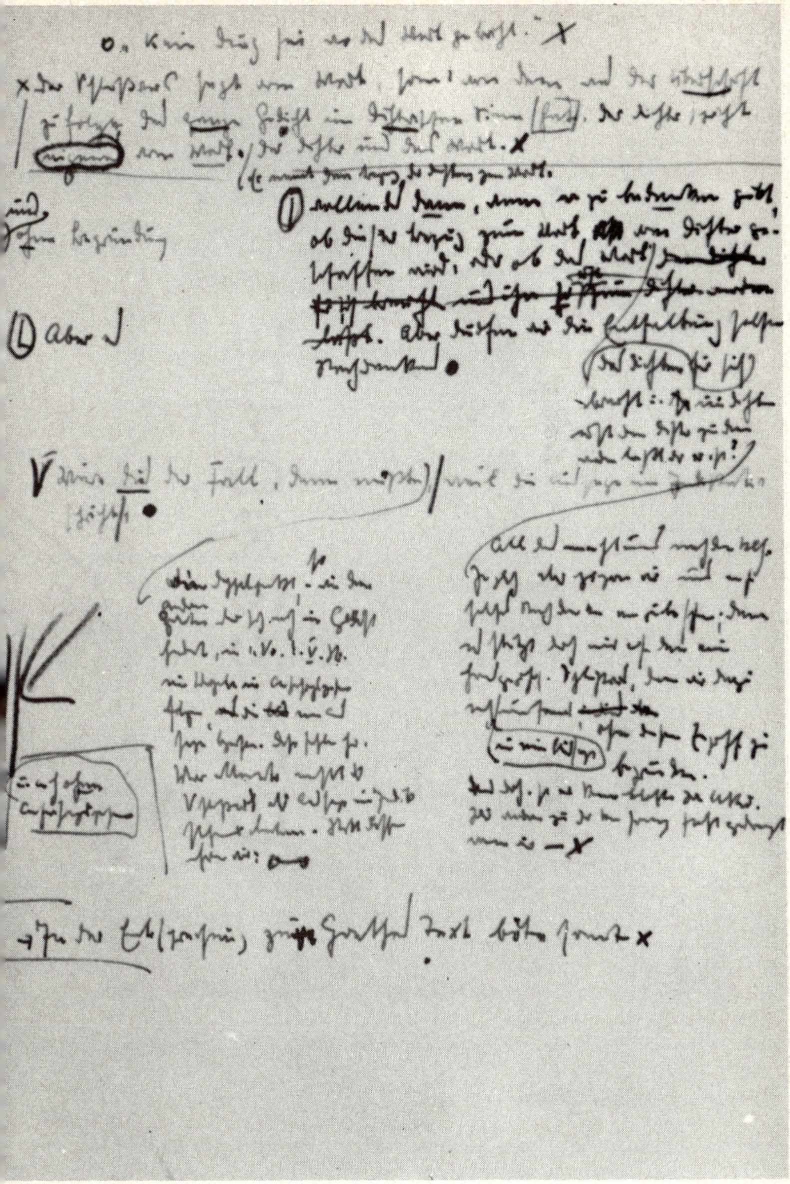

Manuskript-Doppelseite aus der Interpretation «Das Wort»

Der Leitsatz für die Erfahrung der Sprache lautet:
Das Wesen der Sprache: Die Sprache des Wesens.

In diesem Leitsatz vollzieht sich ein Umschlag, der uns, wenn wir ihn eingesehen haben, wenn er sich mit uns ereignet hat, zum Äußersten führt.

Im ersten Satz ist das Wesen als das Was-sein (τὸ τί ἐστιν) verstanden. Die Sprache ist das Subjekt, es geht darum, die essentia dieses Subjekts zu verstehen. *Das so verstandene Wesen wird in jenes eingegrenzt, was man später den Begriff nennt, die Vorstellung, mit deren Hilfe wir uns das zustellen und greifen, was eine Sache ist* (S. 201). (Das verweist zugleich zurück auf die erste Triade des Gedichtes «Das Wort» von Stefan George.) Das so verstandene Wesen hält uns im Bereich des metaphysischen Vorstellens fest.

Mit dem zweiten Satz darf keineswegs bloß eine Umkehr der Termini vollzogen werden, daß also nun das Wesen zum Subjekt und die Sprache von ihm ausgesagt gedacht wird, sondern diese Umkehr soll die Wandlung vollziehen: vom metaphysischen Vorstellen zum nicht-mehr-metaphysischen Denken. Das fällt uns allerdings um so schwerer, als wir ganz im metaphysischen Vorstellen aufgewachsen sind und von ihm unsere Vorstellungsweise geerbt haben, so daß uns die neue Sprachweise befremden muß.

Hieß Wesen im ersten Satz Was-sein, so soll es im zweiten Satz als «Währen» und «Weilen» gedacht werden, aber nicht einfach als bloße Dauer, sondern als das, was uns angeht, trifft, berührt – bewegt. *Die Sprache gehört in dieses Wesende, eignet dem alles Be-wegenden als dessen Eigenstes* (S. 201). Wie ist dies alles Be-wegende zu denken? Es ist in den späten Schriften als das *Geviert* gedacht (vgl. Ding-Vortrag) – als die vier Weltgegenden von Erde, Himmel, Menschen (Sterblichen) und Göttern, die in ihrem Zusammenspiel die Welt sind.

Bei der Hölderlin-Deutung von Versen aus der V. Strophe von «Brod und Wein» sieht Heidegger bei Hölderlin *das Wort . . . als die Gegend, die Erde und Himmel, das Strömen der Tiefe und die Macht der Höhe, einander ent-gegnen läßt, Erde und Himmel zu Weltgegenden bestimmt* (S. 207). Hier wird also die Sprache als das verstanden, was das Zusammenspiel der vier Weltgegenden trägt. In diesem Zusammenspiel ereignet sich Nähe. Nähe und Sage als das Erscheinen-lassen sind das Wesende der Sprache – sie sind dasselbe.

Die Sprache ist als die Sage des Weltgevierts nicht mehr nur solches, wozu wir, die sprechenden Menschen, ein Verhältnis haben im Sinne einer Beziehung, die zwischen Mensch und Sprache besteht. Die Sprache ist als die Welt-bewegende Sage das Verhältnis aller Verhältnisse. Sie verhält, unterhält, reicht und bereichert das Gegen-ein-ander-über der Weltgegenden, hält und hütet sie, indem sie selber – die Sage – an sich hält (S. 215).[18]

Das Verlauten der Sprache ist nicht als ein Resultat physiologisch-physikalischer Vorgänge verstanden. *Das Lautende . . . der Sprache wird in das Stimmen einbehalten, das die Gegenden des Weltgefüges, sie einander zuspielend, auf einander einstimmt* (S. 208).

Heidegger hat hier, in bezug auf die Sprache, eine Höhe des Sagens erreicht, die wir nicht einzuholen imstande sind – weshalb das Gesagte Befremden hervorrufen muß. Die Sprache wird als das Ursprüngliche gedacht, das die Weltgegenden zusammen- und das heißt zugleich gegeneinander hält. Wir stehen in der Gefahr, ins übliche Vorstellen zurückzufallen, die Sprache als so etwas wie ein äußeres Band zu betrachten, so daß nicht einsehbar ist, woher dieses Band kommt und woher es seine bindende Kraft erhält.

Wenn wir Heidegger annähernd gemäß verstehen, ist die Sprache nichts Gesondertes, außerhalb des Welt-Gevierts Befindliches, wo sollte sie denn überhaupt sein, sondern sie ist im Geviert selbst – das Verhältnis des Gevierts. Sie ist keine transzendente Macht – das wäre metaphysisch vorgestellt, sondern sie ist die im Geviert waltende Nähe, für die Heidegger das Wort *Nahnis* gibt. Sie ist, anders formuliert, die ursprüngliche Versammlung.

Hier trifft sich Heidegger mit Heraklit und seinem Gedanken des Logos, den Heidegger schon vor Jahrzehnten als die ursprüngliche Versammlung ausgelegt hat. Die Sprache als ursprüngliche Versammlung ist lautlos. Durch sie ist dem Menschen das «ist»-sagen geschenkt. Die versammelnde, lautlose Sprache der Stille ist die Sprache des Wesens – wir könnten sagen des Seins, wenn wir dieses nicht metaphysisch vorstellen. Im letzten Vers des eingangs zitierten Gedichts von George sieht Heidegger einen dichterischen Hinweis auf das Zerbrechen des Wortes, wie es uns vertraut ist, und einen Hinweis zum denkerischen Erfassen der Sprache als Stille. Das ist nur möglich, weil Dichten und Denken ihre Nachbarschaft in der Sprache als Nähe besitzen.

Zum Abschluß sei ein Gedanke aus dem bisher letzten Text über die Sprache der Erwägung anheimgestellt, aus *Der Weg zur Sprache*. Dazu sehen wir uns um so mehr verpflichtet, da darin der Gedanke aufgenommen wird, wie das menschliche Sprechen, die menschliche Sprache, zu der hier erörterten Sprache der Stille steht. Dabei sei versucht ein Wort zu verstehen, das in diesem letzten Text im Mittelpunkt steht – das Wort *Ereignis*.

Der Zusammenhang, in dem dies Wort auftaucht, sei kurz angezeigt. Die Sprache spricht, indem sie zeigt, *indem sie als die Zeige, in alle Gegenden des Anwesens reichend, aus ihnen jeweils Anwesendes erscheinen und verscheinen läßt* (S. 255). Der Zusammenhang von Sprache und Erscheinenlassen zieht sich durch alle Texte über die Sprache, angefangen von *Sein und Zeit* bis zu den letzten; allerdings wie das Erscheinenlassen zu denken ist und was spricht, das wandelt sich. Der Sprechende (der Mensch) kann nach Heidegger nur sprechen, weil er auf die Sprache hört, und hören kann er nur, weil er in sie gehört. *Allein den ihr Gehörenden gewährt die Sage das Hören auf die Sprache und so das Sprechen* (S. 255). So gelangt Heidegger dazu, das Gewähren als einen Grundzug der Sprache herauszuheben. Das Verhältnis des Sprechenden zur Sprache erinnert an das früher gesehene Verhältnis des Daseins zum Sein. Da sagte Heidegger, Dasein kann nur sein von Gnaden des Seins, aber andererseits bedarf das Sein des Daseins (vgl. *Brief über den «Humanismus»*). Hier lesen wir:

Die Sprache braucht das menschliche Sprechen und ist gleichwohl nicht das bloße Gemächte unserer Sprechtätigkeit (S. 256).

Die Grundsprache, die Heidegger *Sage* nennt, ermöglicht alles Erscheinen. *Die Sage durchwaltet und fügt das Freie der Lichtung, die alles Scheinen aufsuchen, alles Entscheinen verlassen, dahin jegliches An- und Abwesen sich hereinzeigen, sich einsagen muß* (S. 257). Aus dem, was in der so gedachten Sage geschieht, stößt Heidegger auf das *Ereignis.* Es ereignet, das heißt es gibt *das Freie der Lichtung, in die Anwesendes anwähren, aus der Abwesendes entgehen und im Entzug sein Währen behalten kann* (S. 258). Dieses Gewähren soll nicht nach dem Ursache–Wirkungs-Schema gedacht werden. *Es gibt nichts anderes, worauf das Ereignis noch zurückgeführt, woraus es erklärt werden könnte* (S. 258). Es ist das Letzte, worauf der Blick stößt, der versucht, das Geben der Sage zu enträtseln. Wenn Heidegger in einer anderen Schrift vom Sein gesagt hat *es gibt* – so heißt es hier, daß es (das Ereignis) auch dieses *es gibt* gewährt, *dessen auch noch «das Sein» bedarf, um als Anwesen in sein Eigenes zu gelangen* (S. 258).

Die vielfachen Möglichkeiten des Zeigens verweisen auf die Sage als Zeige und diese wiederum auf das Ereignis. Wobei es angebracht sein mag, daran zu erinnern, daß wir das Ereignis nicht hypostasieren dürfen, als eine jenseitige Macht, die selbst über dem Sein steht, sondern vielmehr das Ereignis als das in der Sprache Waltende zu fassen versuchen müssen, auf das wir bei der Rückfrage nach dem Zeigen der Sprache gestoßen sind. Beim Versuch, das Ereignis zu denken, verlassen wir die Sprache keineswegs – es ist ein neuer Anblick, der sich von der Sprache bildet, in bezug darauf, wie die Sprache den Menschen selbst sprechen läßt, indem sie ihm die Lichtung ermöglicht, in der jegliches Seiende zum Erscheinen kommt. Dieser Zusammenhang ist wiederum nicht so zu denken, daß der Mensch einer Gewalt untersteht, der er sich beugen muß, sondern Heidegger will zeigen, was der Mensch der Sprache als Sage verdankt. Das eigentliche Sprechen ist für Heidegger ein *Ent-sprechen* – der *Sage* und dem *Ereignis* entsprechen. Das schon erwähnte Verhältnis von Dasein und Sein kehrt wieder, wenn es heißt, daß *der Mensch gebraucht ist, die lautlose Sage ins Verlauten zu bringen* (S. 260). (Vgl. das vorher über die Sprache als Versammlung Gesagte.)

Im eigentlichen Sprechen geschieht nichts anderes als ein Offenbaren des Ereignisses, das aber dem Sprechenden selbst verborgen bleibt. Deswegen ist die denkende Erfahrung des Wesens der Sprache für Heidegger nichts anderes als ein Freilegen der Bewegung, die vom Ereignis zum Sprechen des Menschen führt. Die Sprache vermag die Lichtung zu verschenken, weil sie in ihrem Wesen gewährendes Er-eignis ist. Das geschichtliche Moment, das Heideggers Denken nie verläßt, bleibt auch hier gegenwärtig. Das Er-eignis ist nicht ein einmaliges Geschehnis, es vermag sich zu entbergen, zu zeigen oder zu entziehen; gemäß diesem Sich-zeigen oder Versagen ereignet sich die Sprache, ist das menschliche Sprechen selbst sich wandelnd.

Jede Sprache des Menschen ist in der Sage ereignet und als solche im strengen Wortsinn, wenngleich nach verschiedenen Maßen der Nähe zum

Ereignis, eigentliche Sprache. Jede eigentliche Sprache ist, weil durch die Be-wegung der Sage dem Menschen zugewiesen, geschickt, dadurch geschicklich (S. 264).

Zum Verhältnis von Dichten und Denken sagt Heidegger: *Alles sinnende Denken ist ein Dichten, alle Dichtung aber ein Denken* (S. 267). Wir können hinzufügen – das eigentlich Dichtende ist nach Heidegger das Ereignis, dem auch die Sprache ver-eignet bleibt, weswegen sie in einem früheren Text als Dichtung angesprochen werden konnte.

Sören Kierkegaard. Zeichnung von N. Chr. Kierkegaard

ALETHEIA – DIE SACHE DES DENKENS («DAS ENDE DER PHILOSOPHIE UND DIE AUFGABE DES DENKENS», 1964)

Der Text dieses Vortrags entstand 1964. In einer Übersetzung von Jean Beaufret und François Fédier erschien er zuerst in dem Sammelband «Kierkegaard vivant» (Paris 1966) und wurde in den Band *Zur Sache des Denkens* (1969) aufgenommen. Wenn wir ihn hier zum Schluß erörtern, so deshalb, weil in ihm ein Rückblick und Vorblick zugleich vollzogen wird. Der Rückblick betrifft die Philosophie als Metaphysik, der Vorblick das Denken, das sich nicht mehr als Metaphysik versteht.

Die Metaphysik denkt das Seiende als das Seiende in der Weise des begründenden Vorstellens (S. 62).* Die Metaphysik sucht nach dem Grund des Seienden; diesen Grund nennt sie das Sein. Er ist so verstanden, daß er das Seiende anwesend sein läßt. Das Gründen kann gedacht werden als Verursachen des Wirklichen (z. B. Gott als der höchste und letzte

---

* Die Seitenangaben in diesem Kapitel beziehen sich auf *Zur Sache des Denkens* (Tübingen 1969).

Grund), als transzendentaler Grund (z. B. Kants Bedingung der Möglichkeit der Erfahrung, die zugleich die Bedingung der Möglichkeit der Gegenstände der Erfahrung ist), als dialektische Bewegung des absoluten Geistes (im Sinne Hegels), als Erklärung des Produktionsprozesses (Marx), als Wille zur Macht, der im Setzen der Werte sich selbst setzt (Nietzsche). *Das Auszeichnende des metaphysischen Denkens, das dem Seienden den Grund ergründet, beruht darin, daß es, ausgehend vom Anwesenden, dieses in seiner Anwesenheit vorstellt und es so aus seinem Grund her als gegründetes darstellt* (S. 62).

Was heißt nun das Ende der Philosophie? Es ist nicht gedacht als aufhören im Sinne des Erlöschens, sondern vielmehr als der Ort, *worin sich das Ganze ihrer Geschichte in seine äußerste Möglichkeit versammelt* (S. 63). Das ist zugleich ihre Vollendung. Vollendung ist dabei nicht als Vollkommenheit gedacht, sondern als das Zum-Ende-Kommen. Wir können Kants Philosophie nicht als vollkommener als die Platonische ansehen und diese als vollkommener als die des Parmenides. Vielmehr kommt in jeder Philosophie etwas zur Sprache, das in sich eine eigene Notwendigkeit besitzt. Wenn wir die Philosophie von der Wissenschaft her beurteilen, fallen wir leicht der Täuschung zum Opfer, das Frühere immer als das Unvollkommenere anzusehen, auf das man auch verzichten kann. So darf die Geschichte der Metaphysik nicht gedacht werden. Platons Denken ist beispielsweise durch die späteren Philosophien keineswegs hinfällig geworden, vielmehr ist die gesamte Metaphysik vom Platonismus durchherrscht, allerdings einem sich wandelnden Platonismus, dessen bisher letzte Form die Umkehr des Platonismus bei Nietzsche ist.

Mit der Entfaltung der Philosophie geschieht zugleich die Ausbildung der Wissenschaften, die sich von der Philosophie lösen. Wir stehen heute in dem Prozeß, daß in zunehmendem Maße Fragen, die früher von der Philosophie behandelt wurden, in den Bereich der Wissenschaft übergehen. Das könnte als ein Verdrängen der Philosophie durch die Wissenschaft angesehen werden, es ist nach Heidegger vielmehr ein Zeichen der Vollendung der Metaphysik. Denn die neuzeitliche Metaphysik ist geradezu der Ursprungsboden der Wissenschaften. Der technische Charakter der sich vollendenden Metaphysik (vgl. «Aletheia und das Wesen der Technik» [S. 111f]) hat von den Wissenschaften Besitz ergriffen. *Die Ausfaltung der Philosophie in die eigenständigen, unter sich jedoch immer entschiedener kommunizierenden Wissenschaften ist die legitime Vollendung der Philosophie. Die Philosophie endet im gegenwärtigen Zeitalter. Sie hat ihren Ort in der Wissenschaftlichkeit des gesellschaftlich handelnden Menschentums gefunden. Der Grundzug dieser Wissenschaftlichkeit aber ist ihr kybernetischer, d. h. technischer Charakter* (S. 64). Heidegger verdeutlicht diesen Sachverhalt, der dem gewöhnlichen Vorstellen widerspricht. *Das Ende der Philosophie zeigt sich als der Triumph der steuerbaren Einrichtung einer wissenschaftlich-technischen Welt und der dieser Welt gemäßen Gesellschaftsordnung. Ende der Philosophie heißt: Beginn der im abendländisch-europäischen Denken gegründeten Weltzivilisation* (S. 65).

Die Frage erhebt sich: Sind mit dem Ende der Philosophie im Sinne ihres

Blick auf die Hütte

Aufgehens und Übergehens in die Wissenschaften alle Möglichkeiten erschöpft, oder ist eine Möglichkeit von der Philosophie selbst nicht entfaltet, eine erste Möglichkeit, die ihr selbst verborgen zugrunde liegt?

Um das entscheiden zu können, darf die Philosophie nicht einfach beiseite geschoben werden, sondern wir müssen sie vielmehr in ihrer geschichtlichen Entfaltung denken – was Heidegger zeit seines Lebens getan hat. Gemessen an der in die wissenschaftlich-technische Wirkung eingehenden Philosophie ist es etwas Geringes, was hier versucht wird, eine Vorbereitung für eine Möglichkeit, *deren Aufriß dunkel, deren Kommen ungewiß bleibt* (S. 66). Zugleich ist es etwas heute ungeheuer Anmutendes, wenn Heidegger sagt, *daß die jetzt erst beginnende Weltzivilisation einst das technisch-wissenschaftlich-industrielle Gepräge als die einzige Maßgabe für den Weltaufenthalt überwindet* (S. 67).

Was ist die Sache des Denkens? Heidegger geht auf zwei explizite Thematisierungen ein, die Hegels und Husserls. Es zeigt sich, daß bei beiden nicht die Sache das Strittige ist – die Subjektivität –, sondern die Methode. Was bleibt dabei ungedacht? Nehmen wir das Beispiel Hegels. In der spekulativen Dialektik wird dargelegt, *wie die Sache der Philosophie aus sich selbst für sich selbst zum Scheinen kommt und so Gegenwart wird* (S. 71).

Das Scheinen setzt Helle voraus, in der sich das Scheinende zeigt. Helle wiederum setzt ein Offenes voraus, das sie zu erhellen vermag – Offenheit als *freie Gegend.* Die Offenheit ist auch im spekulativen Denken vorausgesetzt, oder, wie Heidegger es formuliert, sie *allein gewährt auch dem Gang des spekulativen Denkens erst den Durchgang durch das, was es denkt* (S. 71).

Die Offenheit ist von Heidegger gedacht als die Lichtung (vgl. «Die Wahrheitsfrage in ‹Vom Wesen der Wahrheit›» [S. 66f], «Kunst und Aletheia» [S. 79f] und «Die Menschlichkeit des Menschen» [S. 98f]). Das Wort ist in Entsprechung zu dem Französischen clairière gebildet. Lichtung – lichten besagt etwas frei und offen machen von Bäumen. Das Licht im Sinne des Hellen schafft nicht das Offene, sondern setzt es voraus, um in seinem Bereich etwas erhellen zu können bzw. *die Helle mit dem Dunkel spielen zu lassen* (S. 72). *Die Lichtung ist das Offene für alles An- und Abwesende* (S. 72). Es müßte eines Tages gefragt werden *ob die Lichtung, das freie Offene, nicht dasjenige sei, worin der reine Raum und die ekstatische Zeit und alles in ihnen An- und Abwesende erst den alles versammelnden bergenden Ort haben* (S. 73).

Vor der Hütte, Oktober 1969

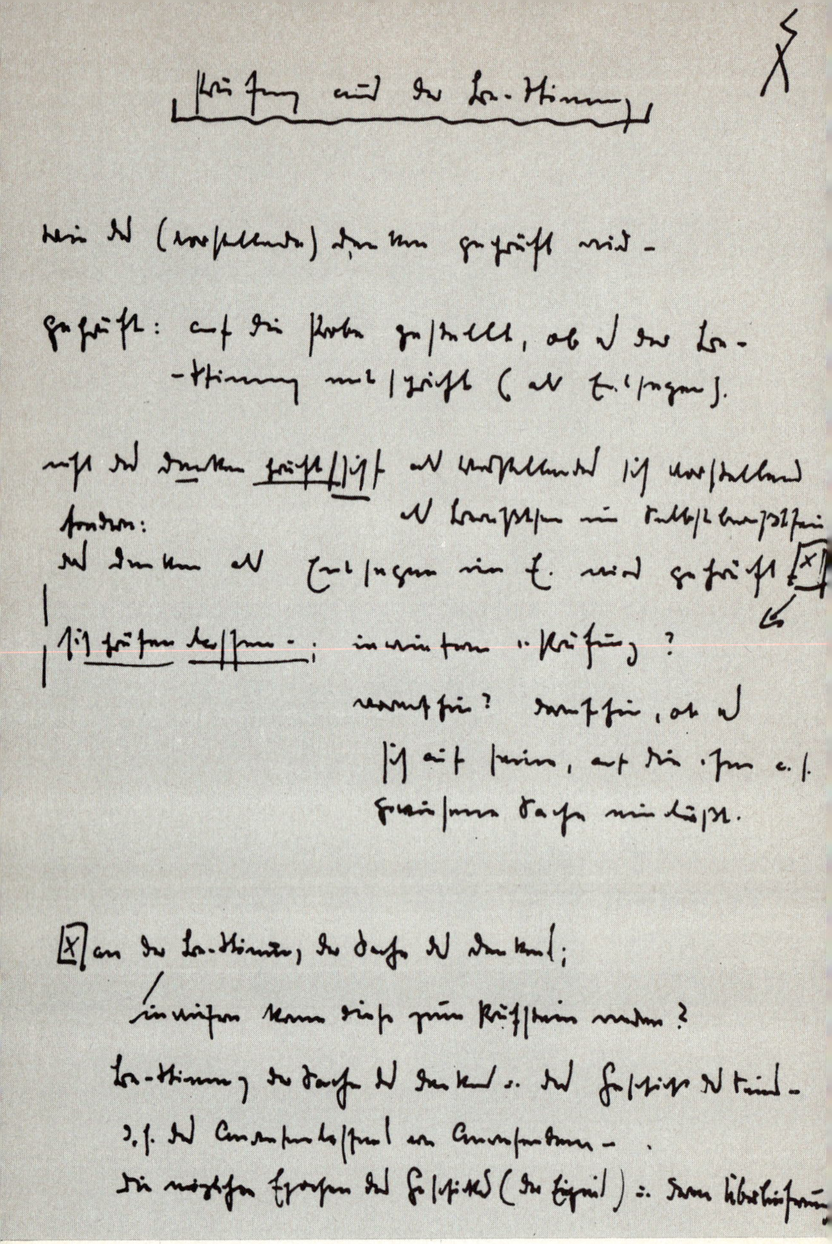

«Prüfung aus der Be-stimmung». Manuskriptseite, Anfang der sechziger Jahre

Das Philosophieren ist immer *schon in das Freie der Lichtung eingelassen. Von der Lichtung jedoch weiß die Philosophie nichts* (S. 73). Diesen Sachverhalt hat Heidegger früher die Seinsvergessenheit der Metaphysik genannt. Anwesenheit – das Grundwort für das griechisch gedachte Sein – ist immer schon auf die Lichtung angewiesen. Und Abwesendes kann auch nur im Umkreis der Lichtung als Abwesendes erfahren werden. Platon hat das Seiende wohl vom Aussehen εἶδος her gefaßt und dabei auf das Licht verwiesen. *Aber es gibt kein Licht und keine Helle ohne die Lichtung. Sogar das Dunkel bedarf ihrer* (S. 74). Diese Lichtung bleibt in der Philosophie ungedacht.

Im Gedicht des Parmenides ist die aletheia, die Unverborgenheit, genannt – die gutgerundete, *weil sie im reinen Rund des Kreises gedreht ist, auf dem überall Anfang und Ende dasselbe sind* (S. 74).

Zuvor hatte Heidegger gezeigt, daß der Weg des Denkens (sowohl der spekulativen Philosophie wie der Phänomenologie) der Lichtung bedarf, um sein zu können; jetzt verweist er darauf, daß das Seiende selbst nur anwesend sein kann, zum Erscheinen kommen, dank der Offenheit. Die Lichtung gewährt also ein Doppeltes – den Weg, auf dem dem Seienden nachgefragt wird, in Hinblick auf sein Anwesendsein und erst recht und vor allem, daß das Seiende selbst in die Anwesenheit gelangt. *Die* Ἀλήθεια, *die Unverborgenheit, müssen wir als die Lichtung denken, die Sein und Denken, deren Anwesen zu und für einander erst gewährt* (S. 75).

Die schon früh im griechischen Raum gestellte Frage, die für die gesamte Metaphysik eine Frage bleibt, nämlich wie Denken und Sein zusammengehören, ist hier von der aletheia her gedacht. Zu Beginn hatten wir gesagt, das Leitmotiv von Heideggers Denken sei die Frage nach dem Sein und die Frage nach der Wahrheit. Hier sehen wir, daß die aletheia sich als das Element zeigt, *in dem es Sein sowohl wie Denken und ihre Zusammengehörigkeit erst gibt* (S. 76). Was bei Parmenides anklingt, wird in der Metaphysik vergessen, die nach dem Sein des Seienden als der letzten Ursache im Sinne des höchsten Seienden fragt, also onto-theologisch ist.

In der Dimension von Heideggers Denken hat sich die Frage so gewandelt, daß nicht mehr die Gedoppeltheit von Sein und Wahrheit das Entscheidende ist, sondern daß die aletheia sich als das herausstellt, was Sein und Wahrheit trägt. Wahrheit als Übereinstimmung der Erkenntnis mit dem Seienden (der überlieferte Wahrheitsbegriff) ist erst möglich durch das Stehen in der Lichtung selbst, was Heidegger erstmals in *Vom Wesen der Wahrheit* aufdeckte. *Denn die Wahrheit kann selbst ebenso wie Sein und Denken nur im Element der Lichtung das sein, was sie ist. Evidenz, Gewißheit jeder Stufe, jede Art von Verifikation der veritas, bewegen sich schon mit dieser im Bereich der waltenden Lichtung* (S. 76).

Wir sind hier an der Stelle angelangt, an der die aletheia sich als das Ursprüngliche zeigt, das wir zugunsten des aus ihr Entsprungenen je schon übersehen und überspringen. Aletheia darf jetzt nicht mehr mit Wahrheit gleichgesetzt werden, sie ist die Wahrheit zuallererst Gewährende – Wahrheit im Sinne der Übereinstimmung oder der absoluten Gewißheit des Wissens. Heidegger kritisiert in diesem Zusammenhang

Martin Heidegger

den Versuch in *Sein und Zeit*, von dem wir ausgegangen waren, nämlich insofern, als aletheia mit Wahrheit übersetzt wurde. Und er kritisiert auch seine Wortbildung *Wahrheit des Seins* (z. B. in *Vom Wesen der Wahrheit* und im Humanismus-Brief).

Die Metaphysik denkt die verschiedenen Weisen von Anwesenheit des Seienden, aber nicht das, was ihr allererst voraufgeht. Anwesenheit gibt es nur dank der aletheia. Zwar leben die Griechen in der Erfahrung der aletheia, aber sie wird auch bei ihnen nicht eigens gedacht. Heidegger korrigiert hier auch seine Platon-Deutung, nach der mit Platon ein Wandel der aletheia im Sinne der Unverborgenheit zur Richtigkeit stattgefunden hat, vielmehr ist er der Auffassung, daß die aletheia gleich im Hinblick auf die Richtigkeit ausgelegt wird und so nicht eigens in den Blick kommt. *Erfahren und gedacht wird nur, was die* 'Αλήθεια *als Lichtung gewährt, nicht was sie als solche ist* (S. 78). Der Mensch hält sich an das Anwesende und stellt nicht die Frage nach der Anwesenheit und der Lichtung, die Anwesenheit gewährt.

Weswegen geschieht das? Gehört vielleicht *das Sichverbergen, die Verborgenheit, die* Λήθη *zur* 'Α-λήθεια? (S. 79). *Wenn es so stünde, dann wäre die Lichtung nicht bloße Lichtung von Anwesenheit, sondern Lichtung der sich verbergenden Anwesenheit, Lichtung des sich verbergenden Bergens* (S. 78).

Das Fragen, das diesem Verbergen nachfrägt, ist in Gang zu bringen. Heideggers gesamtes Bemühen ist ein solches In-Gang-bringen. Es bleibt allerdings fraglich, ob wir das, was in diesem Fragen geschieht, wirklich eingesehen haben, ob wir davon gepackt sind oder ob wir nicht vielmehr fasziniert bleiben von der technisch-kybernetischen Form des Vorstellens, so daß uns diese Fragestellung als pure Phantasterei erscheinen muß.

Heideggers Werk ist ein Gebirge, das wir noch nicht zu besteigen imstande sind. Wir vermögen wohl, den einen oder anderen Pfad ein Stück entlang zu gehen und dabei manches Ungewohnte und Erregende zu erblicken – aber das ist alles weit entfernt von einer Gratwanderung. Die vorliegende Arbeit sollte dazu anregen, Versuche der Näherung zu fördern. Sie mußte sich auf wenige Texte beschränken und konnte auch diese nicht erschöpfend auslegen. Wenn es ihr gelungen sein sollte, das Ungewohnte dieses Denkens sichtbar zu machen, war sie nicht überflüssig. Wenn sie gar dahin geführt hätte, in dem Gewohnten den Blick für das Ungewohnte zu öffnen und jene, die sich an das Gewohnte klammern, von Heidegger fernzuhalten, wäre das eine Rechtfertigung, welche die Unzulänglichkeit und Unbeholfenheit der Darstellung mildern könnte.

Zum heutigen Heidegger-Verständnis sei ein Wort des Dichters zitiert, mit dem Heidegger eine Art Wahlverwandtschaft verbindet – es ist eine Stelle aus Hölderlins «Titanen»:

Nicht ist es aber
Die Zeit. Noch . . .

1 Hannah Arendt: «Martin Heidegger zum 80. Geburtstag». In: «Merkur» 10 (1969), S. 893–902.

2 Vgl. auch die Antrittsrede vor der Heidelberger Akademie der Wissenschaften in «Wissenschaft und Weltbild», Jg. 12/1959, S. 610 f.

3 Vgl. dazu Otto Pöggeler: «Der Denkweg Martin Heideggers». Pfullingen 1963. Kap. II: «Metaphysik und Geschichte», S. 27 f.

4 Vgl. dazu Hans Georg Gadamer: «Martin Heidegger und die Marburger Theologie». In: Otto Pöggeler (Hg.), «Heidegger». Köln–Berlin 1969. 174 f.

5 Ebd., S. 169.

6 Ebd., S. 171: «Die großartige phänomenologische Anschauungskraft, die Heidegger in seine Interpretationen einbrachte, befreite den aristotelischen Urtext so gründlich und wirkungsvoll von den Übermalungen der scholastischen Tradition und von dem kläglichen Zerrbild, das der damalige Kritizismus von Aristoteles besaß ... daß er auf eine unerwartete Weise zu sprechen begann.» Vielleicht könnte statt «Anschauungskraft» das Eindringen in die ursprüngliche Intention des Verfassers gesetzt werden.

7 Pöggeler, a. a. O., S. 7.

8 Heidegger hat im Wintersemester 1927/28 in einer vierstündigen Vorlesung diese Deutung vorgetragen und am Herder-Institut in Riga im September 1928 sowie bei den Davoser Hochschulkursen im März 1929. Heideggers Auftreten bei diesen Hochschulkursen hatte besondere Beachtung gefunden.

9 Vgl. zu dieser Problematik die Arbeit des Vf. «Le Concept de monde chez Heidegger» (Louvain–Paris 1950).

10 Vgl. die Arbeit des Vf. «Philosophische Analysen zur Kunst der Gegenwart». Den Haag 1969 (= Phaenomenologica. Bd. 28).

11 Eine sorgfältige Darstellung finden wir in der Arbeit von J. L. Mehta: «The Philosophy of Martin Heidegger». Banaras Hindu University Press, Varanasi (Teile davon sind in die amerikanische Ausgabe übernommen worden [Harper Torchbooks, 1971]). Auf die sehr gründliche Darstellung von Richardson muß auch verwiesen werden: «Heidegger. Through Phenomenology to Thought» (Den Haag 1963 [= Phaenomenologica. Bd. 13]). Die Arbeit von Otto Pöggeler wurde oben schon erwähnt. Die scharfsinnige Arbeit von Rosales nimmt die ontologische Differenz zum Zentralthema (vgl. «Phaenomenologica» Bd. 33).

12 Pöggeler, a. a. O., S. 210.

13 Martin Heidegger hielt den Vortrag im Oktober 1930 in Bremen, am 5. Dezember des gleichen Jahres in Marburg und am 11. Dezember in Freiburg i. B. 1932 wurde er in Dresden wiederholt. Wir zitieren nach der Ausgabe in *Wegmarken* (Frankfurt a. M. 1967), die den zuerst veröffentlichten Text von 1943 unverändert übernimmt.

14 Die erste Fassung des Textes wurde im November 1935 in Freiburg i. B. und im Januar 1936 in Zürich vorgetragen. Die erweiterte Fassung entstand 1936, sie wurde in drei Vorträgen im Freien Deutschen Hochstift zu Frankfurt a. M. im November und Dezember des gleichen Jahres vorgetragen.

15 Zu dem möglichen Einwand, daß schon bei Schelling und Hegel die Kunst von der Wahrheit her begriffen wird, siehe die Arbeit des Vf. «Kants Be-

gründung der Ästhetik und ihre Bedeutung für die Philosophie der Kunst» (Kantstudien, Erg.-Bd. 66).

16 Ein Versuch in dieser Richtung wurde vom Vf. unternommen in der Arbeit «Philosophische Analysen zur Kunst der Gegenwart» (Den Haag 1969 [= Phaenomenologica. Bd. 28]).

17 Vgl. Werner Heisenberg: «Das Naturbild der heutigen Physik» in: «Die Künste im technischen Zeitalter». München 1953. S. 60 f.

18 Leider muß hier darauf verzichtet werden, den Gedanken des Gevierts näher zu erläutern. Es sei auf den Aufsatz von Sinn: «Heideggers Spätphilosophie» («Philosophische Rundschau», Jg. 14, H. 2/3, S. 81–182 verwiesen und auf Pöggelers Aufsatz «Sein als Ereignis» («Zeitschrift für philosophische Forschung, XIII, S. 597–632).

1889	26. September: Geburt Martin Heideggers als Sohn von Friedrich Heidegger (7. August 1851–2. Mai 1924), Küfermeister in Meßkirch, und Johanna Heidegger, geb. Kempf (21. März 1858–3. Mai 1927)
1903–1906	Besuch des Gymnasiums in Konstanz
1906–1909	Besuch des Gymnasiums in Freiburg i. B.
1909–1911	Studium der Theologie in Freiburg i. B.
1911–1913	Studium der Philosophie, der Geistes- und Naturwissenschaften in Freiburg i. B.
1913	Promotion bei Schneider-Rickert Korreferenz mit der Dissertation *Die Lehre vom Urteil im Psychologismus*
1916	Habilitation in Freiburg mit der Arbeit: *Die Kategorien und Bedeutungslehre des Duns Scotus*
1917	Eheschließung mit Elfriede Petri
1919	Sohn Jörg geboren
1920	Sohn Hermann geboren
1922	Berufung auf ein Extraordinariat nach Marburg – bleibt bis 1928 in Marburg. Bau der Hütte in Todtnauberg
1923	*Dasein und Wahrsein.* Vortrag in der Kant-Gesellschaft in Köln auf Einladung von Max Scheler (wiederholt in Essen)
1926	*Begriff und Entwicklung der phänomenologischen Forschung.* Vortrag im Marburger Philosophischen Kränzchen am 4. Dezember
1927	*Sein und Zeit* *
1928	Berufung auf das Ordinariat für Philosophie der Albert-Ludwigs-Universität in Freiburg i. B. als Nachfolger von Edmund Husserl *Kant und das Problem der Metaphysik.* Vorträge am Herder-Institut in Riga
1929	*Philosophische Anthropologie und Metaphysik des Daseins.* Vortrag in Frankfurt a. M. am 24. Januar *Kant und das Problem der Metaphysik.* Vorträge bei den Davoser Hochschulkursen im März *Rede zum 70. Geburtstag von Edmund Husserl* am 9. April *Was ist Metaphysik?* Antrittsvorlesung am 24. Juli in der Aula der Universität *Die heutige Problemlage der Philosophie.* Vortrag in Karlsruhe im Dezember
1930	*Die Problemlage der heutigen Philosophie* und *Hegel und das Problem der Metaphysik.* Zwei Vorträge, gehalten in der Wissenschaftlichen Vereinigung zu Amsterdam am 21. und 22. März *Vom Wesen der Wahrheit.* Vortrag, gehalten in Bremen im Oktober, Marburg am 5. Dezember, Freiburg am 11. Dezember und Dresden 1932

* Die nun folgenden Veröffentlichungen sind hier nicht mehr angeführt. Sie finden sich im Werkverzeichnis (S. 159 f).

1933 Wahl zum Rektor der Albert-Ludwig-Universität

Die Selbstbehauptung der deutschen Universität. Rede bei der Übernahme des Rektorats am 27. Mai 1933

1934 Das Rektorat niedergelegt

1935 *Der Ursprung des Kunstwerkes.* Vortrag, gehalten am 13. November in der Kunstwissenschaftlichen Gesellschaft Freiburg i. B. – wiederholt im Januar 1936 in Zürich

1936 *Hölderlin und das Wesen der Dichtung.* Vortrag, gehalten in Rom am 2. April 1936 (s. *Erläuterungen zu Hölderlins Dichtung*)

Der Ursprung des Kunstwerkes. Drei Vorträge, gehalten am 17. und 24. November und 4. Dezember im Freien Deutschen Hochstift Frankfurt a. M. (s. *Holzwege*)

1938 *Die Begründung des neuzeitlichen Weltbildes durch die Metaphysik.* Vortrag vor der Kunstwissenschaftlichen, Naturforschenden und Medizinischen Gesellschaft in Freiburg i. B. am 9. Juni im Rahmen der Vortragsreihe «Die Begründung des Weltbildes der Neuzeit» (s. *Holzwege: Die Zeit des Weltbildes*)

1939 *Hölderlins Hymne «Wie wenn am Feiertage ...»* Vortrag, der 1939 und 1940 mehrfach gehalten wurde (s. *Erläuterungen zu Hölderlins Dichtung*)

1940 *Platons Lehre von der Wahrheit.* Vortrag, zuerst im «Jahrbuch für die geistige Überlieferung» erschienen 1942 (s. *Wegmarken*)

1943 *Andenken.* Zum 100. Todestag von Hölderlin in der Gedenkschrift von P. Kluckhohn erschienen

Heimkunft / An die Verwandten. Rede zur Feier des 100. Todestages von Hölderlin am 6. Juni in der Universität Freiburg i. B. (s. *Erläuterungen zu Hölderlins Dichtung*)

Nietzsches Wort «Gott ist tot». In kleinerem Kreis vorgetragen (s. *Holzwege*)

1944 Im Herbst zum Volkssturm eingezogen

1945 Lehrverbot durch die Besatzungsmacht bis 1951

1946 *Wozu Dichter?* Vortrag in engstem Kreis zum Andenken an Rilkes 20. Todestag (s. *Holzwege*)

1947 *Der Feldweg. Aus der Erfahrung des Denkens*

1949 *Einblick in das was ist (Das Ding – Das Ge-stell – Die Gefahr – Die Kehre).* Vier Vorträge im Club zu Bremen im Dezember 1949, wiederholt 1950 auf Bühlerhöhe

1950 *Das Ding.* Vortrag (erweiterte Fassung) in der Bayerischen Akademie der Schönen Künste am 6. Juni 1950

Die Sprache. Vortrag auf Bühlerhöhe am 7. Oktober zum Gedächtnis an Max Kommerell, wiederholt am 14. Februar 1951 (s. *Unterwegs zur Sprache*)

1951 *Bauen Wohnen Denken.* Vortrag im Rahmen des Darmstädter Gesprächs über «Mensch und Raum», gehalten am 5. August

... dichterisch wohnet der Mensch ... Vortrag auf Bühlerhöhe am 6. Oktober

1953 *Wer ist Nietzsches Zarathustra?* Vortrag am 8. Mai im Club zu Bremen

Wissenschaft und Besinnung. Vortrag am 15. Mai anläßlich der Tagung der Arbeitsgemeinschaft wissenschaftlicher Sortimenter auf dem Schauinsland und am 4. August in München, zur Vorbereitung der Tagung der Bayerischen Akademie der Schönen Künste «Die Künste im technischen Zeitalter»

Die Frage nach der Technik. Vortrag am 18. November in der Bayerischen Akademie der Schönen Künste innerhalb der Reihe «Die Künste im technischen Zeitalter» und in Freiburg i. B. am 12. Februar 1954 zum 150. Todestag von Kant

1954 *Besinnung.* Vortrag, gehalten in Zürich, Konstanz und am 19. Juni in Freiburg i. B.

1955 *Gelassenheit.* Rede zur Feier des 175. Geburtstags des Komponisten Conradin Kreutzer am 30. Oktober in Meßkirch

Was ist das – die Philosophie? Vortrag in Cérisy-la-Salle im September 1955

1956 *Der Satz vom Grund.* Vortrag am 25. Mai im Club zu Bremen und am 24. Oktober an der Universität Wien (s. *Der Satz vom Grund*)

Gespräch mit Hebel beim «Schatzkästlein». Zum Hebeltag 1956

Paul Klee. Vortrag bei den Architekten in Freiburg i. B.

1957 *Die onto-theologische Verfassung der Metaphysik.* Vortrag in Todtnauberg am 24 Februar (s. *Identität und Differenz*)

Grundsätze des Denkens. Fünf Vorträge im Rahmen des Studium Generale der Universität Freiburg i. B. im Sommer-Semester. Davon wurde der dritte Vortrag *Der Satz der Identität* als Festvortrag zum fünfhundertjährigen Jubiläum der Albert-Ludwig-Universität am 27. Juni gehalten (s. *Identität und Differenz*)

Das Wesen der Sprache. Drei Vorträge im Rahmen des Studium Generale der Universität Freiburg i. B. am 14. und 18. Dezember und 7. Februar 1958 gehalten (s. *Unterwegs zur Sprache*)

1958 *Hegel et les Grecs.* Vortrag in der Nouvelle Faculté von Aix-en-Provence am 20. März und deutsch in der Gesamtsitzung der Heidelberger Akademie der Wissenschaften am 26. Juli (s. *Wegmarken*)

Dichten und Denken. Zu Stefan Georges Gedicht «Das Wort». Vortrag bei der Morgenfeier des Wiener Burgtheaters am 11. Mai (s. *Unterwegs zur Sprache*)

1959 *Der Weg zur Sprache.* Vortrag in der Bayerischen Akademie der Schönen Künste, München, Januar (s. *Unterwegs zur Sprache*)

Antrittsrede in der Heidelberger Akademie der Wissenschaften (in «Jahreshefte der Heidelberger Akademie der Wissenschaften» 1957/58)

Hölderlins Erde und Himmel. Vortrag, gehalten am 6. Juni im Cuvilliés-Theater in München anläßlich der Tagung der Hölderlin-Gesellschaft

Dank an die Meßkircher Heimat. Ansprache anläßlich der Ernennung zum Erhrenbürger der Stadt Meßkirch am 27. September 1959

Die Bestimmung der Künste im gegenwärtigen Weltalter. Vortrag in Baden-Baden

1960 *Sprache und Heimat.* Vortrag in Wesselburen am 2. Juli

1962 April: Erste Reise nach Griechenland

1964 *Über Abraham a Santa Clara.* Ansprache am 2. Mai im Martinssaal in Meßkirch

1967 *Die Herkunft der Kunst und die Bestimmung des Denkens.* Vortrag, gehalten am 4. April in der Akademie der Wissenschaften und Künste in Athen

1968 *Hölderlin: Das Gedicht.* Vortrag in Amriswil, die französische Übersetzung vorgetragen bei René Char

Seminar in Thor (Provence) *Hegel: Differenz des Fichteschen und Schellingschen Systems* vom 30. August bis 8. September

1969 Seminar in Thor (Provence) *Kant: Über den einzig möglichen Beweisgrund vom Dasein Gottes* vom 2. bis 11. September

1976 Am 26. Mai stirbt Heidegger und wird am 28. Mai in Meßkirch beigesetzt.

Jean Wahl

Heideggers Auffassung unterscheidet sich beträchtlich von der Hegels, denn für ihn gibt es nicht Fortschritt, nicht Verfall, es kann nicht das Werden der Idee gesucht werden, es gibt vielmehr Abfolgen der Aufassung des Seins in der Antike, im Mittelalter, bei Descartes, in der Neuzeit, aber man kann nicht von einem Fortschritt sprechen, wie Hegel das tut, und andererseits gibt es eine Einheitlichkeit in der Art, wie das Sein sich präsentiert; so daß in diesem Sinne der Hegelianismus überwunden ist. Es gibt einige Momente, in denen alle großen Geister übereinstimmen.

«L'Idée d'être chez Heidegger», 1951. S. 78

Wolfgang Stegmüller

Die Philosophie Heideggers gehört zu jenen Werken, die geeignet sind, eine philosophiegeschichtliche Wende herbeizuführen, die aber andererseits zugleich die Gefahr in sich bergen, den Anlaß dazu zu geben, alles Bisherige als überholt zu betrachten, was dann mit Notwendigkeit eine innere Zügellosigkeit des Denkens zur Folge haben muß.

Die grundsätzlich neue Einstellungsweise dieser Philosophie birgt eine doppelte Reaktionsmöglichkeit in sich: Macht man die Wendung bei Heidegger nicht einmal versuchend mit, sondern beurteilt sie von irgendeinem als fest angenommenen Standpunkt aus, dann muß das Ganze als eine unverständliche Wortmalerei, bestenfalls als der vergebliche Versuch eines rationalisierten Irrationalismus erscheinen. Gelingt es einem hingegen, die Wendung zu vollziehen, so lernt man eine grundsätzlich neue Sehweise kennen, die einen so überfallen und beherrschen kann, daß alle bisherigen Leistungen der Philosophie überholt aussehen ... Dabei ist es die innere Tragik der Philosophie Heideggers, daß die positiven metaphysischen Ansätze seines «Systems» von Freund und Feind nicht beachtet wurden.

«Hauptströmungen der Gegenwartsphilosophie», 1965. S. 177

Ludwig Binswanger

Ich glaube, daß Heidegger uns mit seiner Lehre, im Gegensatz zu Kant und dem Deutschen Idealismus, den Schlüssel zum ontologischen Verständnis des Wahns, der Seinsauffassung des wahnhaften In-der-Weltseins nämlich, in die Hand gegeben hat.

«Wahn», 1965. S. 19 f

Eugen Fink und Rudolph Berlinger

Martin Heidegger hat in diesem Jahrhundert die erregendste denkerische Perspektive aufgerissen und wie ein Vulkan der Ursprünglichkeit den Firnis einer erstarrten und fixierten Tradition durchbrochen. In der leidenschaftlich-bohrenden Geduld seines Fragens gibt er ein exemplum humanitatis und zugleich ein Beispiel für den den Menschen über sich hinaustreibenden Bezug zu Sein und Nichts, zu Tod und Leben, zur einen, alles durchgreifenden Welt.

«Perspektiven» I(1969), S. 317

Hannah Arendt

... der Sturm, der durch das Denken Heideggers zieht – wie der, welcher uns nach Jahrtausenden noch aus dem Werk Platos entgegenweht – stammt nicht aus dem Jahrhundert. Er kommt aus dem Uralten, und was er hinterläßt, ist ein Vollendetes, das, wie alles Vollendete, heimfällt zum Uralten.

In: «Merkur» 258 (1969), S. 902

Emil Staiger

Im Sommersemester 1928, das ich in München verbrachte, las ich zum erstenmal «Sein und Zeit». Von dem eigentlichen Problem, der Frage nach dem «Sein», die doch das Vorwort so klar exponiert, begriff ich bei der ersten Lektüre noch nichts. Ich hielt mich, wie die meisten Leser, an die Kapitel, die vom «Man», von der Neugier, der Sorge, dem Sein zum Tode, der Angst und der Geworfenheit handeln, und fühlte mich unwiderstehlich von der finsteren Gewalt der Sprache gebannt, dieser vielgeschmähten Sprache, die mir auch heute noch als eine der größten Leistungen auf dem Gebiet der philosophischen Prosa erscheint.

«Ein Rückblick». In: «Heidegger. Perspektiven zur Deutung Seines Werkes», 1970, S. 242

Heinrich Ott

Nun begegnet in dem Philosophen Martin Heidegger uns Theologen ein Denken von einem Niveau, einem Anspruch, einer Präzision, wie sie in der Theologie selten erreicht wurden ... mancher wesentliche theologische Ansatz dürfte aus der Konfrontation mit dieser Philosophie und ihrer Methode den Ansporn zu noch tieferem, radikalerem, konzentrierterem Fragen empfangen. Man lernt als Theologe von Martin Heidegger nicht, indem man von ihm «Lehrsätze» oder «Lehnsätze» übernimmt, sondern indem man im Gespräch mit ihm die Strenge und Geschmeidigkeit im «Handwerk des Denkens» einübt. Das ist es, was wir diesem Manne verdanken, der seinerseits nach seinem eigenen Eingeständnis Wesentliches auf seinem persönlichen Wege dem Gespräch mit der christlichen Theologie verdankt.

«Die Bedeutung von Martin Heideggers Denken für die Methode der Theologie». In: «Durchblicke», 1970, S. 37 f

Jan Patočka

Es entgeht ihm [Lukács] vollständig, daß das Dasein Heideggers und seine eigentliche Existenz gerade *keinen* notwendig tragischen Charakter haben, daß sie im faktischen Tode keine unumgängliche Aufgipfelung besitzen, sondern in der Verantwortung und dem verantwortlichen Erschließen der Situation. Es entgeht ihm vollständig, daß es sich hier nicht um das Verlassen der Sozialität und der Geschichte handelt, sondern im Gegenteil um eine ursprüngliche Aufgeschlossenheit, Offenheit für sie. So ist Lukács bei seiner Interpretation der Heideggerschen Philosophie schon im Ansatz der fundamentalontologischen Analysen zum Opfer seiner eigenen, nicht zu Ende gedachten existentialistischen Anfänge geworden. Weil er nicht willens ist, den methodischen Ansatz Heideggers von seinen Voraussetzungen zu verfolgen, muß ihm die ontologische Absicht entgehen, die Existenz zur Basis einer neuartigen, die Ontologie der Realität überschreitenden Seinsproblematik zu machen.

«Heidegger vom anderen Ufer». In: «Durchblicke», 1970. S. 402

Hans Georg Gadamer

. . . die erste Begegnung mit dem Blick seines Auges zeigte einem, wer er war und zeigte einem, wer er ist: ein Sehender. Ein Denkender, der sieht. In der Tat begründet das, wie mir scheint, die Einzigartigkeit Heideggers unter allen philosophischen Lehrern unserer Zeit, daß die Dinge, die er in einer höchst eigenwilligen, alle «gebildeten» Erwartungen oft verletzenden Sprache darstellt, immer anschaulich zu sehen sind. Und das nicht nur in augenblickshaften Evokationen, die dem treffenden Wort gelingen und ein flüchtiges Aufblitzen von Anschauung bewirken, sondern so, daß die gesamte begriffliche Analyse, die vorgetragen wird, nicht argumentierend von einem Gedanken zum anderen weitergeht, sondern von den verschiedenen Seiten immer dasselbe kommt und der begrifflichen Beschreibung damit gleichsam Plastik, die dritte Dimension des greifbar Wirklichen, verleiht.

«Kleine Schriften», 1972. S. 204

BIBLIOGRAPHIE

Kein lebender Philosoph hat solch einen Widerhall gefunden wie Martin Heidegger. Wir müssen uns hier auf eine Auswahl von Arbeiten seit 1945 beschränken und verweisen im übrigen auf die unten angeführten Bibliographien.

1. Bibliographien

LÜBBE, H.: Bibliographie der Heidegger-Literatur 1917–1955. In: Zeitschrift für philosophische Forschung 11 (1957), S. 401–452

IJSSELING, S.: Van en over Heidegger. Kroniek van de Heideggerliteratuur 1955–1965. In: Tijdschrift voor Filosofie 27 (1965), S. 587–609

SASS, H.-M.: Heidegger-Bibliographie. Meisenheim am Glan 1968. 181 S. [2201 Titel!]

2. Werke

(Chronologisch geordnet nach Erstdrucken)

1912 Das Realitätsproblem in der modernen Philosophie. In: Philosophisches Jahrbuch 25 (1912), S. 353–363

Neuere Forschungen über Logik. In: Literarische Rundschau für das katolische Deutschland 38 (1912), Sp. 465–472; 517–524; 565–570

1914 Die Lehre vom Urteil im Psychologismus. Ein kritisch-positiver Beitrag zur Logik. Leipzig 1914. VIII, 110 S. [Dissertation]

1916 Die Kategorien- und Bedeutungslehre des Duns Scotus. Tübingen 1916. 245 S. [Habilitationsschrift]

Der Zeitbegriff in der Geschichtswissenschaft. In: Zeitschrift für Philosophie und philosophische Kritik 161 (1916), S. 173–188

1927 Sein und Zeit. Erste Hälfte. Halle 1927. XI, 438 S. (Jahrbuch für Philosophie und phäonmenologische Forschung. 8)

1929 Was ist Metaphysik? Bonn 1929. 29 S.

Kant und das Problem der Metaphysik. Bonn 1929. XII, 236 S.

Vom Wesen des Grundes. In: Festschrift, Edmund Husserl zum 70. Geburtstag gewidmet. Halle 1929. S. 71–100 (Jahrbuch für Philosophie und phänomenologische Forschung. Ergänzungsband)

1933 Die Selbstbehauptung der deutschen Universität. Rede, gehalten bei der feierlichen Übernahme des Rektorats der Universität Freiburg i. B. am 27. Mai 1933. Breslau 1933. 22 S.

1936 Hölderlin und das Wesen der Dichtung. In: Das Innere Reich 3 (1936), S. 1065–1078

1941 Hölderlins Hymne *Wie wenn am Feiertage* . . . Halle 1941. 32 S.

1942 Platons Lehre von der Wahrheit. In: Geistige Überlieferung 2 (1942), S. 96–124

1943 Vom Wesen der Wahrheit. Frankfurt a. M. 1943. 28 S.

Andenken. In: Hölderlin. Gedenkschrift zu seinem 100. Todestag, hg. von P. KLUCKHOHN. Tübingen 1943. S. 267–324

1944 Erläuterungen zu Hölderlins Dichtung. Frankfurt a. M. 1944. 50 S. Enthält: *Heimkunft / An die Verwandten.*

Hölderlin und das Wesen der Dichtung. [Wiederabdruck von 1936]

1947 Platons Lehre von der Wahrheit. Mit einem Brief über den Humanismus. Bern 1947. 120 S. (Überlieferung und Auftrag. Reihe: Probleme und Hinweise. 5)
Enthält: Platons Lehre von der Wahrheit. [Wiederabdruck von 1942]
Über den *Humanismus.* Brief an Jean Beaufret, Paris.

1949 Der Zuspruch des Feldweges. In: Sonntagsblatt, Jg. 2, Nr. 43, Hamburg, 23. Oktober 1949, S. 5

1950 Holzwege. Frankfurt a. M. 1950. 345 S.
Enthält: Der Ursprung des Kunstwerks.
Die Zeit des Weltbildes.
Hegels Begriff der Erfahrung.
Nietzsches Wort «Gott ist tot».
Wozu Dichter?
Der Spruch des Anaximander.

1951 Brief an Emil Staiger. In: STAIGER, Zu einem Vers von Mörike. Ein Briefwechsel mit Martin Heidegger. In: Trivium 9 (1951), S. 1–16
Logos. In: Festschrift für Hans Jantzen. Berlin 1951. S. 7–18
Das Ding. In: Gestalt und Gedanke. Ein Jahrbuch. Hg. von der Bayerischen Akademie der Schönen Künste. München 1951. S. 128–148

1952 Bauen Wohnen Denken. In: Mensch und Raum. Darmstadt 1952. S. 72–84 (Darmstädter Gespräch. 2)
Was heißt Denken. In: Merkur 6 (1952), S. 601–611

1953 Einführung in die Metaphysik. Tübingen 1953. 156 S.
Georg Trakl. Eine Erörterung seines Gedichtes. In: Merkur 7 (1953), S. 226–258

1954 Aus der Erfahrung des Denkens. Pfullingen 1954. 27 S.
... dichterisch wohnet der Mensch ... In: Akzente 1 (1954), S. 57–71
Heraklit. In: Festschrift zur Feier des 350jährigen Bestehens des Heinrich-Suso-Gymnasiums in Konstanz. Konstanz 1954. S. 60–76
Die Frage nach der Technik. In: Gestalt und Gedanke 3. Hg. von der Bayerischen Akademie der Schönen Künste. München 1954. S. 70–108
Wissenschaft und Besinnung. In: Börsenblatt für den Deutschen Buchhandel, Jg. 10, Nr. 29, Frankfurt a. M., 13. April 1954, S. 203–211
Anmerkungen über die Metaphysik. In: Im Umkreis der Kunst. Eine Festschrift für Emil Preetorius. Wiesbaden 1954. S. 117–136
Vorträge und Aufsätze. Pfullingen 1954. 283 S.
Enthält: I. Die Frage nach der Technik. [Wiederabdruck von 1954]
Wissenschaft und Besinnung. [Wiederabdruck von 1954]
Überwindung der Metaphysik
Wer ist Nietzsches Zarathustra?
II. Was heißt Denken? [Wiederabdruck von 1952]
Bauen Wohnen Denken [Wiederabdruck von 1952]
Das Ding [Wiederabdruck von 1951], mit einem Nachwort: «Ein Brief an einen jungen Studenten»
... dichterisch wohnet der Mensch ... [Wiederabdruck von 1954]

III. Logos (Heraklit, Fragment 50). [Wiederabdruck von 1951]
Moira (Parmenides, Fragment VIII, 34–41). [Teilweiser Wiederabdruck aus: Was heißt Denken? 1952]
Aletheia (Heraklit, Fragment 16). [Wiederabdruck von: Heraklit. 1954]

Was heißt Denken? Tübingen 1954. 174 S.

1955 Über *Die Linie*. In: Freundschaftliche Begegnungen. Festschrift für Ernst Jünger zum 60. Geburtstag. Frankfurt a. M. 1955. S. 9–45

1956 Was ist das – die Philosophie? Pfullingen 1956. 46 S.

Zur Seinsfrage. Frankfurt a. M. 1956. 43 S. [Wiederabdruck von: Über *Die Linie*. 1955]

Der Satz vom Grund. In: Wissenschaft und Weltbild 9 (1956), S. 241–250

Gespräch mit Hebel. Mein *Schatzkästlein* zum Hebeltag 1956. Lörrach 1956 (Aus der Schriftenreihe des Hebelbundes. 4)

1957 Der Satz vom Grund. Pfullingen 1957. 212 S. [Enthält u. a. Wiederabdruck von 1956.]

Der Satz der Identität. In: Die Albert-Ludwigs-Universität Freiburg 1457–1957. Die Festvorträge bei der Jubiläumsfeier. Freiburg i. B. 1957. S. 69–79

Identität und Differenz. Pfullingen 1957. 76 S.

Enthält: Der Satz der Identität. [Wiederabdruck von 1957]
Die onto-theo-logische Verfassung der Metaphysik.

Hebel als Hausfreund. Pfullingen 1957. 39 S. [Erweiterte Fassung von: Gespräch mit Hebel. 1956]

1958 Grundsätze des Denkens. In: Jahrbuch für Psychologie und Psychotherapie 6 (1958), S. 33–41

Vom Wesen und Begriff der PHYSIS, Aristoteles *Physik B 1*. In: Il Pensiero 3 (Mailand 1958), S. 131–156; 265–290

1959 Gelassenheit. Pfullingen 1959. 73 S.

Enthält: Gelassenheit.
Zur Erörterung der Gelassenheit. Aus einem Feldweggespräch über das Denken.

Der Weg zur Sprache. In: Gestalt und Gedanke 5. Hg. von der Bayerischen Akademie der Schönen Künste. München 1959. S. 137–170

Hegel et les Grecs. Traduit par J. BEAUFRET et P.-P. SAGAVE. In: Cahiers du Sud, anneé 45, no. 349, Paris 1959, S. 355–368

Unterwegs zur Sprache. Pfullingen 1959. 270 S.

Enthält: Die Sprache.
Die Sprache im Gedicht. Eine Erörterung von Georg Trakls Gedicht. [Wiederabdruck von: Georg Trakl. 1953]
Aus einem Gespräch von der Sprache. Zwischen einem Japaner und einem Fragenden.
Das Wesen der Sprache.
Das Wort.
Der Weg zur Sprache. [Wiederabdruck von 1959]

1960 Hölderlins Erde und Himmel. In: Hölderlin-Jahrbuch 11 (1958–1960), S. 17–39

Sprache und Heimat. In: Hebbel-Jahrbuch 1960. Heide 1960. S. 27–50

Hegel und die Griechen. In: Die Gegenwart der Griechen im neueren Denken. Festschrift für Hans Georg Gadamer zum 60. Geburtstag. Tübingen 1960. S. 43–57 [Übersetzung von: Hegel et les Grecs. 1959]

1961 Nietzsche. Erster Band. Pfullingen 1961. 662 S.

Enthält: Der Wille zur Macht als Kunst.
Die ewige Wiederkehr des Gleichen.
Der Wille zur Macht als Erkenntnis.

Nietzsche. Zweiter Band. Pfullingen 1961. 494 S.

Enthält: Die ewige Wiederkehr des Gleichen und der Wille zur Macht.
Der europäische Nihilismus.
Nietzsches Metaphysik.
Die seinsgeschichtliche Bestimmung des Nihilismus.
Die Metaphysik als Geschichte des Seins.
Entwürfe zur Geschichte des Seins als Metaphysik.
Die Erinnerung an die Metaphysik.

Dank an die Meßkircher Heimat. Ansprache von Professor Martin Heidegger anläßlich seiner Ernennung zum Ehrenbürger der Stadt Meßkirch am 27. September 1959. In: Meßkirch gestern und heute. Heimatbuch zum 700jährigen Stadtjubiläum 1961. S. 84–86

Sprache und Heimat. In: Dauer im Wandel. Festschrift zum 70. Geburtstag von Carl Jacob Burckhardt. München 1961. S. 174–193

1962 Die Frage nach dem Ding. Zu Kants Lehre von den transzendentalen Grundsätzen. Tübingen 1962. VII, 189 S.

Kants These über das Sein. In: Existenz und Ordnung. Festschrift für Erik Wolf zum 60. Geburtstag. Frankfurt a. M. 1962. S. 217–245

Die Technik und die Kehre. Pfullingen 1962. 47 S. (Opuscula aus Wissenschaft und Dichtung. 1)

Enthält: Die Frage nach der Technik. [Wiederabdruck von 1954]
Die Kehre.

1963 Ein Vorwort. Brief an P. William J. Richardson, Freiburg i. B., Anfang April 1962. In: W. J. Richardson, Heidegger. Through Phenomenology to Thought. The Hague 1963. S. VIII–XXIII. (Phaenomenologica. 13)

1964 Aus der letzten Marburger Vorlesung. [Leibniz] In: Zeit und Geschichte. Dankesgabe an Rudolf Bultmann zum 80. Geburtstag. Tübingen 1964. S. 491–507

Über Abraham a Santa Clara. Hg. von der Stadt Meßkirch. Meßkirch [1964]. 16 S.

1967 Wegmarken. Frankfurt a. M. 1967. VII, 398 S. [Enthält den Wiederabdruck von zwölf Aufsätzen aus den Jahren 1929–1964.]

Der europäische Nihilismus. Pfullingen 1967. 296 S. [Enthält den Wiederabdruck von zwei Aufsätzen aus dem Jahre 1961.]

1969 Die Kunst und der Raum. – L'art et l'espace. (Traduction: Jean Beaufret et François Fédier.) Sankt Gallen 1969. 26 S.

1970 Heraklit. Seminar Wintersemester 1966/1967. (Zusammen mit Eugen Fink) Frankfurt a. M. 1970. 261 S.

Phänomenologie und Theologie. Frankfurt a. M. 1970. 47 S.

1971 Schellings Abhandlung Über das Wesen der menschlichen Freiheit ‹1809›. Hg. von Hildegard Feick. Tübingen 1971. IX, 237 S.

1972 Frühe Schriften. Frankfurt a. M. 1972. XII, 386 S.
Enthält: Die Lehre vom Urteil im Psychologismus.
Die Kategorien- und Bedeutungslehre des Duns Scotus.
Der Zeitbegriff in der Geschichtswissenschaft.
[Alle Wiederabdrucke.]

1975 Die Grundprobleme der Phänomenologie. Vorlesung S. S. 1927, Hrsg. Fr.-W. von Hermann. Gesamtausgabe Bd. 24, Frankfurt a. M.

1976 Logik – Die Frage nach der Wahrheit. Vorlesung W. S. 1925/26, Hrsg. Walter Biemel. Gesamtausgabe Bd. 21, Frankfurt a. M.

1977 Phänomenologische Interpretation von Kants Kritik der reinen Vernunft. Vorlesung W. S. 1927/28, Hrsg. Ingtraud Görland. Gesamtausgabe Bd. 25, Frankfurt a. M.

1978 Metaphysische Anfangsgründe der Logik. Vorlesung S. S. 1928, Hrsg. Klaus Held. Gesamtausgabe Bd. 26, Frankfurt a. M.

3. *Werke auf Schallplatten*

MARTIN HEIDEGGER. Die Kunst und der Raum. St. Gallen [1969]. Sprechplatte 25 cm, 33 UpM

MARTIN HEIDEGGER. Der Satz der Identität. Vortrag zur Fünfhundertjahrfeier der Universität Freiburg im Breisgau am 27. Juni 1957. Pfullingen [1970]. Sprechplatte 30 cm, 33 UpM

4. *Gesamtdarstellungen zu Heideggers Philosophie*

WAELHENS, A. DE: La philosophie de Martin Heidegger. Louvain 1942. XI, 379 S. – Neudruck: 1946. – 5. Aufl. 1967

DIEMER, A.: Grundzüge des Heideggerschen Philosophierens. In: Zeitschrift für philosophische Forschung 5 (1950/51), S. 547–567

LANGAN, TH.: The meaning of Heidegger. A critical study of an existentialist phenomnology. New York 1959. 247 S.

VYCINAS, V.: Earth and Gods. An introduction to the philosophy of Martin Heidegger. The Hague 1961. XII, 328 S.

PÖGGELER, O.: Der Denkweg Martin Heideggers. Pfullingen 1963. 318 S.

RICHARDSON, W. J.: Heidegger. Through phenomenology to thought. Preface by MARTIN HEIDEGGER. The Hague 1963. XII, 764 S. (Phaenomeologica. 13)

HERRMANN, F. W. VON: Die Selbstinterpretation Martin Heideggers. Meisenheim am Glan 1964. 278 S. (Monographien zur philosophischen Forschung. 32)

IJSSELING, S.: Heidegger. Denken en danken – geven en zijn. Antwerpen 1964. 156 S. (Filosofie en kultuur. 2)

KING, M.: Heidegger's philosophy: A guide to his basic thought. New York 1964. XX, 193 S.

KOCKELMANS, J. J.: Martin Heidegger. A first introduction to his philosophy. Pittsburgh–Louvain 1965. VII, 182 S.

MEHTA, J. L.: The philosophy of Martin Heidegger. New York–Louvain 1971

NABER, A.: Von der Philosophie des *Nichts* zur Philosophie des *Seins-selbst.*

Zur großen *Wende* im Philosophieren M. Heideggers. In: Gregorianum 28 (Rom 1947), S. 357–378
Bröcker, W.: Über die geschichtliche Notwendigkeit der Heideggerschen Philosophie. In: Actas del primer Congreso nacional de Filosofia 2 (Mendoza 1949), S. 998–1004
Waelhens, A. de: Reflexions on Heidegger's development. A propos of a recent book. In: International Philosophical Quarterly 5 (1965), S. 475–502
Sinn, D.: Heideggers Spätphilosophie. In: Philosophische Rundschau 15 (1967), S. 81 f

5. Einige Würdigungen

Lukács, G.: Heidegger redivius. In: Sinn und Form 1,3 (1949), S. 37–62
Gandillac, M. de: Entretien avec Martin Heidegger. In: Les temps modernes 1,4 (1945/46), S. 713–716
Löwith, K.: Heidegger, Denker in dürftiger Zeit. Frankfurt a. M. 1953. 110 S.
Erickson, S. A.: Martin Heidegger. In: Review of Metaphysics 19 (New Haven, Conn. 1965/66), S. 462–492

6. Festschriften, Gedenkartikel

Martin Heideggers Einfluß auf die Wissenschaften. Aus Anlaß seines 60. Geburtstages verfaßt von Carlos Astrada u. a. Bern 1949. 174 S. – Darin:
Astrada, C.: Über die Möglichkeit einer existenzialgeschichtlichen Praxis. S. 165–171
Bauch, K.: Die Kunstgeschichte und die heutige Philosophie. S. 88–93
Binswanger, L.: Die Bedeutung der Daseinsanalytik Martin Heideggers für das Selbstverständnis der Psychiatrie. S. 58–72
Heiss, R.: Psychologismus, Psychologie und Hermeneutik. S. 22–36
Kunz, H.: Die Bedeutung der Daseinsanalytik Martin Heideggers für die Psychologie und die philosophische Anthropologie. S. 37–57
Ruprecht, E.: Heideggers Bedeutung für die Literaturwissenschaft. S. 122–133
Schadewaldt, W.: Odysseus-Abenteuer. Aus einer gesprächsweisen homerischen Improvisation über Irrfahrer-Angelegenheiten. S. 94–121
Schrey, H.-H.: Die Bedeutung der Philosophie Martin Heideggers für die Theologie. S. 9–21
Staiger, E.: Zu Klopstocks Ode «Der Zürchersee». S. 145–164
Szilasi, W.: Interpretation und Geschichte der Philosophie. S. 73–87
Weizsäcker, C. F. von: Beziehungen der theoretischen Physik zum Denken Heideggers. S. 172–174
Anteile. Martin Heidegger zum 60. Geburtstag. Frankfurt a. M. 1950. 284 S. – Darin:
Bröcker, W.: Der Mythos vom Baum der Erkenntnis. S. 29–50
Gadamer, H. G.: Zur Vorgeschichte der Metaphysik. S. 51–79
Guardini, R.: Leib und Leiblichkeit in Dantes «Göttlicher Komödie». S. 154–177

JÜNGER, E.: Über die Linie. S. 245–184
JÜNGER, E. G.: Die Wildnis. S. 235–244
KRÜGER, G.: Über Kants Lehre von der Zeit. S. 178–211
LÖWITH, K.: Weltgeschichte und Heilsgeschehen. S. 106–153
OTTO, W. F.: Die Zeit und das Sein. S. 7–28
VOLKMANN-SCHLUCK, K. H.: Zur Gottesfrage bei Nietzsche. S. 212–234
WOLF, E.: ΑΝΗΡ ΔΙΚΑΙΟΣ S. 80–105

Martin Heidegger zum siebzigsten Geburtstag. Festschrift. Hg. von GÜNTHER NESKE. Pfullingen 1959. 347 S., 4 Taf. – Darin:

Philosophie:
BEAUFRET, J.: La fable du monde. S. 11–18
BRÖCKER, W.: Zu Hölderlins Ödipus-Deutung. S. 19–23
GADAMER, H. G.: Vom Zirkel des Verstehens. S. 24–34
GUZZONI, A.: Ontologische Differenz und Nichts. S. 35–48
PEURSEN, C. A. VAN: Die Kommunikationshaftigkeit der Welt. S. 49–66
SCHULZ, W.: Hegel und das Problem der Aufhebung der Metaphysik. S. 67–92
TANABE, H.: Todesdialektik. S. 93–133
VOLKMANN-SCHLUCK, K. H.: Der Satz vom Widerspruch als Anfang der Philosophie. S. 134–150
WAGNER DE REYNA, A.: Die Enttäuschung. S. 151–156
WEIZSÄCKER, C. F. VON: Allgemeinheit und Geneigtheit. S. 157–171

Theologie:
BULTMANN, R.: Erziehung und christlicher Glaube. S. 175–179
LOTZ, J. B.: Das Sein selbst und das subsistierende Sein nach Thomas von Aquin. S. 180–194
SCHLIER, H.: Meditationen über den johannischen Begriff der Wahrheit. S. 195–203

Literatur- und Kunstwissenschaft:
ALLEMANN, B.: Der Ort war aber die Wüste. S. 204–216
BLANCHOT, M.: L'Alteni. S. 217–224
JENS, W.: Marginalien zur modernen Literatur. S. 225–236
PETZEL, H. W.: «Reif ist die Traube und festlich die Luft». S. 239–248
PREETORIUS, E.: Vom Geheimnis des Sichtbaren. S. 249–251
SCHADEWALDT, W.: Pindars zehnte nemeische Ode. S. 252–263
SCHMIDT, G.: Naturalismus und Realismus. S. 264–275

Medizin und Physik:
BOSS, M.: Martin Heidegger und die Ärzte. S. 276–290
HEISENBERG, W.: Grundlegende Voraussetzungen in der Physik der Elementarteilchen. S. 291–297

Dichtung und bildende Kunst:
AICHINGER, I.: Versuch. S. 298 f
ARP, H.: S. 305
BRAQUE, G.: (Widmung.) S. 173
CHAR, R.: (Widmung.) S. 299
EICH, G.: Altes Buch. S. 301
GRIESHABER, H.: Martin Heidegger zum 70. Geburtstag. S. 349
HEISSENBÜTTEL, H.: Einsätze. S. 302–304

JÜNGER, E.: Vom Ende des geschichtlichen Zeitalters. S. 309–341
JÜNGER, F. G.: Abendgang. S. 343
PODEWILS, S. D.: Chrysaora. S. 345–346
PODEWILS, C.: Der Steig. S. 347–348

Heidegger. Hg. von OTTO PÖGGELER. Perspektiven zur Deutung seines Werks. [Martin Heidegger, dem Achtzigjährigen, zum 26. 9. 1969.] Köln–Berlin 1969. 407 S. – Darin:
Einleitung: Heidegger heute. S. 11–53
ALLEMANN, B.: Martin Heidegger und die Politik. S. 246–260
ANZ, W.: Die Stellung der Sprache bei Heidegger. S. 305–320
APEL, K.-O.: Wittgenstein und Heidegger. Die Frage nach dem Sinn von Sein und der Sinnlosigkeitsverdacht gegen alle Metaphysik. S. 358–396
BECKER, O.: Para-Existenz. Menschliches Dasein und Dawesen. S. 261–285
BRÖCKER, W.: Heidegger und die Logik. S. 298–304
FRANZ, H.: Das Denken Heideggers und die Theologie. S. 179–216
GADAMER, H. G.: Martin Heidegger und die Marburger Theologie. S. 169–178
LÖWITH, K.: Phänomenologische Ontologie und protestantische Theologie. S. 54–77
LEHMANN, K.: Christliche Geschichtserfahrung und ontologische Frage beim jungen Heidegger. S. 140–168
MÜLLER, M.: Phänomenologie, Ontologie und Scholastik. S. 78–94
PERPEET, W.: Heideggers Kunstlehre. S. 217–241
PÖGGELER, O.: Hermeneutische und mantische Philosophie. S. 321–357
Schulz, W.: Über den philosophiegeschichtlichen Ort Martin Heideggers. S. 95–139
STAIGER, E.: Ein Rückblick. S. 242–245
TUGENDHAT, E.: Heideggers Idee von Wahrheit. S. 286–297

Durchblicke. Martin Heidegger zum 80. Geburtstag. Hg. von VITTORIO KLOSTERMANN. Frankfurt a. M. 1970. VII, 436 S. – Darin:
BOEHM, R.: ΧΙΑΣΜΑ Merleau-Ponty und Heidegger. S. 369–393
FAHRENBACH, H.: Heidegger und das Problem einer «philosophischen» Anthropologie. S. 97–131
GRANEL, G.: Remarques sur le rapport de Sein und Zeit et de la phénoménologie husserlienne. S. 350–368
HARRIES, K.: Das befreite Nichts. S. 39–62
HEFTRICH, E.: Nietzsche im Denken Heideggers. S. 331–349
HELD, K.: Der Logos-Gedanke des Heraklit. S. 162–206
HERRMANN, FR.-W. VON: Sein und Cogitationes. Zu Heideggers Descartes-Kritik. S. 235–254
HIRSCH, W.: Platon und das Problem der Wahrheit. S. 207–234
HOPPE, W.: Wandlungen in der Kant-Auffassung Heideggers. S. 284–317
JANKE, W.: Die Zeitlichkeit der Repräsentation. Zur Seinsfrage bei Leibniz. S. 255–283
JONAS, H.: Wandlung und Bestand. Vom Grunde der Verstehbarkeit des Geschichtlichen. S. 1–26
OTT, H.: Die Bedeutung von Martin Heideggers Denken für die Methode der Theologie. S. 27–38

Patočka, J.: Heidegger vom anderen Uufer. S. 394–441
Petrović, G.: Der Spruch des Heidegger. S. 412–436
Schulz-Seitz, R.-E.: Befestigter Gesang – Bemerkungen zu Heideggers Hölderlin-Auslegung. S. 63–96
Taminiaux, J.: Dialectique et différence. S. 318–330
Tugendhat, E.: «Das Sein und das Nichts». S. 132–161
Martin Heidegger zum 80. Geburtstag von seiner Heimatstadt Meßkirch. Frankfurt a. M. 1969. 63 S.
Arendt, H.: Martin Heidegger zum 80. Geburtstag. In: Merkur 10 (1969), S. 893–902

7. Zeugnisse und Kritik

Hühnerfeld, P.: In Sachen Heidegger. München 1961. 132 S.
Schneeberger, G.: Nachlese zu Heidegger. Dokumente zu seinem Leben und Denken. Mit 2 Bildtafeln. Bern 1962. XVI, 288 S.
Adorno, Th. W.: Jargon der Eigentlichkeit. Zur deutschen Ideologie. Frankfurt a. M. 1964. 139 S.
Fédier, F.: Trois attaques contre Heidegger. In: Critiques 234 (1966), S. 883–904
Waelhens, A. de: La philosophie de Heidegger et le nazisme. In: Les temps modernes 3 (1947/48), S. 115–127
Vgl. Löwith, K.: Résponses à M. De Waelhens. In: Les temps modernes 4 (1948), S. 370–373
Waelhens, A. de: Réponse à cette réponse. In: Les temps modernes 4 (1948), S. 374–377
Schwan, A.: Die politische Philosophie im Denken Heideggers. Köln–Opladen 1965. 206 S. (Ordo politicus. 2)
Palmier, J.-M.: Les écrits politiques de Heidegger. L'Herne 1968. 348 S. (Coll. Essais et philosophie)
Martin Heidegger im Gespräch. Hg. von Richard Wisser. (... Sendung des Zweiten Deutschen Fernsehens zum 80. Geburtstag von Martin Heidegger am 26. September 1969 ...) Freiburg i. B.–München 1970. 77 S.

8. Untersuchungen

a) Heidegger und die philosophische Tradition

Seidel, G. J.: Martin Heidegger and the Pre-Socratics. An introduction to his thought. Lincoln 1964. X, 169 S.
Waelhens, A. de: Heidegger, Platon et l'humanisme. In: Revue philosophique de Louvain 46 (1948), S. 490–496

Siewerth, G.: Das Schicksal der Metaphysik von Thomas zu Heidegger. Einsiedeln 1959. XXIV, 520 S. (Horizonte. 6)
Rioux, B.: La notion de vérité chez Heidegger et Saint Thomas d'Aquin. In: S. Thomas d'Aquin aujourd'hui. Brügge 1963. S. 197–217 (Coll. Recherches de Philosophie. 6)

Dufrenne, M.: Heidegger et Kant. In: Revue de métaphysique et de morale 54 (1949), S. 1–28

Vuillemin, J.: L'héritage Kantien et la révolution copernicienne. Fichte, Cohen, Heidegger. Paris 1954. 312 S.

Schultz, U.: Das Problem des Schematismus bei Kant und Heidegger. [Phil. Diss.] München 1964. 195 S.

Hommes, J.: Zwiespältiges Dasein. Die existenziale Ontologie von Hegel bis Heidegger. Freiburg i. B. 1953. VIII, 363 S.

Meulen, J. van der: Heidegger und Hegel oder Widerstreit und Widerspruch. Meisenheim am Glan 1953. 216 S.

Birault, H.: L'onto-theo-logique hegelienne et la dialetique. In: Tijdschrift voor Philosophie 20 (1958), S. 646–723

Hommes, J.: Krise der Freiheit. Hegel–Marx–Heidegger. Regensburg 1958. 332 S.

Hübscher, A.: Von Hegel zu Heidegger. Gestalten und Probleme. Stuttgart 1961. S. 243–265; 278

Gadamer, H. G.: Anmerkungen zu dem Thema *Hegel und Heidegger*. In: Natur und Geschichte. Karl Löwith zum 70. Geburtstag. Stuttgart 1967. S. 123–131

Behl, L.: Wittgenstein und Heidegger. In: Duns Scotus Philosophical Association 27 (1963), S. 70–115

Marx, W.: Heidegger und die Tradition. Eine problemgeschichtliche Einführung in die Grundbestimmungen des Sein. Stuttgart 1961. 268 S.

Merlan, Ph.: Time consciousness in Husserl and Heidegger. In: Philosophy and Phenomenological Research 8 (1947/48), S. 23–54

Gurvitch, G.: Les tendences actuelles de la philosophie allemande. E. Husserl; M. Scheler; E. Lask; M. Heidegger. Paris 1949. 235 S.

Levinas, E.: En découvrant l'existence avec Husserl et Heidegger. Paris 1949. 107 S.

Biemel, W.: Husserls Enzyclopaedia-Britannica-Artikel und Heideggers Anmerkungen dazu. In: Tijdschrift voor Philosophie 12 (1950), S. 246–280 [Mit Auszügen aus einem Brief Heideggers an Husserl.]

Waelhens, A. de: Phénoménologie et vérité. Essai sur l'évolution de l'idée de vérité chez Husserl et Heidegger. Paris 1953. XIII, 167 S.

Spiegelberg, H.: The phenomenological movement. A historical introduction. Bd. 1. The Hague 1960. S. 271–357. (Phaenomenologica. 5)

Theunissen, M.: Intentionaler Gegenstand und ontologische Differenz. Ansätze zur Fragestellung Heideggers in der Phänomenologie Husserls. In: Philosophisches Jahrbuch 70 (1962/63), S. 344–362

Tugendhat, E.: Der Wahrheitsbegriff bei Husserl und Heidegger. Berlin 1967. XII, 415 S.

Alquie, F.: Existentialisme et philosophie chez Heidegger. In: La revue internationale 10 (1946), S. 224–252; 333–342

Waelhens, A. de: Heidegger et J.-P. Sartre. In: Deucalion 1 (1946), S. 15–37

Delfgaauw, B.: Heidegger en Sartre. In: Tijdschrift voor Philosophie 10 (1948),

S. 289–336; 403–446
LÖWITH, K.: Heidegger: Problem and background of existentialism. In: Social Research 15 (1948), S. 345–369
PEURSEN, C. A. VAN: Riskante Philosophie. Een karakteristiek van het hedendaagse existentielle denken. Amsterdam 1948. VII, 138 S.
MÜLLER, M.: Existenzphilosophie im geistigen Leben der Gegenwart. Heidelberg 1949. 113 S.
WAHL, J., und V. JANKÉLÉVITCH: Les philosophes et l'angoisse. [Heidegger, Jaspers] In: Revue de Synthèse Historique 25 (1949), S. 67–98
JOLIVET, R.: Le problème de la mort chez Martin Heidegger et J.-P. Sartre. Abbaye S. Wandrille 1950. 111 S.
GABRIEL, L.: Existenzphilosophie. Von Kierkegaard bis Sartre. Wien 1951. 416 S. [Besonders: S. 113–166]
KNITTERMEYER, H.: Die Philosophie der Existenz von der Renaissance bis zur Gegenwart. Wien–Stuttgart 1952. 504 S. [Besonders: S. 207–322]
PFEIFFER, J.: Existenzphilosophie. Einführung in Heidegger und Jaspers. 3. erw. Aufl. Hamburg 1952. 57 S.
MARX, W.: Heidegger's new conception of philosophy. The second phase of *Existentialism*. In: Social Research 22 (1955), S. 451–474
WISSER, R.: Verantwortung im Wandel der Zeit. Jaspers, Buber, v. Weizsäcker, Guardini, Heidegger. Mainz 1967. 280 S.
BEAUFRET, J.: Dialogue avec Heidegger. I: Philosophie Grecque. Paris 1973, 148 S. – II: Philosophie moderne. Paris 1973, 227 S.

b) Zentralprobleme des Heideggerschen Philosophierens

(Auf Grund ihrer engen Verflochtenheit sind die Arbeiten jeweils chronologisch geordnet.)

I. Sein – Wahrheit – Ontologische Differenz

BEAUFRET, J.: Heidegger et le problème de la vérité. In: Fontaine 63 (1947), S. 758–785
WELTE, B.: Remarques sur l'ontologie de Heidegger. In: Revue des sciences philosophiques et théologiques 31 (1947), S. 379–393
FINK, E.: Philosophie als Überwindung der *Naivität*. (Bruchstücke einer Vorlesung zum Begriff der *ontologischen Differenz* bei Heidegger.) In: Lexis 1 (1948), S. 107–127
GAOS, J.: El ser y el tiempo de Martin Heidegger. In: Filosofia y Letras 16 (México 1948), S. 205–240
LOHMANN, J.: M. Heideggers *Ontologische Differenz* und die Sprache. In: Lexis 1 (1948), S. 49–106
BIEMEL, W.: Heideggers Begriff des Daseins. In: Studia Catholica 24 (1949), S. 113–129
BROCK, W.: Einleitung zu: Martin Heidegger, Existence and Being. London 1949. S. 13–19
FINK, E.: Zum Problem der ontologischen Erfahrung. In: Actas del primer Congreso nacional de Filosofia 2 (Mendoza 1949), S. 733–747
APEL, K. O.: Dasein und Erkennen. Eine erkenntnistheoretische Interpretation

der Philosophie Martin Heideggers. [Phil. Diss.] Bonn 1950. VI, 246 S.
Biemel, W.: Le concept de monde chez Heidegger. Louvain–Paris 1950. 184 S.
Ceñal, R.: El problema de la verdad en Heidegger. In: Sapientia 5 (La Plata 1950), S. 19–40
Vietta, E.: Die Seinsfrage bei Martin Heidegger. Stuttgart 1950. 146 S.
Birault, H.: Existence et vérité d'après Heidegger. In: Revue de métaphysique et de morale 56 (1951), S. 35–87 – Wiederabdruck in: Phénoménologie et Existence. Recueil d'études par H. Birault, H. L. Breda, G. Gurvitch, E. Levinas, P. Ricoeur, J. Wahl. Paris 1953. S. 139–191
Ohms, J. F.: Der Begriff der ontologischen Wahrheit bei Martin Heidegger. Seine Voraussetzungen und Konsequenzen. [Phil. Diss.] Graz 1951. 126 S.
Peursen, C. A. van: De Philosophie van Martin Heidegger als Wending tot het Zijn. In: Tijdschrift voor Philosophie 13 (1951), S. 209–225
Schuwer, L.: De zijnsleer van Martin Heidegger. In: Studia Catholica 26 (1951), S. 78–87
Wahl, J.: L'idée d'être chez Heidegger. Paris 1951. 100 S.
Benedikt, M.: Das Problem des Grundes bei Martin Heidegger als ein Problem der Grundlegung oder Überwindung von Metaphysik. [Phil. Diss.] Wien 1952. III, 200 S.
Boss, M.: Die Bedeutung der Daseinsanalyse für die Psychologie und Psychiatrie. In: Psyche 6 (1952/53), S. 178–186
Wahl, J.: Sur l'interpretation de l'histoire de la métaphysique d'après Heidegger. Paris 1953. 105 S. (Les Cours de Sorbonne)
Wild, J.: The new empirism and human time. In: The Review of Metaphysics 7 (New Haven, Conn. 1953/54), S. 537–557
Berlinger, R.: Das Nichts und der Tod. Frankfurt a. M. 1954. 197 S.
Hypolite, J.: Ontologie et phénoménologie chez Martin Heidegger. In: Les études philosophiques 9 (1954), S. 75–143; 307–314
Boer, W. de: Heideggers Mißverständnis der Metaphysik. In: Zeitschrift für philosophische Forschung 9 (1955), S. 500–545
Schulz, W.: Der Gott in der neuzeitlichen Metaphysik. Pfullingen 1957. 119 S.
Dondeyne, A.: La différence ontologique chez Martin Heidegger. In: Revue Philosophique de Louvain 56 (1958), S. 35–62
Uscatescu, G.: L'umanismo di Martin Heidegger. In: Humanitas 13 (Brescia 1958), S. 355–364
Ott, H.: Denken und Sein. Der Weg Martin Heideggers und der Weg der Theologie. Zollikon 1959. 226 S.
Pöggeler, O.: Sein als Ereignis. In: Zeitschrift für philosophische Forschung 13 (1959), S. 597–632
Birault, H.: De l'Etre, du Divin et des Dieux chez Heidegger. In: L'Existence de Dieu. Tournai–Paris 1960
Heidegger et la pensée de la finitude. In: Revue internationale de Philosophie 14 (1960), S. 135–162
Boehm, R.: Pensée et technique. Notes préliminaires pour une question touchant la problématique heideggerienne. In: Revue internationale de Philosophie 14 (1960), S. 194–220
Grzesik, J.: Die Geschichtlichkeit als Wesensverfassung des Menschen. Eine Untersuchung zur Anthropologie W. Diltheys und M. Heideggers. [Phil.

Diss.] Bonn 1960. 325 S.

MARX, W.: Heidegger und die Metaphysik. In: Beiträge zu Philosophie und Wissenschaft. Wilhelm Szilasi zum 70. Geburtstag. München 1960. S. 185–200

MÜLLER-LAUTER, W.: Der Vorrang der Möglichkeit vor der Wirklichkeit im Denken Martin Heideggers. [Phil. Diss.] Berlin 1960. VII, 107 S.

NOLLER, G.: Die Überwindung des Subjekt-Objekt-Schemas als philosophisches und theologisches Problem. Dargestellt an der Philosophie und an der Theologie der Entmythologisierung. [Ev.-Theol. Diss.] Tübingen 1960. 220 S.

GRÜNDER, K.: Martin Heideggers Wissenschaftskritik in ihren geschichtlichen Zusammenhängen. In: Archiv für Philosophie 11 (1961), S. 312–335

WIPLINGER, F.: Wahrheit und Geschichtlichkeit. Eine Untersuchung über die Frage nach dem Wesen der Wahrheit im Denken Martin Heideggers. Freiburg i. B.–München 1961. 386 S.

WIELE, J. VAN DE: *Res* en *Ding*. Bijdrage tot een vergelijkende studie van de zijnsopvatting in het thomisme en bij Heidegger. In: Tijdschrift voor Philosophie 24 (1962), S. 427–506

PÖGGELER, O.: Metaphysik und Seinstopik bei Heidegger. In: Philosophisches Jahrbuch 70 (1962/63), S. 118–137

DEMSKE, J. M.: Sein, Mensch und Tod. Das Todesproblem bei Martin Heidegger. Freiburg i. B.–München 1963. 207 S. (Symposion. 12)

TIL, C. VAN: The later Heidegger and theology. In: Westminster Theol. Journal 26 (1964), S. 121–161

WIELE, J. VAN DE: Zijnswaarheid en onvorborgenheid. Een vergelijkende studie over de ontologische waarheid in het thomisme en bij Heidegger. Leuven 1964. 448 S. (Leuvense universitaire uitgaven)

BRETSCHNEIDER, W.: Sein und Wahrheit. Über die Zusammengehörigkeit von Sein und Wahrheit im Denken Martin Heideggers. Meisenheim am Glan 1965. 201 S. (Monographien zur philosophischen Forschung. 37)

PUGLIESE, O.: Vermittlung und Kehre. Grundzüge des Geschichtsdenkens bei Martin Heidegger. [Phil. Diss.] Freiburg i. B.–München 1965. 226 S. (Symposion. 18)

VERSÉNYI, L.: Heidegger, being and truth. New Haven 1965. 201 S.

PFLAUMER, R.: Sein und Mensch im Denken Heideggers. In: Philosophische Rundschau 13 (1965/66), S. 161–234

JONG, A. DE: Een wijsbegeerte van het woord. Een godsdienstwijsgerige studie over de taalbeschouwing van Martin Heidegger. Amsterdam 1966. 232 S.

MANNO, A. G.: Esistenza ed essere in Heidegger. Neapel 1967. 524 S. (Pubblicazioni dell'Istituto di filosofia teoretica dell'Università di Napoli. 7)

Heidegger and the quest of truth. Edited with an introduction by MANFRED S. FRINGS. Chicago 1968. 205 S.

ROSALES, A.: Transzendenz und Differenz. Ein Beitrag zum Problem der ontologischen Differenz beim frühen Heidegger. [Diss.] Den Haag 1970. XVI, 320 S. (Phaenomenologica. 33)

COUTURIER, F.: Monde et être chez Heidegger. Pref. de BERNARD WELTE. Montréal. XXI, 584 S.

HERRMANN, F. W. VAN: Zeitlichkeit des Daseins und Zeit des Seins. In: Perspektiven 4 (1972), S. 198–210

MAURER, R.: Von Heidegger zur praktischen Philosophie. In: M. RIEDEL (Hg.), Rehabilitierung der praktischen Philosophie. Freiburg i. B. S. 415–454

LIEBRUCKS, B.: Idee und ontologische Differenz. In: Erkenntnis und Dialektik. Frankfurt a. M. 1972. S. 68–109

MONGIS, H.: Heidegger et la critique de la notion de valeur. Den Haag 1977. 221 S.

BIRAULT, H.: Heidegger et l'expérience de la pensée. Paris 1978. 628 S.

II. Ästhetik, Dichtung, Sprache

BUDDEBERG, E.: Heidegger und die Dichtung. In: Deutsche Vierteljahrsschrift f. Literaturwiss. u. Geistesgesch. 26 (1952), S. 293–330

FABRO, C.: Ontologia dell'arte nell'ultimo Heidegger. In: Giornale Critico della Filosofia Italiana, Jg. 31, Ser. 3, Bd. 6 (1952), S. 344–361

JAEGER, H.: Heidegger's existentialphilosophy and modern german literature. In: Publications of the Modern Language Association of America 67 (1952), S. 655–683

BUDDEBERG, E.: Heideggers Rilkedeutung. In: Deutsche Vierteljahrsschrift f. Literaturwiss. und Geistesgesch. 27 (1953), S. 387–412

WAHL, J.: La pensée de Heidegger et la poésie de Hölderlin. Paris 1953. 129 S. (Les Cours de Sorbonne)

ALLEMANN, B.: Hölderlin und Heidegger. Zürich–Freiburg i. B. 1954. 224 S. – 2. Aufl. 1956 [Enthält zusätzlich: Heidegger und die Literaturwissenschaft.]

STAIGER, E.: Zu einem Vers von Mörike. Ein Briefwechsel mit Martin Heidegger. In: Trivium 9 (1951), S. 1–16 – Wiederabdruck u. d. T.: Ein Briefwechsel mit Martin Heidegger. Über das Gedicht *Auf eine Lampe* von Eduard Mörike. In: STAIGER, Die Kunst der Interpretation. Studien zur deutschen Literaturgeschichte. Zürich 1955. S. 34–49

BUDDEBERG, E.: Denken und Dichten des Seins. Heidegger, Rilke. Stuttgart 1956. 210 S.

JAEGER, H.: Heidegger and the work of arts. In: Journal of Aesthetics and Art Criticism 17 (1958/59), S. 58–71

SCHÖFER, E.: Die Sprache Heideggers. Pfullingen 1961. 312 S.

SZONDI, P.: Hölderlins Brief an Böhlendorff. In: Euphorion 58 (1964), S. 260–275

RIFKA, F.: Studien zur Ästhetik Heideggers und Oskar Beckers. [Phil. Diss.] Tübingen 1965. III, 159 S.

BOCK, I.: Heideggers Sprachdenken. [Phil. Diss.] Meisenheim am Glan 1966. 117 S.

BIEMEL, W.: Sprache und Dichtung bei Heidegger. In: Man and World 2,4 (1969), S. 487–517

JAEGER, H.: Heidegger und die Sprache. Bern 1971. 138 S.

KOCKELMANS, J.: On Heidegger and language. Evanston 1972 (Northwestern University Studies in Phenomenology and Existential Philosophy) – Darin:

I. KOCKELMANS, J.: Language, meaning, and ek-sistence. S. 2–32.
ALER, J.: Heidegger's conception of language in being and time. S. 33–64.

II. BIEMEL, W.: Poetry and language in Heidegger. S. 65–106.
PÖGGELER, O.: Heidegger's topology of being. S. 107–146.

Birault, H.: Thinking and poetizing in Heidegger. S. 147–168.
Ott, H.: Hermeneutic and personal structure of language. S. 169–194.
Kockelmans, J.: Ontological difference, hermeneutics, and language. S. 195–234.
Marx, W.: The world in another beginning. Poetic dwelling and the role of the poet. S. 235–260.
Diskussion: S. 261–280.
III. Schöfer, E.: Heidegger's language. Metalogical forms of throught and grammatical specialities. S. 281–302
Lohmann, J. M.: Heidegger's «Ontological Difference» and language. S. 303–364.

c) Zu Einzelschriften

Koyré, A.: *Vom Wesen der Wahrheit* par Martin Heidegger (1943). In: Fontaine 52 (1946), S. 842–844

Brock, W.: An account of *The four Essays.* 1. A brief general characterisation of the four essays; 2. On the essence of truth; 3. The essay on F. Hölderlin; 4. What is metaphysics? In: Martin Heidegger. Existence and Being. London 1949. S. 132–248

Krüger, G.: Martin Heidegger und der Humanismus. Zur Auseinandersetzung mit den Schriften *Platons Lehre von der Wahrheit* und *Brief über den Humanismus.* In: Studia philosophica 9 (1949), S. 93–129 – Wiederabdruck in: Theologische Rundschau 18 (1950), S. 148–178

Aranguren, J. L. L.: Sobre *Holzwege* de Martin Heidegger. In: Arbor 16 (Madrid 1950), S. 243–253

Löwith, K.: Heideggers *Kehre.* In: Die neue Rundschau 62,4 (1951), S. 48–79

Biemel, W., und A. de Waelhens: Heideggers Schrift *Vom Wesen der Wahrheit.* In: Symposion 3 (1952), S. 471–508

Löwith, K.: Heideggers Auslegung des Ungesagten in Nietzsches Wort *Gott ist tot.* In: Die neue Rundschau 64 (1953), S. 105–137

Waelhens, A. de: Chemins et impasses de l'ontologie heideggerienne. A propos des *Holzwege.* Louvain–Paris 1953. 52 S.

Waelhens, A., und W. Biemel: Introduction et commentaire zu: Martin Heidegger, *Kant et le problème de la métaphysique.* Paris 1953. 312 S.

Bröcker, W.: Heidegger und die Logik. Zu Martin Heideggers *Einführung in die Metaphysik.* Tübingen 1953. In: Philosophische Rundschau 1 (1953/54), S. 48–56

Schulz, W.: Über den philosophie-geschichtlichen Ort Martin Heideggers. In: Philosophische Rundschau 1 (1953/54), S. 65–93; 211–232 [Sammelbespreung]

Schilling, K.: Heideggers Interpretation der Philosophiegeschichte. Bemerkungen anläßlich des Erscheinens der *Einführung in die Metaphysik.* 1953. In: Archiv für Rechts- und Sozialphilosophie 41 (1955), S. 399–421

Wahl, J.: Vers la fin de l'ontologie. Étude sur *L'Introduction dans la métaphysique* par Heidegger. Paris 1956. 257 S.

Satô, Keiji: Geijutsu no Honshitsu, Haideggâ no Geijutsu-Ron. [Das Wesen der Kunst. Heideggers Erörterung der Kunst.] Tokio 1959

Gadamer, H. G.: Zur Einführung. In: Martin Heidegger, *Der Ursprung des Kunstwerks*. Stuttgart 1960. S. 102–125

Buchner, H.: Kotoba ni tsuite no Heideggâ no Ron-Kyn. [Heideggers Erörterung der Sprache.] In: Kansaigakuin-Tetsugakukenkyûnenpô, Nishinomiya, November 1961

Feick, H.: Index zu Heideggers *Sein und Zeit*. Tübingen 1961. VI, 108 S.

Chapelle, A.: L'Ontologie phénoménologique de Heidegger. Un commentaire de *Sein und Zeit*. Paris 1962. XXIII, 267 S. (Coll. Enzyclopédie universitaire)

Ilting, K.-H.: Sein als Bewegtheit. Zu Heidegger. *Vom Wesen und Begriff der PHYSIS; Aristoteles Physik B 1*. In: Philosophische Rundschau 10 (1962), S. 31–49

Kaulbach, F.: Die kantische Lehre von Ding und Sein in der Interpretation Heideggers. (Zu: Heidegger, *Die Frage nach dem Ding* und *Kants These über das Sein*.) In: Kantstudien 55 (1964), S. 194–220

NAMENREGISTER

Die kursiv gesetzten Zahlen bezeichnen die Abbildungen, die hochgestellten Sternchen verweisen auf die Fußnoten

Anaximander 123
Arendt, Hannah 7, 10; Anm. 1; *11*
Aristoteles 7, 14, 21, 26 f, 29, 33, 35, 41, 61, 62, 63, 64, 101, 111 f, 114; Anm. 6; *34*
Augustinus, Aurelius 53

Beaufret, Jean 98, 98*, 142, *102*, *109*
Bergson, Henri 37
Biemel, Walter *106*, *109*
Binswanger, Ludwig 53
Blum, Fritz *18*
Boss, Medard *109*
Boss, Frau *109*
Braig, Carl 7, 21, 35
Braque, Georges 10, *100*
Brentano, Franz 7, 21, 23, 31, 35, *20*
Bröcker, Käthe *109*
Bröcker, Walter *109*
Bultmann, Rudolf 33, *32*, *123*

Cézanne, Paul 92
Char, René 98*, *99*

Descartes, René 8, 41, 42
Dilthey, Wilhelm 7

Fédier, François 142
Fichte, Johann Gottlieb 41, 101
Friedländer, Paul 33

Gadamer, Hans Georg 33, 79*; Anm. 4
George, Stefan Anton 130, 133, 134, 138, 139, *132*
Goethe, Johann Wolfgang von 99
Gogh, Vincent van 80, 81
Gröber, Conrad, Erzbischof 7

Hartmann, Nicolai 33, 42
Hegel, Georg Wilhelm Friedrich 8, 9, 21, 41, 66, 99, 126, 143, 144; Anm. 15; *87*
Heidegger, Elfriede *27*, *30*, *108*, *135*, *145*
Heidegger, Friedrich *17*
Heidegger, Fritz *107*, *109*
Heidegger, Hermann *30*, *108*
Heidegger, Johanna *12*, *17*
Heidegger, Jörg *30*, *108*
Heiliger, Bernhard *122*
Heisenberg, Werner Anm. 17
Heraklit von Ephesus 63, 86, 101, 110*, 123, 139
Hölderlin, Friedrich 81, 86, 92, 95, 129, 130, 138, 149, *83*
Homer 33
Husserl, Edmund 7, 11, 12, 16, 21, 22 f, 33, 37, 41, 58, 70, 144, *28*

Ibsen, Henrik 60

Jacobsthal, Paul 33
Jaspers, Karl 11

Kafka, Franz 10, 92
Kant, Immanuel 8, 41, 42, 46, 62, 68, 101, 126, 143, *43*
Kästner, E. *109*
Kierkegaard, Sören *142*

Lask, Emil 22
Leibniz, Gottfried Wilhelm Freiherr von 41, 126

Marx, Karl 99, 143
Mehta, J. L. Anm. 11

Natorp, Paul 33
Niemeyer, Hermann 21, 31
Nietzsche, Friedrich 37, 41, 66, 100, 104, 126, 143, *127*

Parmenides 61, 64, 123, 143, 147
Pascal, Blaise 53

Petri, Elfriede s. u. Elfriede Heidegger
Petzet, Heinrich *109*
Picasso, Pablo (Pablo Ruiz y Picasso) 10
Pindar 33
Platon 7, 13, 33, 37, 39, 41, 66, 78, 98*, 100, 101, 102, 104, 107, 126, 143, 147, 149, *38*
Pöggeler, Otto 37, 61; Anm. 3, 4, 7, 11, 12, 18
Proust, Marcel 57

Rembrandt Harmensz. van Rijn 92
Richardson, William J. Anm. 11
Rickert, Heinrich 22, 26, *22*
Rosales, Alberto Anm. 11

Sartre, Jean-Paul 44, 98, 99, *103*
Scheler, Max 11, 24, 33, 53, *26*
Schelling, Friedrich Wilhelm Joseph von 21, 41, 126; Anm. 15; *127*
Schiller, Friedrich 99
Schnerle *19*
Sinn, Dieter Anm. 18
Soden, Hans Freiherr von 33
Suárez, Francisco 21

Thomas von Aquin 21
Thukydides 33
Trakl, Georg 129, *131*

Winckelmann, Johann Joachim 99
Windelband, Wilhelm 26

ÜBER DEN AUTOR

Prof. Dr. Walter Biemel, geb. 1918 in Kronstadt (Siebenbürgen). Studierte Philosophie, Psychologie, Soziologie, Literatur- und Kunstgeschichte in Bukarest, anschließend bei Heidegger, wo er eine Arbeit über den Naturbegriff bei Novalis vorbereitete, die durch die Kriegsereignisse nicht zu Ende geführt werden konnte. Ab 1945 Mitarbeiter im Husserl-Archiv zu Löwen, Herausgeber mehrerer Bände aus dem Nachlaß. Promotion über den Weltbegriff bei Heidegger. Übersetzung ins Französische (mit A. de Waelhens) von Heideggers Arbeiten «Vom Wesen der Wahrheit» und «Kant und das Problem der Metaphysik». Veröffentlichte verschiedene Aufsätze aus dem Umkreis der Phänomenologie und dem Denken Heideggers.

Seit 1962 Ordinarius für Philosophie an der Rheinisch-Westfälischen Technischen Hochschule Aachen.

Wichtigste Publikationen: «Kants Begründung der Ästhetik und ihre Bedeutung für die Philosophie der Kunst» (Kantstudien Bd. 77), «Philosophische Analysen zur Kunst der Gegenwart» (Phaenomenologica, Bd. 28), «Jean-Paul Sartre» (rowohlts monographien, Bd. 87).

QUELLENNACHWEIS DER ABBILDUNGEN

Ullstein-Bilderdienst, Berlin: 11, 20, 22, 26, 28, 31, 43, 45, 83, 103, 127 / Staatsbibliothek Berlin: 34, 87, 132 / Bilderdienst Süddeutscher Verlag: 131 / Foto Sauter, Singen-Hohentwiel: 14 / Foto Felix H. Man: 70 / Ringler Bilderdienst A. G., Zürich: 122 / Foto Fritz Eschen, Berlin-Wilmersdorf: 128 / Eric Schaal: 135 / Siegfried von Quast, Murnau: 148 / Rowohlt Archiv: 38, 81, 142 / Aus: Martin Heidegger. Zum 80. Geburtstag von seiner Heimatstadt Meßkirch (Vittorio Klostermann, Frankfurt a. M. 1969): 17 / Aus: Das archaische Griechenland (Verlag C. H. Beck, München 1969): 85 / Photo Jacques Robert, N. R. F.: 99. Alle anderen Bildvorlagen stellte uns Martin Heidegger zur Verfügung.

rowohlts monographien

in Selbstzeugnissen
und Bilddokumenten
Herausgegeben
von Kurt und Beate
Kusenberg

bildmono rororo graphien

Betrifft: Philosophie
Religion

Aristoteles
J. M. Zemb [63]

Sri Aurobindo
Otto Wolff [121]

Ernst Bloch
Silvia Markun [258]

Jakob Böhme
Gerhard Wehr [179]

Dietrich Bonhoeffer
Eberhard Bethge [236]

Giordano Bruno
Jochen Kirchhoff [285]

Martin Buber
Gerhard Wehr [147]

Buddha
Maurice Percheron [12]

Cicero
Marion Giebel [261]

Friedrich Engels
Helmut Hirsch [142]

Erasmus von Rotterdam
Anton J. Gail [214]

Ludwig Feuerbach
H. M. Sass [269]

Franz von Assisi
Ivan Gobry [16]

Gandhi
Heimo Rau [172]

Georg Wilhelm Friedrich Hegel
Franz Wiedemann [110]

Martin Heidegger
Walter Biemel [200]

Johann Gottfried Herder
Friedrich Wilhelm Kantzenbach [164]

Max Horkheimer
Helmut Gumnior und Rudolf Ringguth [208]

Karl Jaspers
Hans Saner [169]

Jesus
David Flusser [140]

Johannes der Evangelist
Johannes Hemleben [194]

Immanuel Kant
Uwe Schultz [101]

Sören Kierkegaard
Peter P. Rohde [28]

963/3–3a

964/1

rowohlts monographien

in Selbstzeugnissen
und Bilddokumenten
Herausgegeben
von Kurt und Beate
Kusenberg

bildmono rororo graphien

Betrifft: Geschichte

807/8

Konrad Adenauer
Gösta von Uexküll (234)

Alexander der Große
Gerhard Wirth (203)

Michail A. Bakunin
Justus Franz Wittkop (218)

August Bebel
Hellmut Hirsch (196)

Otto von Bismarck
Wilhelm Mommsen (122)

Willy Brandt
Carola Stern (232)

Julius Caesar
Hans Oppermann (135)

Nikita Chruschtschow
Reinhold Neumann-Hoditz (289)

Winston Churchill
Sebastian Haffner (129)

Friedrich II.
Georg Holmsten (159)

Friedrich II. von Hohenstaufen
Herbert Nette (222)

Ernesto Che Guevara
Elmar May (207)

Johannes Gutenberg
Helmut Presser (134)

Ho Tschi Minh
Reinhold Neumann-Hoditz (182)

Wilhelm von Humboldt
Peter Berglar (162)

Jeanne d'Arc
Herbert Nette (253)

Karl V.
Herbert Nette [280]

rowohlts monographien

in Selbstzeugnissen
und Bilddokumenten
Herausgegeben
von Kurt und Beate
Kusenberg

bildmono
rororo
graphien

Betrifft: Geschichte

Karl der Große
Wolfgang Braunfels (187)

Ferdinand Lassalle
Gösta v. Uexküll (212)

Wladimir I. Lenin
Hermann Weber (168)

Rosa Luxemburg
Helmut Hirsch (158)

Mao Tse-tung
Tilemann Grimm (141)

Maria Theresia
Peter Berglar (286)

Clemens Fürst von Metternich
Friedrich Hartau (250)

Benito Mussolini
Giovanni de Luna [270]

Napoleon
André Maurois (112)

Walther Rathenau
Harry Wilde (180)

Kurt Schumacher
Heinrich G. Ritzel (184)

Josef W. Stalin
Maximilien Rubel (224)

Freiherr vom Stein
Georg Holmsten (227)

Ernst Thälmann
Hannes Heer (230)

Josip Tito
G. Prunkl und A. Rühle (199)

Leo Trotzki
Harry Wilde (157)

Wilhelm II.
Friedrich Hartau [264]

947/5a

947/5b

947/5c

928/3

107/19